자연언어학회 학술총서 5

통사구조의 습득

Acquisition of Syntactic Structures

통사구조의 습득

Acquisition of Syntactic Structures

박연미 · 서수현 · 최숙희

홍성심 · 김양순 · 김연승

도서출판 ▌동인

_ 책을 내면서

이 책의 목적은 보편문법으로부터 개별문법이 출현한다는 기존 이론에 기초한 언어습득 이론을 설명하며, 언어습득이 인간의 유전적 신경세포에 새겨진 선천적 설계도면에 따라 이루어지는 생물학적 현상임을 보여주는 것이다. 이 책은 총 8장으로 구성되어 있으며, 각 장의 내용은 다음과 같다.

제1장은 발음구조와 습득에 관한 이론과 분석을 제시한다.

제2장은 생후 2년이면 배우는 단어목록, 그리고 통사구조에 대하여 다룬다.

제3장은 2-3세 아동의 절구조를 다룬다. 영어의 일치관계는 처음부터 구조의존적이며, 아동은 성인과 달리 서술문 주절에서 동사원형을 사용하는 특징을 보인다.

제4장은 2-3세 아동이 시제절에서 주어생략을 하는 공주어현상을 다룬다.

제5장은 의문사이동을 분석하고 아동은 *wh*-이동을 어떻게 습득하는지 그 형성과정을 살펴본다.

제6장은 아동이 어떻게 NP-이동, 즉 수동태구문을 습득하는지를 다룬다. 발달성숙에 기초한 수동태구문의 문제점을 지적하고 UG의 관점에서 수동태구문을 설명하며 수동태에 관한 아동의 어려움을 by-구의 역할에 기초하여 설명한다.

제7장은 아동에게 PRO해석은 특히 배우기 힘들며, 취학연령까지도 완전하지 못하다는 사실에 대하여 학문적으로 접근한다. 이를 위한 가설로서 구조변화가설, 성숙가설, 어휘·통사 통합가설을 다루며 그 장단점을 분석한다.

제8장은 언어능력과 다른 인지능력은 하나인지, 아니면 별도로 작동하는 물질인지 조사한다. 이를 위하여 정반대 증세를 보이는 두 가지 언어장애, 특수언어장애와 윌리엄스 증후군을 다룬다. 이를 통해 언어능력이 일반적 인지능력의 일부가 아니며, 별개의 작동원리를 따르는 독립적 모듈임을 규명한다.

끝으로 이 책은 자연언어학회 강독모임의 연구결과를 바탕으로 이루어졌음을 밝혀둔다. 공동저자끼리 정기모임을 가지고 질문하고 토론한 결과를 모아 한 권의 책으로 묶은 것이다. 아마도 지식의 한계와 정보부족으로 인하여 잘못 이해한 것도 있을 것이다. 이 책에서 부족한 부분은 앞으로 추가적인 연구와 보완작업이 있을 것이다. 어려운 시기에 이 책의 출판을 맡아주신 동인출판사와 까다로운 작업에 고생한 편집부 직원들에게도 진심으로 감사를 드린다.

목 차

1

모국어 발달의 첫걸음

모국어를 습득하는 데에는 결정적 시기(Critical period)가 있다. 모국어습득은 신체발달과 마찬가지로 초기의 언어자극이 주어지면 그 때 그 때 필요한 언어발달이 저절로 이루어지는 성질을 지니고 있다. 미미한 자극만으로 온전한 언어습득이 가능한 현상을 자극의 빈곤(poverty of stimulus)라고 부른다. 생후 1년까지 발음구조를 완성하고 생후 2년이면 단어목록을 만들어내며 그 과정에서 통사규칙을 스스로 발견하고 그 지식을 단어의미를 알아내는 데 거꾸로 이용한다. 어떤 특수한 사정이 있어서 생후 2년이 지나도록 언어자극을 받지 못하고 결정적 시기를 놓친 아이들은 아무리 가르쳐도 자연스러운 모국어습득에 도달하지 못 한다. 그 경우에는 단어만 배울 뿐 통사지식의 습득은 불가능하다.

아기는 출산 직후부터 소리에 대하여 예민한 구별능력을 발휘한다. 인간의 귀는 인간의 말소리에 특별히 민감한 반응을 보이고, 아무리 잡음이 많아도 무시하고 말소리에만 주의집중을 하는 선천적 능력을 가진 기관이다. 아기는 보편적인 언어습득능력이 있다. 그러나 일정기간이 지나면 단 하나의 모국어를 사용하게 된다. 인간이 처음 지니고 있던 보편적 능력을 보편문법(Universal Grammar)이라고 부르고, 시간이 흐름에 따라 하나의 언어에만 대상을 좁혀 배우는 과정을 선택적 과정(Selective process)이라고 한다. 1.1.은 아기가 초기자료에 나타난 강세패턴과 억양을 이용하여 수많은 언어를 구별한다는 것을 다룬다. 1.2.는 아기가 제일 먼저 리듬, 그 다음에 개별음, 그 다음에 단어라는 순서대로 배운다는 것을 다룬다.

1.1 모국어 탐색과정

　　모든 아기는 10개월에서 12개월이 되면 말을 하기 시작한다. 아무런 준비단계도 없이 이런 일이 벌어지는가? 아니다. 생후 4일짜리는 굉장히 광범위한 언어수용성을 보여주며, 다양한 언어자료를 들려주면, 어느 것이 모국어이고 어느 것이 외국어인지 구별한다. 게다가 외국어와 다른 외국어도 세밀하게 구별할 능력이 있다. 언어분류에 중요하지 않은 요소, 음색, 말하는 속도, 목소리의 높낮이는 무시하고 중요한 언어적 특징에만 주목하는 능력이 신생아에게 이미 선천적으로 구비되어 있다. 따라서 환경적 언어자극을 받아들여 암호를 해독하고 별다른 어려움이 없이 일정한 시간이 지나면 특정한 모국어를 말로 표현할 능력이 생물학적으로 주어져 있다고 본다.

　　하나의 언어가 아니라 여러 언어가 사용되는 환경에 노출된 아이는 하나 이상의 언어를 모국어처럼 자유자재로 구사할 능력을 보여준다. 언어를 배운다는 것은 규칙을 발견할 능력을 스스로 보유하고 있다는 것이다. 만일 서로 다른 언어를 구별하지 못 하고 혼란스럽게 배운다면 전혀 다른 규칙을 사용하는 2개의 언어를 동시에 모국어로 습득하기는 불가능할 것이다. 선천적 구별능력 덕분에 불어와 스페인어의 언어자료를 동시에 접한 아이라도 별다른 혼란을 느끼지 않고 불어를 저절로 배우는 것이다.

1.1.1 모국어 구별능력

생후 며칠이 지나지 않은 아기부터 몇 개월짜리 아기에 이르기까지 다양한 발달주기에 있는 아기들을 상대로 다양한 언어자극을 들려주고 어떤 반응을 보이는지에 대한 수많은 실험들이 있었다. 이 실험들에 의하여 신생아들은 언어자료에 특별한 관심을 보이며 각각 다른 언어인지 같은 언어인지 구별할 능력이 있다고 확고부동하게 증명되었다. 과연 어떤 실험을 했기에 그와 같은 사실이 증명되었을까? 아기들의 우유병 빠는 동작을 보면 익숙한 소리가 들리면 천천히 빨고 새롭고 낯선 소리가 들리면 흥분하여 빨리 빠는 것을 관찰할 수 있다. 실험실에서 다양한 언어자료를 들려주면 아기가 그 소리를 익숙한 언어로 생각하는지 아니면 새로운 외국어로 생각하는지를 빠는 동작의 변화로 알아낼 수 있다.

구체적으로 Mehler 등이 실시한 실험(1988)을 보자. 불어환경에서 태어난 아기에게 러시아 언어자료를 들려주고, 충분히 그 소리에 익숙해지게 만든다. 다음 단계로 아기들을 두 그룹으로 나누어 통제그룹은 아까 듣던 러시아어를 계속 듣고, 실험그룹은 새로운 자극에 해당하는 불어를 들려준다. 새로운 변화가 있는 실험그룹은 훨씬 빠른 속도로 우유병을 빤다. 처음 단계에서는 두 그룹이 빠는 속도가 같았으나, 두 번째 단계에서는 두 그룹이 빠른 속도가 달라진다. 이것은 생후 3개월까지 아기가 서로 다른 언어에 대하여 구별능력을 가지고 있다는 증거가 된다.

1.1.2 다양한 언어구별능력

생후 4일이 지난 아기는 영어와 이태리어를 구별하고, 다른 한편으로 영어와 일본어를 구별한다. 그런데 그 아기의 모국어는 불어이다. 그리고 빠는 속도를 측정하여 보면 처음 자극을 받았을 때 굉장히 흥분하다가, 일정 시간이 지나면 안정되면서 그 소리에 대하여 모국어와 같은 반응을 보이는 것을 알 수 있다. 언어자료에 노출되면 그 자료에서 제일 중요하고 두드러진 음성적 요소를 추출하여 빠른 시간 이내에 중요한 발음지도를 완성하는 능력이 신생아에게 있다는 추론이 가능하다.

더 중요한 사실은 일단 모국어처럼 익숙해지는 단계에 접어들면 그 외국어에 대한 흥분도가 뚝 떨어진다는 것이다. 어느 외국어라도 금방 배울 수 있는 보편적 능력은 갓 태어난 아기가 제일 우수하며 시간이 지나면 점점 둔해진다. 생후 2개월짜리는 어떤 외국어에 대하여 구별능력을 상실한다. 영어환경에서 태어난 2개월짜리는 덴마크어와 일본어는 구별하지만, 자기 모국어와 동떨어진 두 개의 외국어, 즉 불어와 러시아어를 구별하거나, 불어와 일본어를 구별하는 능력은 없다. 덴마크어는 음성적으로 영어와 거의 동일하다.

따라서 2개월짜리는 모국어와 모국어 아닌 것만을 구별한다. 보편적으로 어느 언어를 들려주어도 낱낱이 구별하는 능력은 생후 4일짜리에게만 있고 시간이 좀더 흐르면 저절로 사라지기 때문에 생후 2개월짜리에게는 없는 것이다. 따라서 이 능력은 선천적이며 시간이 흐르면 저절로 소멸되는 능력이다.

1.1.3 구별의 근거

미미한 언어자극만으로, 그 언어가 한번도 들어본 적이 없는 낯선 자료임에도 불구하고 생후 4일부터 3개월까지의 아기들은 단번에 그것이 새로운 언어라는 것을 감지한다. Dehaene-Lambertz and Houston(1998)은 아기가 모국어를 배울 때 필요한 언어자료의 분량이 겨우 6개의 음절뿐이라는 사실을 실험을 통하여 증명하였다. 그런데 어떻게 아기들은 두 개의 언어를 구별하는가? 그 연령의 아기들은 아직 단어를 배우지 않았기 때문에 단어차이를 보고 그것을 알기란 불가능하다. 이 문제에 대하여 다양한 가설이 있다. 하나는 대략적인 억양이나 강세(acoustic characteristic)를 보고 구별할 가능성이 있다. 다른 가능성은 개별언어마다 다른 분절음(segmental properties)을 보고 구별할 가능성이 있다. 그런데 이 가능성은 사실이 아니다. 왜냐하면 실험실에서 아기들에게 들려주는 소리자극을 아주 작게 하면 분절음이 뭉개져서 잘 안 들리는 열악한 환경이 되는데, 그래도 아무 지장이 없이 성공적으로 구별능력을 보여주기 때문이다.

따라서 전체적 인상을 결정짓는 것은 분절음이 아니고 전체적 리듬이라고 보는 게 맞다. 생후 4일이 지난 아기는 어떤 언어에 대하여 구체적이고 세부적인 정보가 전혀 없다. 아주 잠깐의 자극으로 금방 같은 언어인지 다른 언어인지 구별하는 능력은 선천적으로 리듬과 억양에 주목하기 때문이며, 이것만 있으면 어떤 언어를 들려주든 혼란에 빠지지 않고 금방 잡아낼수 있다. 그러므로 언어습득의 첫걸음은 리듬에서 출발한다.

1.1.4 리듬 기반 가설

Mehler(1996)는 언어습득을 할 때 일단 리듬구조를 파악하고 거기에서 세부적 정보를 추출하여 모국어습득에 필요한 언어표상을 구축한다고 보았다. 세상에 존재하는 다양한 언어들은 3종류의 리듬구조를 가지고 있다.

(1)   a. Stress-timed language: Dutch, English, Russian, Swedish
       b. Syllable-timed language: Italian, French, Greek, Spanish
       c. Mora-timed language: Japanese, Tamil

강세박자언어는 강세를 하나의 단위로 규칙적인 반복을 보여주고, 음절박자언어는 음절을 단위로 규칙적 반복을 하며, 모라박자언어는 모라가 주기적 반복의 단위이다. 이러한 리듬은 사실 모음이 그 언어에게 어떻게 처리되는지에 따라 달라진다. 소리자료에서 모음은 주인공의 위치를 가지며 청각적으로 가장 확실하게 들린다. 말을 할 때 가장 많은 공기를 내뿜는 것도 모음이다.

(2)   a. V   V v   VVv V (Stress-timed: 영어)
       b. V VV V VV V   (Syllable-timed: 스페인어)
       c. VVVVVVVVVV   (mora-timed: 일본어)

(2a)와 같은 강세박자언어는 모음과 모음 사이의 간격이 불규칙하면서 매우 길게 발음되는 모음과 아주 짧게 발음되는 모음이 있어 기복이 심하다. 강세박자언어는 하나의 음절에 들어가는 자음의 숫자가 매우 다양하다. 예를 들면 영어와 덴마크어는 무려 16개에서 19개의 음절유형이 있고 그 중 많은 것은 하나의 음절에 7개의 분절음이 들어간다. 강세박자언어의 또 다

른 특징은 음절의 길이가 똑같지 아니하고 아주 다양한 변이형이 있다는 것이다.

음절박자언어는 (2b)인데, 모음사이의 간격이 더 짧고 더 규칙적이다. 그리고 음절유형도 그다지 많지 않다. 예를 들면 라틴계열 언어인 스페인어는 9개의 음절을 가지며 하나의 음절에 최대한 가질 수 있는 분절음의 숫자는 5개이다. 모라박자언어는 (2c)이다. 모음사이의 간격이 제일 짧고 가장 규칙적이며 기복이 거의 없고 평탄하게 들린다. 이런 언어는 일본어나 한국어인데, 여기서 장모음이란 단모음 두개를 합한 것을 의미한다.

1.1.4.1 리듬 기반 가설의 증거

(3) P1: 아기들은 강세박자언어와 음절박자언어를 구별한다.
P2: 아기들은 강세박자언어와 모라박자언어를 구별한다.
P3: 아기들은 음절박자언어와 모라박자언어를 구별한다.
P4: 아기들은 동일한 리듬구조를 가진 언어 2개를 구별할 능력이 없다.

여기에서 실험으로 증명되지 않은 것은 세 번째 가설이며 나머지는 다 실험으로 증명되었다. 세 번째 가설도 아직 실험적 증거만 없을 뿐이며, 아마도 사실일 가능성이 높다. 따라서 아기들이 모음처리방식에 주목하여 리듬구조만으로 금방 어떤 언어인지 알아낸다는 주장은 사실이다. 다른 실험설계도 있다. 그 실험에 의하면 리듬그룹은 같은 부류에 속하는 언어끼리 잘 묶어서 언어자극을 주고 다른 쪽은 서로 다른 리듬을 가진 두 개의 언어를 섞어서 언어자극을 주었다. 그 결과, 동일한 리듬을 가진 두개의 언어를 듣다가, 다음 단계에서 새로운 리듬을 가진 두 개의 언어를 들은 경우에는 아기들이 금방 변화를 느끼고 호기심을 보였다. 이질적인 리듬언어를 두 개씩 동시에 들은 아기들은 아무런 변화를 느끼지 못 하였다. 이 실험은 아기들이 동시에 들려오는 두 개의 언어를 하나의 단위로 묶어 파악하며, 동시에 들리는 소리정보를 쪼개고 따로따로 분석할 능력은 없다는 점을 밝히고 있다.

1.1.4.2 언어구별과 언어발달

앞에서 생후 4일짜리는 모든 언어를 낱낱이 구별하지만, 생후 2개월이 되면 그런 능력을 잃어버린다는 것을 살펴보았다. 예를 들어 생후 2개월짜리는 불어와 러시아어를 구별 못하며, 불어와 일본어를 구별하지 못 한다. 그런데 재미있게도, 영어를 배우는 생후 2개월짜리는 유독 덴마크어와 일본어를 잘 구별한다. 왜 그러한가? 리듬구조라는 면에서 볼 때 덴마크어는 영어와 매우 흡사하다. Christophe and Morton은 2개월짜리가 다른 건 다 구별하지 못 하면서 덴마크어와 일본어만 구별하는 것은 그 중 하나를 모국어와 동일시하기 때문이라고 주장하였다. 덴마크어는 모국어이고, 일본어는 외국어라는 대분류를 하고 있는 것이다. 따라서 생후 2개월까지 보존되는 능력은 단 하나가 있는 셈이다. 반면에 불어, 일본어, 러시아어는 다 외국어이며 생후 2개월짜리는 서로 다른 외국어들을 일일이 구별할 능력이 없다. 신체발달이 더 진행되어 생후 5개월이면 마지막으로 남아있던 능력, 덴마크어와 일본어를 구별하는 능력마저 사라진다. 이 때에는 더 이상 덴마크어가 모국어로 느껴지지 아니한다.

여기서 한 가지 의문이 남는다. 영어를 배우는 2개월짜리는 러시아어와 불어를 구별하지 못한다. 이것은 이상하다. 왜냐하면 러시아어는 덴마크어와 똑같은 리듬구조를 가지기 때문이다. 러시아어는 같은 리듬구조를 가지기는 하지만, 다른 음성적 측면에서 볼 때 영어와 덴마크어만큼 유사하지는 않다. 따라서 아기는 리듬구조를 기준으로 언어구별을 하기는 하지만 그것만이 모든 것을 결정하지는 않으며, 다른 차이(모음생략, 음절구조)도 구별능력에 영향을 준다는 것을 알 수 있다.

1.1.5 언어표현의 보편적 단위: 음절 핵 또는 모음 핵

리듬구조의 핵심은 무엇인가? 일반적으로 추측하기에 모음 또는 음절이다. 그렇다면 그 요소들은 아기가 선천적으로 미리 알고 태어나는 요소, 즉 보편문법에 속하는가? 이러한 주장에 대하여 입증할만한 확실한 증거가 있는가? 이 문제를 다룬 실험들이 있었다. 그 결과를 요약하면 다음과 같다. 신생아는 지금까지 익숙한 소리에서 알고 있던 음절과 다른 새로운 음절이 낯선 언어자료에 있다면 곧바로 그 새로운 음절을 추출한다. 그런데, 그와 같이 새로운 것을 보자마자 발굴하는 능력은 모음에 대해서만 발휘되며, 자음의 변화는 전혀 느끼지 못 한다. 모음은 금방 알고, 자음은 잘 모르는 것이다.

이러한 결과를 볼 때, 아기들이 최초의 모국어를 확립할 때 모음에 의존한다는 것은 명백하다. 모음은 제일 잘 들리며 온갖 변이형이 있으며 언어마다 매우 다양한 차이를 보인다. 그렇다면 모음을 핵으로 하는 음절 또한 초기언어발달에 중요한 역할을 하며, 보편문법에 속할 가능성이 매우 높다. 따라서 모음과 음절은 보편문법에 속하며, 그것은 실험적 증거로서 증명되었다.

1.1.6 중간 요약

신생아는 인간의 음성자료를 다루는 데 있어서 탁월한 능력을 보여준다. 생후 4일이 지난 아기는 모국어와 외국어를 구별하며, 하나의 외국어와 다른 외국어를 구별하는 능력도 가지고 있다. 말이 내포한 리듬구조를 듣고 즉각 구별하는 것이다. 리듬구조에서 중요한 부분은 모음이다. 신생아는 가장 강하게 들리는 모음, 또는 음절을 통해 기본적인 리듬구조를 구축한다. 이러한 배경그림을 그려두면 나중에 여러 가지 소리를 들어보고 어떤 것이 모국어인지 구별하는 기준이 되며, 시간이 흐름에 따라 모국어의 발음적 특성을 더 자세히 반영하는 정확한 언어표현을 만들어가는 밑거름이 된다.

1.2 모국어 음소 배우기

언어는 20개에서 60개에 이르는 음소를 보유한다. 영어는 40개의 음소를 가지고, 이태리어는 33개의 음소를 가진다. 어른은 모국어에 있는 음소를 능숙하게 다루지만, 외국어에 있는 음소를 접하면 쩔쩔맨다. 아기는 어떻게 초기자료를 가지고 어른에 버금가는 음소를 다루는 능력을 획득하는가? 여기에는 두 가지 가능성이 있다. 하나는 아무 것도 모르는 백지상태로 태어났다가, 후천적 자극에 의하여 하나씩 필요한 음소를 배우는 방법이다. 다른 하나는 모든 음소들을 보편적으로 다 알고 태어났다가, 그 잠재력이 외부환경과의 접촉에 의하여 좁아지고 모국어에 불필요한 음소들을 없애고 생략하는 방법이다. 어느 쪽이 맞는지 알아보자.

1.2.1 자음 대조군에 대한 민감도

생후 1개월짜리는 유성음과 무성음을 구별한다는 실험적 증거가 1970 년대에 벌써 나온 바 있다. 자음을 구별하고 인지하는 것은 범주가 다를 때에 제한된다. 확실한 범주적 차이가 있으면 구별하고 그보다 미세한 차이는 구별하지 못한다. 예를 들면 똑같은 유성음에 속하는 두 개의 음, 다시 말하면 하나의 범주에 속하기는 하지만 다른 소리를 구별하지는 못 한다. 아기도 그러한가? 아기도 역시 범주적 차이만 구별한다. Eimas et al(1971)은 어른이나 생후 1개월짜리나 음소를 구성하는 차이만 구별하며, 그 구별을 할 때 사용하는 방법도 똑같다고 증명하였다. 즉, 음소구별이란 면만 보면 생후 1개월이면 이미 어른과 똑같은 수준에 도달한다는 것이다.

일반적으로 아기가 모국어경험을 통해 후천적으로 얻은 지식이 자음음소를 구별하는 데 도움을 준다고 믿기 쉽다. 그러나 그게 아니라는 증거가 있다. Werker and Tees(1984)의 실험에 의하면 모국어에 없는 자음이라도 아기는 얼마든지 구별한다. 아기가 호기심을 보이며 고개를 돌리는 동작을 가지고 실험을 설계하였다. 6개월에서 8개월짜리는 어떤 소리자극을 접하면 그게 모국어이든 외국어이든 무조건 음소에 해당하는 자음을 추출할 능력이 있다는 것을 알아냈다. 어른이 되면 저절로 이런 능력이 없어진다. 자음구별능력은 후천적인 것이 아니며, 선천적으로 타고난다. 그렇다면 언제 이런 유연성을 상실하고 어른과 똑같은 상태로 변하는가?

1.2.2 모국어에 없는 자음에 대한 발달적 변화

어떤 언어든지 가리지 않고 범주적 중요성을 가진 모든 개별음을 구별하는 능력은 시간이 조금 지나면 급속도로 소멸된다. 6개월에서 8개월짜리는 외국어 개별음을 구별하지만 8개월에서 10개월짜리는 점점 힘들어지며, 10개월에서 12개월짜리는 전혀 그런 능력을 발휘할 수 없게 된다. 그러므로 생후 1년이면 어른과 똑같은 상태로 수렴한다. 모든 언어에 대하여 열려 있는 잠재력은 6개월에서 8개월이 최고로 높다. 그 이후 차차 둔감해지다가 12개월이면 완전히 사라진다. 이와 같은 발달단계를 보면, 생후 언어자극에 노출된 아기를 모국어습득으로 인도하는 것은 후천적 경험이 아니라, 생물학적으로 미리 예정된 선천적 설계도이다. 아기가 모든 외국어의 음소를 구별하는 것은 선천적 능력 덕분이다.

1.2.3 발성기관의 발달기제인 망각

아기는 생후 1년이 지나면 어른과 똑같은 수준의 구별능력을 가진다. 이러한 발달적 변화는 어떻게 일어나는가? Werker and Pegg(1992) 또는 Werker(1995)에 의하면, 소리공간을 기능적으로 재구성하기 때문이다. 생후 4일부터 8개월까지 모든 소리에 민감하고 잘 구별한다고 해서 그것이 발성기관에 신체적 변화를 일으키지는 않는다. 초기의 민감성은 먼저 소리로 언어를 파악하고, 그 다음에 리듬구조를 배경으로 단어목록을 획득하는 데 쓰일 뿐이다. 즉, 이 단계에서 소리는 실재 발성을 위한 도구가 아니고 소리자료를 근거로 단어를 찾아내기 위한 준비작업이다.

생후 1년이 지나 신체적 발달이 이루어지면, 아기는 모국어에 있는 음소에만 주의집중을 하며, 다른 외국어에 대해 무시하게 된다. 생후 1년이면 한창 단어목록을 늘려갈 단계인데, 필요도 없는 다른 외국어를 구별하는 능력은 지금 해야 하는 작업에 방해만 되기 때문이다. 미리 일정한 시간표가 있는 인간의 모국어습득은 그 때 그 때 꼭 완수해야 할 발달과업이 있고, 이미 유효기간이 지난 능력은 저절로 없어지도록 잘 설계되어 있다고 보아야 한다. 작업의 역량을 하나로 모으기 위하여 망각의 능력은 꼭 필요하다.

1.2.4 제 2언어의 조기습득

아기는 어른에 비하여 훨씬 민감하고 탁월한 구별능력을 선천적으로 보유하고 있다. 그런데 그 능력은 영구불변이 아니며 때가 되면 사라진다. 그렇다면 이런 능력이 발휘되는 시기를 놓치지 말고 외국어교육을 시킨다면 효과가 좋지 않을까? 외국어는 늦은 나이에 배우면 아무리 노력해도 어색한 억양과 발음을 털어낼 수 없다. 실험에 의하면 4세 무렵 외국어를 배운 아이는 부자연스런 억양을 보여준다. 나이의 영향은 말하기 뿐 아니라, 듣기능력에도 영향을 준다. 물론 얼마나 어릴 때 시작하느냐는 듣기보다 말하기에 더 결정적 영향을 미친다.

실험결과, 6세 어린이는 벌써 모음구별에 애로를 느끼기 시작한다. 듣고 구별하지 못하면 당연히 말하기를 할 때 모국어의 간섭을 피할 수 없다. 따라서 외국어 조기교육을 할 때 말하기를 원어민처럼 유창하게 하려면 적어도 6세를 넘기지 않는 것이 중요하다. 듣기능력은 이보다 더 늦어도 어느 정도 재활성화가 가능하다. 따라서 6세보다 늦게 시작해도 듣기에는 지장이 없지만, 말하기에는 상당한 어려움을 느낀다. 이와 같은 사실은 신체적 유연성은 영원히 소실되는 것이며, 늦은 나이에 외국어를 배우면 일찍 배운 사람보다 훨씬 나쁜 성과를 보인다는 것을 증명한다.

1.2.5 아기의 인지능력의 본질

아기는 모든 범주적 특징을 배우지 않고도 그냥 아는 선천적 능력을 보유한다. 생후 1년 동안 모국어경험이 축적되면 하나의 언어로 굳어진다. 그런데, 범주적 구별은 언어에만 있는 특별한 능력인가, 아니면 일반적 학습에도 동원되는 인지능력인가를 두고 논쟁이 있다. 이 논쟁을 해결할 결정적 증거는 동물을 보면 나타난다. 범주를 통해 인지하는 능력은 원숭이와 같은 동물에도 발견된다. 따라서 범주적 구별능력은 일반적 인지능력이며, 언어에만 고유한 것이 아니다. 그것은 진화론적 유물이며 원숭이든, 사람이든 그런 능력을 가지고 있다. 다만 인간은 그것을 발판으로 언어를 습득하고 언어구조를 생성하는 능력까지 도달하였으니, 진화론적으로 볼 때 더 멀리까지 뻗어나간 것이다.

1.2.6 중간요약

태어난 지 얼마 안 된 아기는 아주 다양한 음소를 구별한다. 이와 같이 소리에 대하여 민감한 인지능력이 있다는 것은 매우 중요하다. 왜냐하면 그래야 세상의 어떤 언어에 노출되든 상관없이 어려움이 없이 금방 배울 수 있고 모국어로 사용할 수 있는 능력이 생기기 때문이다. 그런데 이러한 능력은 시간이 흐르면 점점 변한다. 노출이 이루어지고 12개월이면 벌써 성인과 똑같이 특정한 언어에만 민감한 귀를 가지게 되고 다른 언어에 대하여 둔감해지게 된다. 따라서 민감성은 생후 초기가 제일 높고 점점 떨어지다가 생후 1년이면 어른과 같이 하나의 언어에만 반응을 보이게 된다. 이 단계가 되면 저절로 단어를 배울 준비단계에 돌입하게 된다. 모국어를 구성하는 발음구조나 리듬구조에 대하여는 더 이상 배울 게 없고 따라서 민감성의 문이 닫히게 되는 것이다.

1.3 유아의 발성(말하기)

옹알이는 6개월에서 8개월 사이에 시작한다. 옹알이는 언어의 일부이다. 옹알이에는 입으로 하는 옹알이와 손짓으로 하는 옹알이 두 가지가 있다. 신기하게도 둘 다 분명한 체계가 있으며 발달단계에서 동시에 시작하도록 미리 예정되어 있다. 따라서 옹알이도 인간언어의 선천성에 대한 증거가 된다. 옹알이를 시작한다는 것은 이제 아기의 뇌가 충분히 성숙하여 본격적으로 말하기를 배울 준비가 되었다는 신호탄이다. 인간의 아기는 처음 언어에 노출될 때 단어가 아니라 말소리 전체에 노출되기 때문에 아기는 선천적으로 전체를 부분으로 분리할 능력이 필요하다. 아기는 단위의 경계, 구조, 규칙적으로 나타나는 요소에 매우 민감하다. 이러한 특징은 입으로 하는 옹알이와 손으로 하는 옹알이 모두에서 발견된다.

1.3.1 발성기관의 성숙

말하기를 위해서는 먼저 발성기관이 어른과 똑같이 성숙해야 한다. 4개월이면 인후가 아래쪽으로 내려가 어른의 것과 비슷한 신체구조를 갖추게 된다. 인후의 발달은 4개월부터 3세까지 지속된다. 발성기관만 있다고 금방 말하기가 다 되는 것은 아니다. 다른 조건도 다같이 성숙해야 한다.

1.3.2 입으로 하는 옹알이

처음 시작하는 옹알이는 모든 언어에 대하여 보편적이다. 비음이 매우 많고 자음 하나에 모음 하나가 반복적으로 사용된다. 8개월에서 10개월이 되면 모국어의 영향이 더욱 진하게 반영된 옹알이를 한다. 가장 명백한 특징으로 자음이 변한다. 이 단계에서는 보편성을 잃고 대신 개별언어에 더 가깝게 미세조정이 이루어지는 것이다. 이 과정을 끝내면 아기의 옹알이는 어른의 발음체계와 동등한 수준에 도달하게 된다.

1.3.3 손으로 하는 옹알이

청력이 없으면 입으로 하는 옹알이도 불가능하다. 이런 경우에는 소리에 의지하는 대신 손으로 하는 옹알이를 정상아와 똑같은 시기에 하게 된다. 왜냐하면 언어능력은 다양한 방식으로 표현가능하기 때문이다. 언어는 선천적인 능력이며 때가 되면 의사소통의 수단으로 몸의 일부처럼 저절로 사용하게 된다. 언어능력이 바깥으로 드러나는 양식은 다양하다. 농아들이 수화를 배우는 방식은 부모나 타인으로부터 배운 것인가? 보통 경험으로 배운 것이라고 추측하기 쉬우나, 사실은 그렇지 않다. 실험을 해본 결과, 외부와 차단된 환경에서도 훌륭하게 손으로 옹알이를 시작한다는 사실이 밝혀졌다.

환경에서 수화를 배울 기회가 없는 아기들, 중국어를 배우는 아기, 영어를 배우는 아기를 대상으로 관찰한 결과, 모두 스스로 수화를 창조하여 사용하였다. 그런데 신기한 일은 그들이 창조한 수화가 기존의 수화와 똑같은 것이었다. 따라서 손으로 하는 옹알이는 수화로 발전해나가며, 그것은 경험에 의해 획득한 것이 아니다. 언어는 유전적으로 설계도가 미리 짜여진 내부언어이다. 때가 되면 저절로 발달하게 된다. 만일 신체기능의 결함 때문에 애로가 있다면 다른 수단을 통하더라도 반드시 발달과업을 완수하도록 예정되어 있다.

1.3.4 옹알이와 단어발성

과거에는 옹알이는 언어가 아니라고 보았지만, 지금은 옹알이도 하나의 언어로서 고유한 체계를 가지고 있다고 본다. 단어는 언제부터 말하기 시작하는가? 10개월에서 12개월이면 옹알이와 단어를 조금씩 섞어서 한다. 언어습득을 관찰하면 이렇게 항상 두 가지가 겹치고 중복되는 단계를 통과하면서 다음 단계로 나아가게 된다.

1.4 요약과 결론

청력실험을 통하여 인간의 아기는 날 때부터 자연언어의 소리자극에 대하여 특별히 민감한 반응을 보인다는 것을 확인하였다. 4일이 지나면 다양한 언어들이 서로 다르다는 것을 구별한다. 한번도 들어보지 못한 언어자료를 들려주어도 단순히 리듬구조에 의존하여 같은 언어와 다른 언어를 구별한다. 즉, 아기는 보편적으로 모든 언어에 대하여 개방적이며 어느 언어이든시 배울 수 있는 잠재력을 지니고 있다. 그런데 생후 6개월에서 12개월 수기에 이르면 민감도가 급격히 떨어진다. 그 무렵이면 주변에서 흔하게 들리는 모국어 경험에 집중하면서 그 언어자료에서 추출한 모음으로 모국어 음성구조를 완성한다. 외국어에 대한 민감도는 전보다 떨어진다. 6개월에서 8개월 사이에 유아는 말소리, 또는 손동작으로 옹알이를 시작한다. 옹알이 단계에서 유아는 모국어에 속하는 소리, 표지를 충분히 연습한다. 그리고 귀로 들은 것과 입으로 옹알거리는 것 사이에 확고부동한 관계를 정립한다. 이 단계를 거쳐야 어휘목록을 배울 준비가 된 것이다.

생후 1년 동안 아기는 혼란스러운 소리의 미로에서 방향을 잡아 앞으로 나가야 한다. 귀로 언어자료를 듣고 그 내부에 숨겨진 심층구조를 찾고 기본적 특징들을 잡아내야 한다. 아기는 선천적으로 풍부한 언어습득능력을 가지고 있음에도 불구하고 후천적으로 언어자료에 노출이 되었을 때 그 선천적 도구를 활용하여 모국어의 기본적 요소들을 포착해야 한다. 아기는 잠재적으로 어느 언어든지 배울 수 있는 모국어화자로 출발하며 일정기간이 지나면 말소리와 손동작 양쪽 측면에서 언어능력과 주어진 언어자료가 딱 들어맞도록 조율된다.

태어난 지 얼마 안 된 아기는 지구상에 존재하는 모든 언어에 대하여 민감한 반응을 보인다. 그러나 언어경험이 1년 쌓이면 언어능력은 하나의 언어로 특화되고 전문화된다. 신체발달이 진행됨에 따라 처음에는 있었던 능력을 잃어버리게 되는 것이다. 생후 1년 이내에 모든 언어에 대하여 열려 있던 민감성을 버리고 대신 모국어를 집중적으로 잘 처리하는 음성구조를 배우게 된다.

2

어휘목록의 습득

아이들은 빠른 속도로 어휘를 배운다. 10개월에서 12개월이면 이미 입으로 단어를 말한다. 단어 배우기는 서로 다른 두 가지 작업을 내포한다. (1) 들리는 소리의 흐름을 쪼개어 단어크기의 단위로 만들기 (2) 의미와 단어형태를 연결하는 작업이다. 이 징에서는 두 가지 작업에 대하여 다룬다. 소리촉발설(phonological bootstrapping of the lexicon), 단어의미학습, 동사의미학습, 어떻게 저절로 통사론을 터득하게 되는지에 대한 가설이다. 먼저 단어를 배우고, 동사를 배우면서 동시에 통사론을 저절로 배우게 되는데, 따라서 단어배우기와 통사론은 서로 겹치면서 저절로 발달하는 성질을 지닌다. 촉발성이란 말은 초기자료에 있는 아주 미미한 상징이나 기호가 빌미가 되어 우리가 보유하고 있는 추상적이고 복잡한 언어능력을 촉발한다는 뜻이다. 아기는 소리로 구성된 어휘목록을 먼저 가지고 그 다음으로 음성적 단어와 의미를 짝짓기 작업을 한다.

이러한 짝짓기, 즉 사상(mapping)은 결코 간단하지 않다. 왜냐하면 언어와 현실세계는 다양한 연결방법이 있으며 절대 일 대 일의 관계가 아니기 때문이다. 아기는 어떻게 단어의 의미를 아는가? 제일 먼저 명사부터 배우는데, 명사의 의미는 선천적 편향성의 도움을 받는다고 알려져 있다. 동사는 다양한 문장구조에서 사용된다. 아기는 여러 가지 문법형식을 비교해보고 동사의 의미를 추출하는 능력이 있다고 본다. 이러한 가설을 세우면 그로부터 새로운 질문이 나온다. 어떻게 아기가 통사적 정보에 접근하는가? 따라서 동사의 의미를 논하는 문제는 통사론을 어떻게 알았는지 논하는 문제와 불가분의 관계이다.

2.1 왜 단어찾기인가?

빠른 속도로 말할 때 단어와 단어의 경계는 뭉개지고, 거의 구별할 수 없게 흐려진다. 아기가 말소리를 듣고 단어추출을 하는 것은 힘든 작업이다. *grin*이라는 단어 앞에 잠깐의 틈도 없이 연속적으로 말하는 것과 아래에 있는 예와 같이 *grin* 앞에 한 박자 멈추고 단어경계를 나타내는 것을 비교해보자. 보통은 *chat grin*이 붙어서 *chagrin*처럼 들린다. 그러므로 아기는 어디서 단어가 끝났는지 경계를 거의 구별할 수 없다. 아기가 듣는 말은 문장으로 들리며, 단어로 들리는 게 아니다. 전체적으로 들은 소리를 어떻게 쪼개는지가 관건인데, 하나를 여럿으로 분할하는 방법은 다양하다. 요약하면 단어찾기가 아기에게 힘든 작업이 되는 이유는 다음과 같다.

(4)　a. 말은 연속체이다. 따라서 끊어지는 경계선이 없다.

　　　b. 단어는 따로 독립하지 아니하고 서로 붙어서 뭉개져 있다.

　　　c. 아기는 어휘목록을 선천적으로 지니고 있지 않다.

학습가능성(learnability)이 여기서 문제가 된다. 만일 어떤 사람이 이미 어느 정도의 단어들을 안다면 지금 들리는 말소리에서 단어를 추출하는 문제를 일부나마 해결한다. 이미 머리에 보관 중인 단어를 꺼내어 맞는지 확인만 하면 간단하다. 실제로 어른은 그렇게 한다. 왜냐하면 이미 알고 있는 단어가 있기 때문이다. 그러나 막 태어난 아기는 알고 있는 단어가 하나도 없기 때문에 그런 작업은 불가능하다. 아는 게 하나도 없는 상태에서 어떻게 단어목록을 구축하는가?

2.1.1 소리촉발설

의미를 안다는 것은 간단하지 않다. 예를 들면 (5a)의 의미는 둘이다. (5b)는 무엇을 주는데, 그게 다름이 아닌 음식이라는 뜻이다. (5c)는 누구에게 주었는지가 관심의 초점이며, 다른 사람이 아닌 그녀의 고양이에게 주었다는 뜻이다. 이 경우 고양이를 크게 강조해야 하므로 고양이 바로 앞에서 숨을 멈추고 쉬어야 한다. 운율경계(prosodic boundary)가 생기는 것이다. 이와 같이 강세나 초점이 오기 바로 직전에 경계가 생긴다. 이러한 경계는 단순히 음과 음 사이를 분리하기만 하는 게 아니고 단어와 단어를 분리하는 경계이다.

(5) a. Bill gave her cat food.

b. Bill gave her cat FOOD.

c. Bill gave her/CAT food.

예문 (6)에 나온 바와 같이 스페인도 또한 한 박자 쉬기, 단어경계로서 다른 의미를 표시한다. (6a)는 두 개의 의미를 지닌다. (6b)는 한꺼번에 연달아 말하고 (6c)는 *solo* 바로 앞에서 쉬어준다. 그러면 그 문장은 페데리코가 혼자 바다에 갔는데, 그 때 마침 비가 오더라는 뜻이다. 하지만 (6b)처럼 쭉 이어서 말하면 비가 올 때에만 페데리코가 바다에 간다는 뜻이다. 즉, 영어의 only에 해당하는 *solo*가 when절을 꾸미는지, 아니면 주어를 꾸미는지가 휴지(pause)를 포함한 운율경계(prosodic boundary)의 유무에 따라 달라진다.

(6) a. Federico ci andava solo quando pioveva.

b. Federico ci andava/solo quando pioveva.

c. Federico ci andava solo/ quando pioveva.

Christophe and Dupoux(1996), 그리고 Christophe et al(1997)은 아기가 단어를 찾아낼 때 의지하는 표지가 바로 말이 멈추는 운율경계 (prosody)라고 주장한다. 아기는 먼저 소리로 배우고 그 축적된 자료를 바탕으로 어휘목록을 만들어야 한다. 경계를 활용하면 하나의 덩어리이며 연속체를 적당히 쪼개어 부분으로 나눌 수 있다. 매번 이런 작업을 하다보면 순식간에 지나가는 말소리를 통하여 개별단어를 찾게 된다. 이러한 해법을 가리켜 어휘습득의 소리촉발설(Phonological Bootstrapping of Lexical Acquisition)이라고 부른다. 운율경계를 기준으로 삼아 문장을 분리한다고 모든 단어가 추출되는 것은 아니다. 가장 중요한 기준은 경계(phonological prosody)이지만, 다양한 보조수단들이 더 필요하다. 다음은 단어찾기의 보조수단으로 유용한 것들을 보여준다.

(7) a. 분포규칙(distributional regularities)
    b. 일반적 단어모양(typical word shapes)
    c. 소리배열의 제약조건(phonotactic constraints)

구체적 설명을 하자면, (7a)의 분포규칙은 통계적 빈도이다. 이것을 알려면 아기는 선천적인 연산장치를 머리에 가지고 있어야 한다.

(8) the furniture   is
                     was
                     in the room
                     next to
                     that John

이 문장을 보면 주어 뒤에 올 가능성이 있는 모든 경우를 따져볼 때 *is* 가 올 확률은 1/5이다. 그리고 나머지 4개가 경쟁관계에 있다. 어떤 단어 다음에 무엇이 올지를 예측할 때 과거의 언어경험으로부터 나온 통계적 확률에 기대게 된다. 통계적 확률에 대하여 안다는 것은 그것만으로는 단어찾기에 부족할지 몰라도 보조적 수단으로 사용하면 유용하다.

다음으로 일반적 단어형태가 있다. 예를 들면 영어는 내용어, 즉 보통명사의 경우 첫 음절에 강세가 오는 단어가 많다. 그렇다면 강세 바로 앞에서 일단 호흡을 멈추게 된다. 따라서 강음절을 들으면 여기에서 단어가 시작하는 지점이라고 판단하고 단어추출을 시작하는 게 좋다. 음가배열은 마음대로 하는 게 아니고 일정한 제약조건이 있다. 예를 들면 어떤 소리조합은 영어에서 불가능하다. /dstr/이라는 소리는 영어에서 발견할 수 없다. 따라서 만일 그런 소리가 들린다면, 그건 두 개의 단어가 붙은 지점이므로 경계를 표시하고 따로 분리하여 단어추출을 해야 한다. 예를 들어 *bad string*이라는 두 단어를 들으면 그런 연속음이 들리는 데, 그런 배열이 하나의 단어일리 없기 때문에 반대로 단어경계를 알려주는 좋은 신호가 된다.

분포규칙, 일반적 단어형태, 소리배열 제약조건은 어느 언어이든 보편적으로 가지고 있다. 우리가 일반적으로 알고 있는 언어학적 분석도구, 즉 음소라든가 음절은 아기가 단어를 찾을 때에는 사용할 수 없다. 대신 아기는 빠르게 흐르는 소리에서 곧바로 군데군데 끊어지는 지점, 즉 리듬경계를 잡아낼 수 있다. 이런 현상은 언어 보편적이다. 일단 적당한 덩어리로 쪼갠 다음, 세부적 작업은 다른 보조수단을 동원하여 가능하기 때문에 시간이 흐르면 점점 단어목록이 풍부해진다.

2.1.2 소리촉발설의 타당성

먼저 소리를 하나의 연속체로 파악하고, 그 다음에 경계와 기타 보편적이고 선천적 지식을 동원하여 단어들을 문장으로부터 분리한다는 소리촉발설은 얼마나 타당한가? 정말로 순수하게 듣기에만 의존하여 단어를 알아낸다는 주장을 믿기에 충분한 정보가 있는가? 이 질문에 대답하기 위하여 우리는 다음과 같은 사실을 알아야 한다.

(9) a. 말소리가 경계를 포함하는지, 그리고 아기가 경계를 인식하는가?
     b. 아기가 분포규칙, 일반적 단어형태, 배열상의 제약조건을 알고 있
        는가?

2.1.2.1 운율경계에 대한 힌트

소리촉발설이 확실하고 타당한 가설이 되려면, 단어추출에 필요한 경계
신호를 금방 구할 수 있도록 충분한 정보제공이 있는지 확인해야 한다.

(10) a. 휴지(pauses)
      b. 음절 길게 늘이기(syllable lengthening)
      c. 기능적 주파수 재조정(functional frequency resetting)

영어에서 경계를 금방금방 알아낼 수 있다는 말이 과연 사실인지 확인
해보기로 하자. 절과 절의 사이에는 한번 끊어 말하는 경향이 있는데, 그것
은 (10a)이다. 절이 끝나는 지점에서 오는 마지막 단어는 꼬리가 길게 끌리
면서 내림성조로 말하는 경향이 있는데 이건 (10b)이다. 절이나 문장이 끝
부분에 오면 저절로 말꼬리가 내려가면서 저음을 내는 경향이 있는데 이건
(10c)이다. 이 정도로 다양한 힌트가 주어지면 아기도 얼마든지 경계에 의
존하여 단어찾기를 잘 할 수 있다. 그런데, 아기는 과연 이런 신호에 얼마나
민감한가?

2.1.2.2 운율경계에 대한 민감도

운율경계가 있는 언어자료와 경계가 없는 언어자료 중에 어느 것을 더 선호하는가? 이 문제를 풀기 위하여 Hirsh-Pasek(1987)은 실험을 하였다. 실험결과 6개월에서 7개월짜리 아기는 경계가 명확하게 주어진 언어자료에 더 민감한 반응을 보였다. 두 가지 자료가 제공되었다. 하나는 자연언어에서 그러하듯이 절과 절의 마디마다 경계(휴지)를 두었고, 다른 하나는 자연언어와는 달리 중구난방으로 마음대로 끊어 읽기를 한 언어자료이다. 실험실에 들어온 아기는 누구든지 끊어지는 지점, 즉 경계에 대하여 민감한 반응을 보였다. 그러나 더 세부적 사항, 음이 길어지거나 내림성조에 대하여 둔감한 반응을 보였다.

Christophe et al.(1994)는 좀 더 어린 아기를 대상으로 실험하였다. 겨우 생후 3일이 된 신생아를 데리고 경계가 있는 언어자료와 경계가 없는 언어자료를 들려주면서 우유병을 빠른 속도에 어떤 변화가 일어나는지 관찰하였다. 놀랍게도, 그렇게 어린 나이에도 벌써 경계를 구별하고 민감한 반응을 보였다. 따라서 우리가 앞에서 내린 결론이 더욱 강화되는 결과를 낳는다. 아기는 생후 얼마 지나지 않아 바로 절과 절의 경계, 단어와 단어의 경계를 숨이 멈추는 지점을 기준으로 파악한다. 이러한 능력은 선천적이며 단어추출에 매우 효과적으로 사용가능하다. 생후 6개월이면 다른 보조수단을 이용하여 좀더 세밀한 분류작업이 가능하다. 따라서 하나의 연속체로 들리는 말소리로부터, 경계를 이용해 둘로 쪼개는 작업이 실제로 존재한다. 탄생 즉시 리듬구조와 운율경계에 대한 민감성을 발휘하기 때문이다.

2.1.2.3 분포규칙에 대한 민감도

분포규칙이란 그 자리에 그 단어가 올 통계적 확률이다. 두 개의 단어가 인접할 때 어떤 확률로 그런 경우가 발생하는지에 대하여 아기는 인식하는가? 실제로 그러하다. Saffranm Aslin, Newport(1996)의 실험을 보자. 영어를 배우는 8개월짜리 아기를 대상으로 실험이 이루어졌다. 음절 3개로 이루어진 인위적 단어(nonsense word)를 마구 섞어놓은 다음에 그것을 읽은 소리자료를 만들어 2분(습관형성에 필요한 시간)을 계속 들어보게 하였다. 이렇게 엉망진창인 자료를 듣고 이것으로부터 단어인 것과 아닌 것을 구별할 수 있을까? 만일 아기가 통계적 확률을 안다면 어떤 단어를 제시하든 자연스러운 배열과 어색한 배열을 구별할 것이다. 하나는 온전한 단어군, 다른하나는 조각난 단어군인데, Condition A와 Condition B의 아기들은 서로정반대의 것을 온전한 단어로 인식하도록 미리 습관형성을 시켜두었다. 두가지 방향을 다 측정해야 선천적으로 좋아하는 음절조합 때문이 아니라는걸 증명할 수 있다.

실험결과, 어느 조건에서 실험한 아기이든 상관이 없이 조각단어 때문에어색한 배열로 들리는 쪽에 더 많은 호기심을 보이며 더 오래 귀를 기울이는 경향이 있었다. 이상하고 신기하다고 느끼니까 훨씬 강한 반응을 보인것이다. 전 단계에서 이미 자연스런 배열로 배운 소리자료를 들려주면 어느쪽의 아기이든 익숙하고 차분한 반응을 보였다. 이 실험을 통하여 아기는2분만 들으면 어떤 배열이 자연스럽고 어떤 배열이 부자연스러운지 알며,그 내용을 통계적 지식으로 획득한다는 것이 증명되었다.

2.1.2.4 단어모양에 대한 민감도

단어모양을 안다는 것은 운율(강세와 음의 고저)을 안다는 것이다. 노르웨이어와 영어는 운율(prosody)이 다르다. 영어에 노출된 아기는 6개월이면 노르웨이어보다 영어자료에 더 흥미를 보인다. 따라서 이 무렵이면 모국어와 모국어 아닌 것을 구별한다. 아기는 제일 먼저 노출된 언어자료를 문장으로 접한다. 학자들의 실험에 따르면 6개월짜리는 단어목록으로 제시하면 구별을 못 하지만, 완전한 문장으로 제시하면 어떤 것이 모국어인지 금방 구별한다. 단어에는 강세 또는 고음과 저음의 변화와 같은 운율이 많지 않으나, 문장에는 그러한 정보가 반드시 그리고 명백하게 포함되어 있다. 따라서 문장이 단어보다 더 구별하기 쉽다. 사실 단어강세도 높고 낮은 운율을 만들어낸다. 영어명사에서 보통 강세는 첫음절에 온다. 영어를 배우는 아기는 이러한 사실을 아는가? 실험결과 6개월일 때는 모르지만, 9개월이 지나면 안다고 밝혀졌다. 첫음절에 강세가 오는 단어목록과 둘째음절이나 다른 곳에 강세가 오는 단어목록을 들려주면 제일 일반적인 형태의 목록, 즉 첫음절에 강세가 오는 단어목록을 더 선호한다.

2.1.2.5 소리자질과 소리배열에 대한 민감도

언어마다 음이 다 다르다. 어떤 음은 영어에만 있고 덴마크어에는 없다. 생후 6개월이고 영어와 덴마크어를 다 배우는 환경에 노출되면 영어단어목록과 덴마크어 단어목록을 구별하지 못 한다. 그런데 재미있는 사실은 생후 9개월이면 영어와 덴마크어 단어목록을 구별한다. 두 개의 언어를 녹음한 소리자료를 아주 작게 틀어주면 9개월짜리 아기는 둘 다 비슷하게 반응하며 별다른 선호반응을 보이지 않는다. 작게 틀면 두 개의 언어를 다르게 들리게 만드는 배열상의 차이점이 흐려지기 때문에 둘 다 똑같이 들린다. 그러므로 9개월짜리는 운율을 듣고 아는 게 아니고 소리자질이나 소리배열 (phonetic and phonotactic feature)을 듣고 아는 것이다. 녹음자료를 크게 틀건 작게 틀건 리듬은 그대로 유지되기 때문에 그와 같은 차이는 발생할 리 없다. 따라서 초기에는 리듬에만 주목하다가 9개월이면 개별음을 안다. 이와 같은 능력은 6개월에는 없다가 9개월에 생기며 12개월이 되면 소멸한다. 12개월이면 모국어에만 집중하며 다른 모든 언어에 대하여 어떠한 유연성도 보여주지 못 한다.

2.1.2.6 분포적 규칙성을 어떻게 발견하는가?

아기가 소리자료를 들었을 때, 어떤 음이 단어내부에 있는지 아니면 단어외부에 있는지 어떻게 구별하는가? 다양한 수단을 동원하여 아이들은 단어구별 이전단계에서 음이 어디에 있는지 대충 짐작한다. 첫째, 통계적 처리 방법, 둘째, 억양이 내림음조이면서 꼬리가 길게 끌면 그게 하나의 단위가 끝나는 신호라는 점, 셋째, 그 언어 고유의 자음그룹이 있다는 점에 의존하여 몇 개의 단위로 분리하여 듣는다. 가장 일반적으로 통용되는 형태의 단어모양을 안다는 것도 하나로 붙어버린 문장을 쪼개어 듣고 의미를 이해하는 데 도움이 된다.

2.1.3 소리촉발설과 보편문법

단어가 어디서 시작하는지 찾는 방법은 다양하다. 숨을 멈추는 휴지를 찾거나, 영어처럼 강세가 오는 바로 앞을 기준으로 삼아 단어를 찾는다. 하나씩 보면 시시하고 보잘 것 없으나, 한꺼번에 종합적으로 사용하면 상당히 효과적으로 작용한다. 아기는 생후 바로 사용이 가능한 연산장치를 가지고 태어났다. 이 연산장치는 언어에만 사용되는 것이 아니고, 다른 분야, 즉 음악이나 수리에도 일반적으로 사용가능하다. 단어경계를 알아내기 위하여 연산장치를 활용하고 통계적 확률을 사용한다는 아이디어는 Chomsky(1975)가 처음 제안한 것이다.

그는 Harris(1954)의 통찰력을 원용하여, 단어의 경계는 모든 언어자료에서 발견되는 규칙성에 주목한다면 금방 찾을 수 있다고 제안하였다. 그러나 모든 자료가 연산장치 하나로 문제가 해결되는 것은 아니다. 대표적인 예가 부정극어(negative polarity item)이다. any, ever, give a damn이 부정극어에 해당한다. 이들은 혼자 쓰이지 아니하고 다른 단어와 짝을 이루어 사용된다. 그런데, 다음 예문에서 보는 바와 같이 어떤 곳에서는 허용이되고 어떤 곳에서는 금지된다.

(11) a. Every person who ever saw a picture of Picasso will come to this exhibition.

　　 b. *Every person will ever come to this exhibition.

(12) a. No person who ever saw a picture of Rembrandt will come to this exhibition.

　　 b. No person will ever come to this exhibition.

(13) a. *Some person who ever saw a picture of Picasso will come to this exhibition.

　　 b. *Some person will ever come to this exhibition.

부정극어이기는 하나 각자가 지닌 의미적 특징에 따라 다 다른 분포도를 보이고 있다. 따라서 이런 경우에는 통계적 규칙성을 발견할 수 없다.

요약하면 언어습득은 일반적 학습과정과는 전혀 다르다. 보편문법이라는 선천적 능력이 있고 외부적 환경자극에 해당하는 언어자료가 있으면 저절로 발달하는 과정이다. 생후 초반에는 어떤 언어이든 다 열려 있던 가능성이 시간이 지남에 따라 차차 줄어들어 단 하나의 모국어능력으로 굳어지는 생물학적이고 양자선택적인 과정이다. 선천주의자의 이러한 입장은 지금까지 살펴본 여러 실험에 의하여 더욱 확고부동한 진리로 굳어진다. 한 덩어리로 뭉쳐 있는 언어자료를 듣고 단순히 소리에만 의지하여 단어목록을 완성하는 작업은 효율적 연산장치에 해당하는 인간의 머리 덕분에 통계적 확률을 알아낼 능력이 아기에게 있기 때문에 가능하다. 그러나 예문 (11)-(13)에서 보듯이 예외적인 경우도 있기 때문에 다양한 수단을 필요로 한다. 종합적으로 살피건대, 인간의 언어습득은 일반적인 학습과는 전혀 다른 독특한 성질을 가지며 시간이 흐르면 저절로 한 단계를 통과하도록 미리 설계된 진화의 결과물이며 생물학적 신체발달이다.

2.1.4 어휘습득의 2단계 모델

소리촉발설에 의하면 어휘습득은 두 단계로 이루어진다. 먼저 상당한 숫자의 단어를 일일이 찾아 쌓아둔다. 다음에 일단 소리신호로 존재하는 단어를 그 구체적인 의미와 짝짓기를 하는 연결작업을 한다. 이렇게 두 단계로 진행된다는 사실을 어떻게 알았는가? Jusczyk and Hohne(1997)은 10일 동안 8개월짜리 아기에게 이야기를 들려주었다. 2주일이 지난 후, 아기에게 이미 배운 단어목록과 배운 적이 없는 새로운 단어목록을 제시하였다. 아기는 이미 알고 있고 익숙한 단어에 더 오래 주의를 기울였다. 그런데, 10일 동안 실험에 노출된 적이 없는 아기는 새로운 단어목록이든 기존의 단어목록이든 차이점을 보이지 않았다.

따라서 10일 동안 귀로 들어보는 과정에서 실험실 아기는 순전히 소리만 가지고 단어추출을 했다는 결론에 도달하게 된다. 만일 그렇지 않다면 두 목록에 대하여 각각 다른 반응을 보일 이유가 없다. 그러나 이 단계에서 단어목록만 추출할 뿐, 아직 의미에 대하여 아는 것이 하나도 없다. 소리자료로 된 단어목록과 그 뜻을 연결하는 작업은 훨씬 늦게 이루어진다. 연구결과에 의하면 적어도 10개월에서 12개월은 되어야 그런 작업이 가능하다고 한다. 그에 반하여 음성적 단어목록의 구축은 생후 8개월이면 가능하다. 이와 같이 두 작업 사이에 시차가 명백히 존재하므로 어휘습득을 하나로 보지 않고 두 단계로 나누어 본다.

2.1.5 중간요약

어휘습득에 관한 음성적 자발성 모델에 의하면 유아는 소리자극을 듣고 그에 따라 아직 단어가 구체화되지 않은 상태, 즉 흐릿한 바탕그림을 그린다. 이 표상은 어느 정도 그 모국어에 고유한 특징이 있으며, 이를 바탕으로 그 모국어에 존재하는 규칙들을 추출하는 데 사용한다. 단어형태를 찾기 위하여 아직 존재하지도 아니하는 어휘목록에 기댈 수는 없다. 따라서 유아는 운율, 음의 규칙적 배열, 음의 배열에서 나타나는 제약, 전형적인 단어형태를 보고 어디서 단어가 시작하고 어디서 끝이 나는지를 식별한다. 신생아는 운율경계가 있는 음성자료와 운율경계가 없는 음성자료를 정확히 구별한다. 6개월이면 모국어에 흔히 나오는 단어형태를 알아보며, 8개월이면 규칙을 알아낸다. 9개월이면 모국어에 나타나는 개별음, 즉 음성적 특징이나 음가 배열규칙에 대하여 터득하게 된다. 개별언어에 대하여 자세하게 알아갈수록 모든 언어에 대하여 보편적으로 가지고 있었던 초기의 민감성은 하나씩 떨어져나가는 경향을 보인다. 이러한 두 가지 엇갈린 방향으로 나아가는 현상은 알고 보면 하나의 통합된 과정이다. 이 과정을 끝내면 비로소 아기는 단어목록을 만들기 시작한다.

2.2 단어의 의미습득이 왜 문제가 되는가?

단어습득과 관련하여 핵심적 질문은 다음과 같다. 아기는 어떻게 단어가 사물을 가리키는 용도로 쓰인다는 것을 아는가? 또 각 단어의 의미가 무엇이라는 것을 아기가 어떻게 아는가? 하나의 가능성은 가설설정과 검증작업 (hypothesis and testing procedure)을 통하여 단어의미를 알아내는 방법이다. 틀릴 위험을 감수하면서 일단 이 단어는 무엇이라고 가설을 세우고, 실제로 사용하는 것을 보면서 아니면 버리고 맞는 게 확인이 되면 그대로 고정시키는 방법이다. 하나의 단어를 실제 존재하는 사물에 일 대 일로 대응시키는 방법을 쓰게 되는데, 이것이 바로 단어-세계 사상 절차 (word-to-world mapping procedure)이다.

이 방법은 어느 정도는 맞지만, 곧 문제에 봉착하게 된다. 구체적 사물을 지시하는 보통명사에는 통한다. 그러나 많은 문제점이 발생한다. 하나의 상황에 대하여 말로 표현하고자 할 때 우리는 다양한 표현을 사용할 수 있다. 이는 다 대 일 관계가 가능한 언어의 유연성과 다양성을 뜻하는데, 단어-세계 사상 절차는 전혀 설명을 못 한다. 아기가 고양이는 간단히 지시하지만, 만일 코끼리를 지시한다고 할 때, 코끼리의 몸통 일부를 지시하는 것인가, 아니면 코끼리 전체를 말하는 것인가? 또 다른 어려움은 추상명사에서 일어난다. 보이지 않는 것을 말할 때 어떻게 그 의미를 이해하는가? 동사에 들어가면 문제는 더욱 꼬인다. 동사의 의미는 보통 문장 전체를 보아야 이해가 되거나 아니면 문장보다 더 큰 단위인 맥락 전부를 보아야 이해할 수 있다. 그리고 다른 어려움도 있다. 보통 귀납의 문제점(problem of induction)이라고 부르는 문제인데, 이는 하나의 상황을 여러 가지로 말하는 표현의 다양성을 뜻한다. 이러하므로 단순한 대응관계로 풀기 어렵다.

(14) a. John gives a book to Mary.

   b. Mary receives a book from John.

(15) a. The cat is under the table.

   b. The cat is on the mat.

   c. The mat is under the cat.

주어진 상황은 하나인데, 문장은 (14)처럼 두 가지, 또는 (15)처럼 세 가지로 표현된다. 그러면 어떻게 일 대 일 대응관계를 이루며, 어떻게 사상을 시킬 것인가?

2.2.1 의미를 향한 힌트와 편향성

부모가 말을 할 때, 아기는 부모의 시선이 어느 물건을 보고 있는지 주의집중을 한다. 시선이 꽂히는 물건과 입에서 나오는 단어가 일 대 일 대응

관계를 이룬다는 것을 아기는 본능적으로 감지한다. 실제로 그렇다는 증거가 있다. Baldwin(1991)은 18개월짜리 아기가 어떤 단어나 문장을 들었을 때 그 의미를 헤아리기 위하여 화자가 어디를 보고 있는지 자동적으로 추적하는 것을 실험으로 증명하였다.

하지만 시선 따라잡기만 가지고 모든 단어의 의미를 알아낼 수는 없다. 일부 학자에 의하면, 아기는 단어의미에 있어서 선천적으로 한쪽으로 쏠리는 편향성이 있다. 아무도 가르치지 않아도 어떤 가설을 선호하고 어떤 가설을 싫어하기 때문에 결과적으로 더 쉽게 단어를 배운다. 이러한 생물학적 특징이 초반에 단어목록 만드는 작업에 도움을 주다가, 시간이 지나면 자연스럽게 소멸된다. 그렇다면 그 편향성이란 구체적으로 무엇인가? 통째로 지시한다는 전체편향성(whole object bias), 하나의 사물에 하나의 단어만 사용하며 동의어는 없다는 상호배타적 편향성(mutual exclusivity bias), 그리고 하나의 범주가 주어지면 같은 범주의 단어를 고르는 경향이 있다는 분류상의 편향성(taxonomic bias)이 있다.

(16) 전체사물 편향성: 새로운 표찰은 사물 전체를 의미하며 그 일부 또는 그 성질을 의미하는 것이 아니다.

(17) 분류상의 편향성: 표찰은 분류상 동등한 사물을 의미하며 주제별 관련성이 있는 사물을 의미하는 게 아니다.

단어간의 관계에는 주제별 관계성(thematically related)이 있고 분류상의 관계성(taxonomically related)이 있다. 소와 우유처럼 같은 동물은 아니지만 소를 보면 자연히 우유가 생각나면 주제별 관계가 있다. 그리고 소와 돼지처럼 같은 동물이라서 하나로 범주화한다면 배열상의 관계성이 있다고 본다. 아기에게 아무 힌트나 유도가 없는 상태에서 소가 그려진 그림을 보여준다. 그런 다음 우유와 돼지 중 하나를 고르게 하면 아기는 아무 것이나 마음대로 고른다. 그런데, 똑같은 실험을 다시 하면서 소 그림을 보여줄 때 이것이 명사라는 점을 각인시키는 힌트를 주고 다시 고르게 하면 아기는 반드시 돼지를 고르게 된다. 왜냐하면 명사라는 힌트가 아기에게는 같은 동물에 속하는 그림으로 골라야 한다는 방향타가 되었기 때문이다. 물론 우유도 명사이기는 하지만, 같은 동물은 아니므로 의미적으로 볼 때는 동등한 차원의 개념으로 볼 수 없기 때문이다. 아무도 강요하지 않았는데, 이러한 결과가 나오는 것은 선천적 편향성 때문이다.

(18) 상호배타적 편향성: 단어는 상호배타적 편향성이 있다. 하나의 사물은 표찰을 단 하나만 가진다.

아이들은 물건과 단어를 일 대 일 대응관계로 정확하게 짝짓기를 하는 것을 선호한다. 하나의 물건이 컵도 되고 접시도 되는 일은 있을 수 없다. 모든 사물은 각각의 표찰을 지녀야 한다. 이러기 위해서는 동의어가 없다는 가설을 세우는 편이 좋다. 그러므로 어떤 아이가 생전 처음 보는 단어를 만났다고 가정하면, 그 아이는 다음과 같은 순서로 그 단어의 의미를 추론한다. 제일 먼저 물건 전체를 뜻한다고 가설을 세워본다. 만일 그 물건이 이미 어떤 이름이 있다면 그 때는 상호배타적 편향성에 밀려서 다른 가능성을 탐색하게 된다. 그 물건 전체에는 이미 이름이 있다니, 그럼 그 물건의 일부이거나 아니면 그 물건에 해당하는 어떤 특징을 의미하는 가능성을 탐색한다. 이와 같이 편향성은 아이들의 단어공부를 도우면서 나름대로 역할을 한다. 그러나 그 기준은 절대적인 금지가 아니며 다만 선천적으로 좋아하는 경향이 있다고 보면 된다.

이러한 편향성이 있기에 가설의 숫자가 대폭 줄어들고 단어의미를 알아내는 시간도 대폭 단축된다. 단어공부에 최소한도의 에너지를 사용하면서 귀납의 문제(problem of induction)를 해결하자면 이런 기질이 반드시 필요하다. 여러 표현이 하나의 상황을 가리키는 다 대 일의 관계를 이해하는 것은 귀납을 통해 가능하다.

그러나 여전히 남은 숙제가 있다. 어떻게 동사, 전치사, 추상명사의 뜻을 이해하는가? 이런 단어의 뜻을 이해하려면 반드시 통사적 정보가 필요하다. 그렇다면 단어목록의 단계와 통사론 습득의 단계가 어느 정도 중복되면서 상호보완적으로 기능한다는 암시가 주어진다. Gordon(1985)이 조사한 바에 의하면, 영어를 배우는 아이들은 어떤 명사가 셀 수 있는지, 아니면 추상명사나 물질명사이기 때문에 셀 수 없는지 아는 데 통사지식을 활용해야 하는 데 그것이 가능한 나이는 2세이다. 그러므로 통사지식은 생후 2세이면 생겨난다. 그리고 그 통사적 정보는 어휘목록에서 더 복잡하고 어려운 단어의 의미를 이해하는 데 꼭 필요하다.

2.2.2 중간요약

어휘목록 구축은 소리의 흐름 속에서 단어형태를 찾아내는 작업이며 또한 그 단어를 의미로 사상하는 작업이다. 단어의 의미를 찾는 과정을 단어-세상 사상 절차(word-to-world mapping procedure)라고 보는 가설이 있다. 아기는 스스로 관찰하여 어떤 단어가 어떤 사물을 가리키는지 경험하고 그에 의하여 단어-의미 관계를 구축한다는 것이다. 그러나 여기에 정면으로 반박하는 다른 가설도 많다. 하나의 단어는 다양성과 변화가능성을 가진다. 그 단어가 쓰인 맥락에 따라 특정한 사물, 또는 그 사물의 부분, 또는 그 사물을 구성하는 재료를 뜻할 수 있다. 이와 같이 단어는 다양한 의미를 가질 수 있다. 즉, 단어의 의미는 단 하나가 아니며 고정되어 있지 않다. 이 문제와 관련된 가설의 숫자를 줄이고, 유아가 선천적으로 어떤 어휘목록에 쏠리도록 편향성을 가지고 있다고 보는 주장이 있다. 단어-세상 사상절차 가설을 가지고 구체명사를 배우는 과정은 설명할 수 있다. 그러나 그 가설만으로는 모든 경우를 다 설명할 수 없다. 왜냐하면 보이지 않는 개념을 의미하는 명사(추상명사, 물질명사), 그리고 구체적으로 지적할 수 없는 동사의 의미를 설명하기에 미흡하기 때문이다.

2.3 동사의 습득

2.3.1 명사 대 동사

엄마가 아이에게 말할 때 동사보다는 명사를 압도적으로 많이 사용한다. 부모와 아이가 노는 모습을 찍은 비디오를 보여주고 어떤 단어를 사용 중인지 추측하게 시키는 실험을 한 결과, 대부분의 사람들이 동사는 15% 적중률을 보인 반면 명사는 45% 적중률을 보였다. 이 실험이 암시하는 바는 동사의 의미를 알기가 훨씬 힘들다는 것이다. 아이는 20개월에서 24개월이면 갑자기 어휘습득속도가 굉장히 빨라진다. 그런 현상은 6세까지 지속된다. 일반적으로 50개에서 200개의 단어를 배우게 될 무렵, 그것을 활용하여 문장을 만들게 된다.

400단어 활용능력이 생길 무렵이면 아는 단어의 양과 문장의 복잡성, 즉 통사적 문법능력 사이에 비례관계가 생긴다(Bates, Dale, & Thal 1995). 이러한 현상은 아이가 동사를 배우면 그와 동시에 자연스럽게 통사적 지식에 접근하게 된다는 것을 뜻한다고 Gleitman 등은 주장하였다. 어떻게 통사론과 동사의미 배우기는 하나로 연결되어 언어습득에 포함되는 것인가? 동사의미를 배우기 위하여 반드시 다양한 통사적 맥락과 문형을 알아야 하기 때문이다. 즉 통사론을 활용하지 못 하면 동사의 의미는 배울 수 없다. 따라서 둘은 불가분의 관계이다.

2.3.2 통사적 정보로 동사의미 배우기

통사론이 동사의미를 알려주는 힌트로 작용한다는 가설은 통사론과 의미론 사이에 밀접한 관계가 있으며 둘이 하나로 통합된다는 뜻이다. 아기들은 구조와 의미를 하나로 배우도록 선천적인 기질(native bias)을 가지고 있다. 동사는 논항의 숫자가 정해진 논항구조를 가진다. *break*는 두 개의 논항, *laugh*는 한 개의 논항을 가진다. 각각의 논항은 의미역(agent, patient, theme, goal)을 가진다. 그리고 각 논항은 문법적 위치에 따라 주어, 목적어가 된다.

(19) a. John broke a glass.

  b. break: Agr1, Agr2

(20) John laughs.

아기들은 (19)과 (20)의 논항숫자를 보고 두 개의 동사가 다른 의미라는 것을 안다. 통사적 구조와 동사의 의미는 하나이기 때문에 구조를 보고 의미를 안다는 것은 설득력이 있다. 통사적 구조는 어휘적 자질의 반영이며 그림자이다. 현실에 없는 단어가 동사로 쓰인 (21)을 보면 더욱 분명하게 그 사실을 알 수 있다.

(21)　a. John gorped that Mary came.

　　　b. Bill sibbed.

　　　c. John stog from Milan to Naples.

(21a)는 절을 목적어로 한 동사이므로 *say, think*와 비슷한 동사일 것이다. (21b)는 *laugh*와 똑같은 구조를 가졌기 때문에 의미도 비슷할 것이다. (21c)는 *fly, walk, drive*같은 이동을 의미하는 동사일 것이다. 걸음마를 하는 아기는 통사론을 활용하여 동사의 의미를 대체적으로 배울 수 있다. 아주 정확한 의미를 알려면 그 문장을 둘러싼 주변 맥락(extralinguistic context)까지 살펴야 할 것이다.

2.3.3 통사지식을 이용한 동사습득

동사는 통사론을 이용하여 배운다는 가설을 검증하기 위하여 다양한 실험을 하였다. 그 결과, 2살짜리는 의미를 배우기 위해 통사적 정보를 활용할 능력이 충분히 있다는 것이 증명되었다. 논항구조가 타동사이면 사역의 의미(causative meaning)가 있으며 자동사이면 반드시 사역의 의미가 없다는 것을 저절로 안다는 것도 실험으로 증명되었다. Naigles(1990)은 어느 쪽을 선호하는지 관찰하는 실험(Preferential looking paradigm)을 통하여, (22)와 같이 타동사를 들은 아이는 사역의 동작을 보여주는 동영상을 더 오래 응시하고 (23)처럼 자동사를 들은 아이는 비사역 동작을 보여주는 동영상을 더 오래 응시한다는 실험결과를 발표하였다.

(22)   The duck is gorping the bunny.

(23)   The duck and the bunny are gorping.

그런데 논항구조는 동사의 의미를 대충 짐작하게 해줄 뿐 정확한 의미는 아직 모른다. 예를 들어 (24)만 들었을 때는 *gorp*의 의미가 *carry*, 또는 *bring*이라고 짐작하게 된다.

(24)   John gorped a cake to Mary.

그런네 언달아 (25)도 들었을 때에는 *carry*는 아니고 *bring*이라고 더 정밀하게 파악하게 된다. 왜냐하면 *carry*는 (25)과 같은 구조에서 쓰일 수 없기 때문이다.

(25)   John gorped Mary a cake.

그렇다면 아이들은 친절하게 이런 구조를 연달아 제공하지 않아도 스스로 과거의 경험에서 필요한 언어자료를 회상하여 이런 작업을 할 수 있는가? 실험결과는 그런 것으로 밝혀졌다. Naigles(1996)은 아이들이 한꺼번에 다양한 구조를 떠올려 어떤 동사가 어떤 의미를 가지는지 정확하게 이해할 능력이 있는지 실험하고, 2세부터 6세의 아이들은 그런 능력을 가지고 있다고 발표했다. 구체적으로 두 종류의 동사를 가지고 실험했는데, 하나는 *touch, bite, scratch*이고 다른 하나는 causative verb인 *break, open*이다. (26)은 주어의 변화가 있고 (27)는 주어의 변화가 없다. 이와 같이 의미차이가 있다면 반드시 구조적 차이가 발생한다.

(26) Causative Alternation(CS)

   a. John broke the glass.

   b. The glass broke.

(27) Object Omission Alternation(OO)

   a. John was painting the picture.

   b. John was painting.

Naigles(1996)은 (28a)을 먼저 듣고 (28b)를 들은 그룹과 (28a)를 먼저 듣고 (28c)를 들은 그룹을 나누어 실험을 하였다.

(28) a. The duck is sibbing the frog.

   b. The frog is sibbing.

   c. The duck is sibbing.

(28a)-(28b)를 연속적으로 들으면 사역동사(즉, 일반적 타동사)를 들은

것이며 (28a)-(28c)를 연속적으로 들으면 비사역동사(즉, 접촉 동사)를 들은 것이다. 나중에 동영상을 보여주었더니 자기가 들었던 것에 해당하는 그림에 더 오래 집중하는 것을 알 수 있었다. 이는 아이들이 구조를 듣고 의미를 정확하게 이해한다는 것을 증명한다.

2.3.4 통사지식은 누구에게나 활용가능한가?

문법지식을 통해 동사를 배운다는 가설은 참으로 증명되었다. 그렇다면 초기의 문법지식은 아기들이 노출된 아주 작은 분량의 문장에서 나온 것이다. 초기자료는 얼마나 유용한가? 그에 대한 대답은 눈이 먼 아기들이 어떻게 감각동사(보다)를 배우는지를 연구한 실험에서 나온다. Landau and Gleitman(1985)는 시력을 잃은 3살짜리는 정상인 또래와 똑같이 *see*와 *look*이라는 동사가 무엇인지 안다는 것을 증명하였다. 경험은 별로 중요하지 않고 인지적인 추론능력만으로 동사를 배우는 것이다. 장님임에도 불구하고 *look*은 적극적인 보는 행위이며 *see*는 저절로 보이니까 보는 수동적 행위라는 것을 잘 알고 있었다. 장님이든 아니든 통사적으로 다양한 문형비교를 통하여 논리적으로 추출하면서 동사의미를 배우기 때문에 동일한 언어 습득단계에 도달한 것이다. *Look*은 명령문에 쓰이지만 *see*는 그럴 수 없다. *See*는 절을 목적어로 취하지만 *look*은 그럴 수 없다. 이와 같이 동사의 의미는 그 구조와 불가분의 관계를 맺고 있다. 따라서 다양한 구조를 한꺼번에 놓고 분석할 능력이 있다면 별도의 경험이 없어도 정확한 의미를 얻을 수 있다. 실제로 엄마가 아이에게 말을 할 때 자연스럽게 동사를 다양한 구조 속에 넣어서 사용하므로 필요한 언어자료는 누구든지 구할 수 있다.

2.3.5 중간요약

동사가 사용되는 다양한 문장구조를 한꺼번에 놓고 분석하면 정확한 동사의 의미를 추출할 수 있다. 구조와 의미는 하나이다.

2.4 통사촉발설

어떻게 통사론이 시작되었을까? 이 주제는 어떻게 동사의 의미를 이해하게 되는가에 대한 논의와 긴밀한 관계가 있다.

2.4.1 개관

아이들은 명사, 동사, 주어, 목적어가 있다는 것, 문장구조는 X-바 구조로 되어 있다는 것, 상하의 위계가 있다는 것을 배우지 않아도 저절로 안다. 소리자료에만 노출된 아이들은 빠른 속도로 흘러가는 소리를 끊어 어디부터 어디까지가 명사이고 동사이며 절의 경계인지를 알아야 한다. 보편문법은 알지만, 개별언어에 고유한 문법지식은 전혀 없는 상태에서 아이들은 어떻게 필요한 지식을 획득하는 것일까?

학자들은 다양한 해결안을 제시하였다. 어떻게 개별언어의 통사론이 시작되었는가에 대한 질문에 대하여 세 가지 가설이 있다. 첫째, 소리를 듣고 안다는 소리촉발설, 둘째 부분적 문장구조를 듣고 안다는 문장조각 촉발설, 셋째, 의미에 근거하여 안다는 의미촉발설이 있다.

2.4.2 소리촉발설

6개월에서 9개월 사이에 아기는 다양한 길이의 소리단위에 민감해진다. 7개월짜리는 한 덩어리로 들리는 문장을 끊어 절과 절을 구별할 능력이 있다. 그리고 9개월에 접어들면 절보다 더 작은 단위인 구를 구별하고 분리할 능력이 생긴다. 그러므로 소리자료에서 추출할 수 있는 통사정보는 절을 구별하고 구를 구별하는 데에서 멈춘다. 그리고 이 구조는 상하로 늘어선 수직구조가 아니고 수평구조이다. 소리촉발설은 통사론의 초기모습은 수평구조이며 이보다 더 세밀한 정보는 나중에 배운다고 본다.

2.4.3 문장조각 촉발설

Fisher et al.(1994)은 소리촉발설을 그대로 인정하면서, 거기에서 한 걸음 더 나아간 입장을 취했다. 아기는 명사를 배울 때 단어-세상 사상절차(word-to-world mapping procedure)를 통해 단어와 사물을 일 대 일로 짝을 맞추면서 배운다. 그렇다면 아는 명사와 모르는 동사가 나란히 나오면 그것은 문장조각이 된다. *The dog pushes the cat*이라는 문장을 들은 아기는 명사는 둘 다 알지만 동사의 뜻은 모른다. 그런데 논항의 숫자가 2개이므로 아기는 저절로 동사가 타동사이면서 사역동사라는 사실을 안다. 그리고 앞에 나온 논항이 주어라는 것을 알면 전체적인 X-바 구조는 저절로 터득하게 된다.

2.4.4 의미촉발설

Pinker et al.(1984, 1994a)는 의미정보를 근거로 통사론을 터득한다고 본다. 그에 의하면 아기는 사람, 물건, 동작, 행위자, 피해자라는 의미적으로 투명한 개념(semantically transparent concept)을 이미 알고 있다. 이를 기반으로 더 복잡한 통사적 정보를 끌어낼 수 있다. 문장 내부에 있는 논항이 가진 의미적 역할을 살피면 저절로 그것이 가진 문법적 기능, 즉 무엇이 주어이고 목적어인지 알 수 있다. 어느 것이 명사구이고 아닌지는 의미적 관계를 관찰하면 알기 때문에 (29)와 같은 구조를 터득하게 된다. 앞에는 지정어가 오든지 주어가 오고, 동사 뒤에는 목적어가 온다.

(29) XP → Spec X
      X → X YP

(30)과 같은 문장에서 지정어는 핵이 I이면 주어가 되고, 핵이 N이면 관사가 된다. 이렇게 출발하여 점점 분포적 규칙을 발견하면서 통사적 지식을 확대하게 된다.

(30) John has scratched the bear.

그렇다면 의미적으로 투명하지 않는 문법적 기능, 대표적으로 주어라는 개념은 어떻게 아는가? 주어는 가장 대표적인 특징이 (31a)이다.

(31) a. the agent of action verb
      b. the argument in the leftmost position in the sentence.
      c. the function that an object assumes in passive sentences.

d. the constituent whose grammatical features are encoded by agreement affixes on verbs and so on.

일단 주어부터 찾고 나면 그 주어는 자동으로 (31b), (31c), (31d)의 특징을 가진다고 본다. 즉 하나의 특징을 발견하면 그 나머지는 저절로 따라온다.

(32) This idea is scaring me.

(32)에 나온 주어는 행위자가 아니다. 하지만 아기는 이미 주어개념을 배웠다. 주어는 가장 왼쪽에 나타난다. 그러므로 *this idea*는 주어이며 주어이기 때문에 (31d)처럼 동사의 형태를 결정한다. 의미촉발설은 아기가 선천적으로 가진 지식, 의미적으로 투명한 개념이 바탕이 되어 최초의 통사적 개념들을 터득한다는 가설이다. Bloom(1994a)은 어른의 언어에서는 동일한 현상이 발견되지 않는다는 것을 증명하였다. 보통 생후 1살짜리와 어른의 언어는 본실석으로 동등하다. 따라서 어른의 언어에서 똑같은 현상이 없다는 것은 의미촉발설의 치명적 약점이 된다.

2.5 요약과 결론

이 장은 아이가 어떻게 어휘목록을 습득하는지를 다루었다. 6개월 무렵, 유아는 부단히 들리는 음성의 흐름 속에서 단어형태를 추출한다. 다른 한편으로 단어의 소리와 의미의 짝을 맞추어 어휘목록을 완성해야 한다. 이런 작업은 생후 10-12개월이면 이루어진다. 소리의 흐름에서 단어를 추출하기 위하여 유아는 그 모국어만이 가지고 있는 고유한 정보에 기대게 된다. 음률적 단어형태, 분포적 규칙성, 음성적 정보, 음가 배열이 가지는 제약이 유용하게 사용된다. 이러한 정보를 잘 활용하는 솜씨로 보아, 유아는 자주 출몰하는 음성적 정보를 포착하는 데 뛰어난 기술이 있다. 언어적 기본단위는 그러한 방식으로 금방 알아낸다. 이와 같이 고감도 인지능력은 모국어 어휘목록을 배울 때에도 필수적인 선결조건이 된다.

단어의 의미를 배운다는 것은 다양한 요소를 포함하는 복잡한 작업이다. 어휘목록을 습득하면 그 과정에서 저절로 개념적 체계(conceptual system)가 만들어진다. 이 과업을 하는 과정에서 아이는 다양한 정보에 의존한다. 아이는 본능적으로 단어는 무언가를 지칭하는 것이며 사람들이 단어를 지칭하는 용도로 사용한다는 것을 안다. 가끔 의미전달을 위하여 언어가 아닌 다른 신호, 즉 얼굴표정이나 동작을 사용하기도 한다. 화자가 말을 할 때 화자의 주의집중이 어디를 향하는지 주목한다. 일부 범주의 단어들은 단순히 이 세상 사물과 일 대 일 대응관계를 통하여 그 뜻을 파악할 수 있다. 그러나 동사의 의미를 알아낼 때 아기들은 문장 대 세상이라는 사상을 이용해야 한다. 즉 동사라는 단어에만 주목하지 말고 그 문장 전체라는 맥락을 동원하는 작업을 벌여야 한다.

왜 아이는 동사보다 명사를 먼저 배우는가? 명사의 의미는 맥락을 동원하지 않고 즉각적으로 사물과의 대응을 통해 알아낼 수 있다. 그러나 동사는 그보다 복잡하고 어려운 작업을 요한다. 다시 말하면 통사론에 대한 지식이 없이도 배울 수 있는 것은 명사이며 동사는 통사론적 지식을 동원해야 배울 수 있다. 또한 명사라고 다 일 대 일 대응관계로 금방 배울 수 있는

게 아니다. 초기단계에서 간단한 구체명사를 배우는 데 도움이 될 뿐이다. 추상명사는 단순히 외부세상을 관찰한다고 이해할 수 있는 게 아니다.

아이가 단어를 배우자마자, 어휘목록이 급격하게 팽창한다. 통사론의 출현이 어휘목록의 습득에 가속도를 붙인다. 아이는 동사를 배우기 시작한다. 동사의 의미는 문장 전체를 보아야 이해가능하다. 이 무렵 가지게 되는 통사론 덕분에 단어의미를 정하는 또 다른 수단을 획득한 아이는 동사 뿐 아니라 명사의 경우에도 통사적 정보를 활용하여 급속도로 어휘목록을 풍부하게 만든다.

동사를 배우는 데 통사론이 필요하다는 생각은 또 다른 질문을 야기한다. 그렇다면 그 통사론은 어떻게 머리 속에서 작동되기 시작할까? 아주 기초적인 언어단위(단어, 구성소, 절)를 관찰하면 기본적인 이분지구조가 나온다. 음성구조도 이분지로 만들어져 있고 초기의 음성자료는 더 복잡한 통사적 분석의 밑거름이 된다. 단어를 범주로 분류하기, 구성소에 적당한 표찰을 붙이기, 문법적 기능을 정하기, 이러한 통사적 작업들은 이분지구조를 포착하는 초기작업과 비슷하며, 그로부터 비롯된 것이다.

아이가 통사론적 지식을 획득하는 과정에 대하여 두 가지 가설이 있다. 하나는 소리, 또는 문장의 토막을 보고 안다는 소리촉발설이다. 아이는 논항의 개수를 세어보고 구조와 의미가 하나라는 것을 통하여 저절로 통사론을 터득한다는 것이 소리촉발설이고, 또 하나는 의미적으로 투명한 개념을 먼저 획득하고 그로부터 저절로 통사론으로 진행되었다는 것이 의미촉발설이다. 소리촉발설이 더 우세하기는 하지만 예외적인 경우를 설명하기 위하여 의미촉발설도 보조적 수단으로 필요하다. 이러한 쌍방향 과정은 모국어습득에 내포되어 있으며 상호보완적으로 자료를 설명한다. 다시 말하면 습득의 다양한 측면을 설명하기 위하여 둘 다 필요하다.

3

통사지식의 출현

아이들은 약 2세를 전후하여 단어들을 결합하기 시작한다. 초기의 다중단어 발화(multiword utterances)는 그 성격이 전보문(telegraph)과 흡사하지만, 성인문법을 단순화한 것이 아니다. 자세히 살펴보면, 비록 성인들의 문법과는 차이가 있지만 나름대로 상당히 세련되고 규칙에 입각한 문법적 특징을 보인다. 또한 놀랄 만큼 빠른 속도로 자신들이 노출된 언어의 여러 특징을 포착한다. 이 장에서는 아동에게 3개 이상의 단어들이 나타나기 시작하는 시점에서 어떻게 통사지식이 발현되는가를 논의하기로 한다.

우선 3.1에서는 절의 구성소 순서에 대한 일반적인 소개를 한다. 그리고 다양한 언어들에서 구성소 순서를 결정짓는 매개변항을 알아본다. 3.2에서 성인문법 절구조를 알아본 다음 아동문법 절구조를 분석한다. 아동 절구조에는 두 가지 가설이 있는데, 소절가설(Small Clause Hypothesis)과 완전

언어능력가설(Full Competence Hypothesis)이다. 3.3에서 주어-일치관계 (subject- agreement relation)를 살펴본다. 주어-일치 관계는 아동 문법 혹은 초기문법에서도 의미 의존적이 아니라 구조-의존적이라는 증거를 제시한다. 3.4에서는 아동문법과 성인문법의 명백한 차이를 다룬다. 특히 모문절에서 동사의 원형을 사용하는 경우를 모문의 원형부정사(root infinitive, RI) 혹은 선택적 원형부정사(optional infinitive, OI) 현상이라고 부르는데, 이 현상에 대하여 살펴본다.

3.1 아동발화에 나타난 어순

핵과 보충어의 순서는 언어마다 다르다. 핵-우선 언어인 영어는 핵이 먼저 오고 그 오른쪽에 보충어를 가진다. 핵-나중 언어인 터키어의 경우는 그 보충어가 핵의 왼쪽에 위치한다. 이런 변항적 차이는 핵 위치에 관한 변항 (Head Direction Parameter) 혹은 어순변항이라고 한다.

(1)   핵 위치 변항

어떤 언어가 핵이 먼저 오는 언어인가 아니면 핵이 나중에 오는 언어인가?

(1)에 따라 당연히 핵계층 이론의 도식은 핵이 보충어의 앞에 오느냐 뒤에 오느냐를 결정하는데, 다중단어 발화 단계의 어린이 발화는 아무리 초기문법이라 해도 그 언어의 핵위치 변항을 어기는 법이 거의 없다.

Hirsh-Passek & Golinkoff(1996)의 실험에 의하면, 17개월 된 단일

단어 발화 유아가 어느 쪽의 방향을 선호하는가를 살펴보는(preferential looking paradigm) 실험을 하였다. 우선 다음 문장을 들려주면서 두 개의 TV화면을 보여주었다. 그런데 어순이 서로 매치되는 화면을 훨씬 많이 바라본다는 사실을 알게 되었고, 결국 아동은 어순에 의지한다는 결론을 내렸다. 여기서 발견된 사실은 다중단어 발화의 초창기부터 어린이들은 어순현상에 민감하고, 핵이 먼저냐 혹은 핵이 나중이냐의 변항을 아주 일찍부터 결정하는 것으로 보인다.

3.2 아동문법의 절구조

2-3세 아동의 발화에 나타난 절구조와 성인 발화의 절구조를 비교해보면 다음과 같다.

성인문법 절구조

(1) (a) John has eaten an apple.

(b)

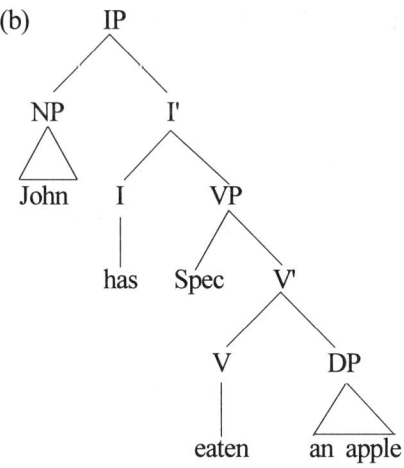

성인 문법의 절구조는 어휘투사구인 VP를 포함하는 최소한의 구조로서 AgrP, TP, AspP 등 더 자세한 기능범주가 투사된 것을 생각할 수 있다. 그러나 요점을 보여주기 위해서 편의상 최소한의 기능범주만을 가진 위와 같은 구조를 전제로 한다.

동사이동(verb movement)은 동사가 VP안에서 생성되어 명시적으로 굴절구로 이동하는 언어와 비명시적으로 이동하는 언어로 분류할 수 있다.

명시적 이동 언어: 프랑스어, 독일어, 이태리어, 화란어 같은 언어에 있어서, 모든 시제 동사는 V에서 I 또는 더 나아가 C로 이동한다. 시제가 없는 비시제(non-finite) 동사는, 이태리어의 경우를 제외하고, V에 남아 있거나 VP 바로 위의 기능범주인 AspP로 이동한다. 이태리어의 경우는 원형동사라 하더라도 마치 시제동사처럼 I까지 이동한다.

비명시적 이동언어: 영어의 어휘 동사는 비명시적 이동을 하고, *will, shall, can, may* 같은 양태(modal) 조동사, 계사 *be*, 명목 조동사 *do*등 각종 조동사는 영어의 경우에도 명시적으로 이동한다.

이처럼 영어는 조동사류와 어휘동사가 다른 패턴을 보이는데 이는 영어가 아닌 다른 언어, 즉, 불어, 독일어, 이태리어, 화란어 등에서는 찾아보기 힘들다.

Verb second (V2) 언어: 화란어, 독일어, 노르웨이어, 스웨덴어 등에서 모문의 시제동사 절의 두 번째 위치를 차지한다. 다음 독일어의 예에서 보듯이, 이때 절의 첫째 위치는 다른 구범주 요소, 주어 혹은 목적어가 차지한다.

    (2)   Ein Buch Kaufte Johann

           a   book bought John

           John   bought a book

    (3)   Johann   Kaufte   ein Buch

           John   bought   a   book

여기서 언급한 독일어의 예문에서 시제 동사인 *kaufte* 'bought'는 VP 의 V 위치에서 I의 위치로, I 의 위치에서 다시 C의 위치로 이동한 것이고, 문장의 제일 앞에 나와 있는 *Ein Buch* 'a book'이나 'Johann'은 CP의 spec에 위치한 것이다.

3.2.1 소절 가설: "초기아동 문법의 절구조는 VP"

Radford(1990), Haegeman(1994), Stowell(1983), Cardinaletti & Guasti(1995) 등은 아동의 초기 절구조는 VP라는 주장을 한 바 있다. 이러 한 주장은 소절 가설(Small Clause Hypothesis)이라고 부른다. 소절가설 에 의하면, 아동의 절구조는 어휘-의미(lexical-thematic) 체제로서, 어휘항 목이 X-bar 구조와 투사원리(Projection Principle)에 따라 투사되고, 비록 기능범주가 UG의 일부이기는 하지만, 성숙의 과정에 좌우되므로, 3세가 되 어서야 비로소 실현된다는 것이다.

그 자료로 다음의 3세 아동의 발화 자료를 보자. 눈여겨 볼 것은 이들 아동의 발화에서 모든 문법적 굴절요소가 빠져있다는 점이다. 예를 들면, 다음은 3인칭 단수인 '-*s*', 과거시제소인 '-*ed*'가 결여되어 있다.

(4)   a. Papa have it (Eve, 1;6)

       b. Cromer wear glasses (Eve, 2;0)

       c. Marie go (Sara, 2;3)

       d. Mumma ride horsie (Sara, 2;6)

(5)의 예문에는 조동사, 완료조동사 HAVE, 진행조동사 BE가 결여되어 있다.

(5)   a. Eve gone [has] (Eve, 1;6)

       b. Eve cracking nut [is] (Eve, 1;7)

       c. Mike gone [has] (Sarah, 2;3)

       d. Kitty hiding [is] (Sarah, 2;10)

(6)-(7)은 계사인 BE가 결여되어 있으며 (7)은 명목조동사 DO가 결여되어 있다.

(6)   a. That my briefcase [is] (Eve, 1;9)

       b. You nice [are] (Sarah, 2;7)

(7)   a. Fraser not see him (Eve, 2;0)

       b. He no bite ya (Sarah, 3;0)

       c. Where ball go? (Adam 2;3)

소절가설을 뒷받침 하는 증거로, 성인문법에서도 소절(Small Clause)이 있는데, 성인의 소절도 시제나 일치소 등의 다른 굴절요소를 포함할 수 없다. 이는 초기 아동의 절구조와 동일한 점이다.

(8) a. I saw Mary eat an apple.

   b. *I see Mary have eaten an apple.

   c. *I saw Mary could eat an apple.

위와 같은 예문은 소위 지각동사의 동사적 보충절로서 이들의 특징은 아무런 굴절이나 시제를 보여주지 않는다는 점이다. 따라서 (8a)의 보충절인 *eat an apple* 은 bare VP이다. 마찬가지로 아동의 초기 절구조도 단순한 어휘-의미 체제로서 어휘 항목은 X-bar 구조에 따라 투사되고, 어휘정보는 통사적으로 나타난다.

소절 가설에 의하면, 기능범주의 발달은 훨씬 나중에 일어나는 현상인데, 영어에 한정된다는 주장이 많다. 다른 언어의 경우에는 기능범주가 초기부터 나타난다는 증거를 보여주는 실험이 많이 있기 때문이다.

● **아동문법에 나타난 기능범주**

영어에서는 아동의 초기문법에 기능범주가 보이지 않기 때문에 소절가설이 설득력을 얻기도 했지만, 다른 언어 군에서도 항상 그런 것은 아니다. 물론 어린아이의 발화는 성인 발화에 비해서 부족한 것이 많다. 시제동사가 사용된 예는 다음과 같다.

(9) a. Hun sove (Jans, 2;0)

   she sleep-INF

b. Earst kleine boekje lezen (Hein, 2;6)

   first little book read-INF

   First (I/We) read little book

c. Domir petit bebe (Daniel,1;11)

   sleep-INF little baby

   Little baby sleep

혹은, 다음과 같이 비시제동사를 사용하기도 한다.

(10) a. Kann ikke see (Anne, 2;0)

   can not see

   (I) cannot see

b. Hij doet 't niet (Hein, 2;4)

   he makes it not

   He does not make it

c. Dort   bebe   (Daniel, 1;11)

   sleeps   baby

   Baby sleeps

d. Da   is(t) er (Andreas, 2;1)

   here is   he

   He is here

● 시제동사와 부정어의 상대적 위치

덴마크어, 화란어, 독일어, 불어권 아동은 시제절에서 시제동사와 부정
어의 상대적 위치에 대해서 흥미로운 자료를 보여 준다. 전형적인 V2 언어
인 독일어의 자료와 V2 언어가 아닌 불어의 자료를 보자.

(11)   a. Johann isst night   (V-fin Neg)

Johann eats   not

Johann does not eat

b. Marie ne manage pas (V-fin Neg)

Marie neg eats not

Marie does not eat

c. um night zu essen (Neg V-inf)

in order to not eat-INF

d. pour ne pas manger (Neg V-inf)

in order to NEG not eat-INF

위와 같은 아동의 발화를 살펴보면, 동사와 부정어의 상대적 위치는 시
제절인가 아닌가에 달려있다는 것이 흥미롭다. 시제절의 경우 아동들은 부
정어 앞에 동사를 놓고, 비시제절이면 부정어 뒤에 동사를 놓는 것이다.

이런 발견은 불어에선 매우 확실하고 절대적이며, 독일어나 화란어에서
도 발견되었다. 어린이 학습자는 부정어와 동사와의 상대적 위치를 설정함
에 동사의 위치를 확실하게 알고 있는 것 같고, 시제절과 비시제절을 구별
하는 것으로 밝혀졌다.

- ● 초기 V2 언어에서 동사가 차지하는 위치

   한편, 성인 독일어나 화란어에선 시제동사는 절의 두 번째 위치에 오고, 비시제절의 제일 뒤에 온다. V2언어 학습자도 동일한 분포상의 패턴을 보이는가라는 질문에 대한 대답은 적어도 3단어 이상을 발화하는 실험 대상만이 가능하다. 따라서 3단어 이상 발화하는 아동을 대상으로 실험을 했다. 그 결과, 어린이들도 시제동사를 위해서는 2번째 위치를 사용하고, 원형동사를 위해서는 절 마지막 위치를 남겨두었다는 것이 밝혀졌다.

   (12) a. Hij doet 't niet (Hein, 2;4)

         he   makes it not

         He does not make it

      b. Da is[t]   er (Andreas, 2;1)

         Here is he

         He is here

   이는 V2 언어권 아동도 굴절과 시제가 관여하는 기능범주의 존재를 안다는 의미가 된다.

- ● V2 언어에서 절의 첫 번째 위치를 차지하는 요소

   V2 언어에 노출된 학습자의 발화에서는 흥미로운 비대칭현상이 발견되었는데, 절의 제일 앞자리는 시제절이건 비시제절이건 모두 주어로 채워질 수 있다는 사실이다.

(13) a. Hij   doet   't niet

he makes   it not (Hein, 2;4)

He does not make it

b. Hij   op kussens   slapen (Hein, 2;6)

he on cushions   sleep-INF

그런데 주어가 아닌 목적어나 부사구 같은 요소는 시제절일 때만, 절의 제일 앞쪽에 올 수 있다. 다시 말하면, 시제절의 경우만이 XP-V-S의 어순을 보일 수 있는 것이다.

(14) a. Eine Fase hab ich   (Andreas, 2;1)

a   vase   have I

I have a vase

b. Daer bodde de (Andrers, 2;1)

there lived they

There, they lived

이상과 같이 비록 어린이라 하더라도, 기능범주와 그렇지 않은 요소를 구분하는 능력이 있다는 것이 비영어권 아동에게서 확인되고 있기 때문에, 소절가설이 설득력을 잃고 있다.

3.2.2 완전언어능력가설

아동의 절을 보면 절의 구성을 어떻게 보느냐에 따라 시제동사와 원형동사가 다르게 분포된다. 우리가 만일 소절가설(Small clause hypothesis)을 받아들인다면, 이런 차이는 있을 수 없다. 즉 모든 동사는 다 똑같이 VP 안에 있으며, 부정어를 뒤따르고, 절의 맨 끝 위치에 올 것으로 기대할 수 있기 때문이다. 그러나 실제 관찰하면 전혀 그렇지 않다.

만일 소절가설을 받아들이지 않는다면, 초기 아동문법의 절구조는 무엇일까? 초기 아동문법의 절구조가 성인문법의 절구조와 동일하다면, 이러한 증거는 완전언어능력가설(Poeppel and Wexler, 1993)을 지지하는 결과를 낳는다.

- **non-V2 언어의 시제절**

우선, 불어 같은 non-V2언어의 시제절은 기능범주인 IP가 일찍부터 나타나는 것이 발견되었다. 우선 성인문법의 부정어 문장구조를 보자. Haegeman(1994)에 의하면, 부정문의 NegP는 흔히 IP와 VP 사이에 있다. NegP의 지정어 위치는 부정어인 *pas*가 차지하고 있다. 불어의 부정어는 다음과 같다.

    (15) a. Marie ne   mange pas
               Marie Neg eats   not
               Marie does not eat

b.

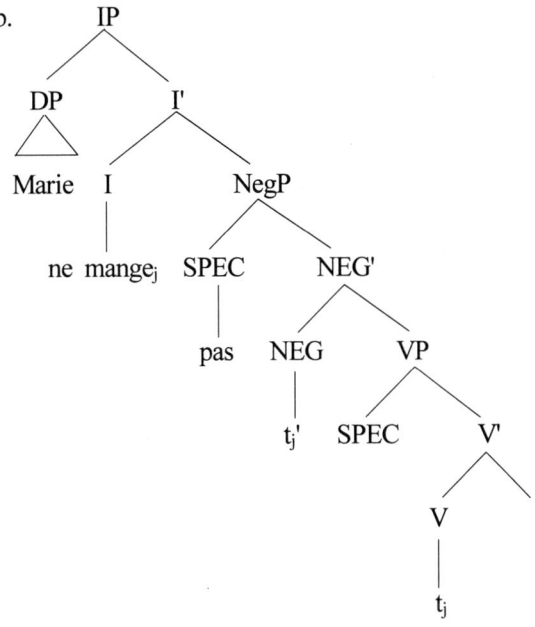

한편, 불어의 원형동사 예문 (16a)을 보고 그에 대응하는 구조 (16b)를
비교하여 보자.

(16) a. (pour)   ne   pas   manger
         in order to NEG not   eat-INF

b.

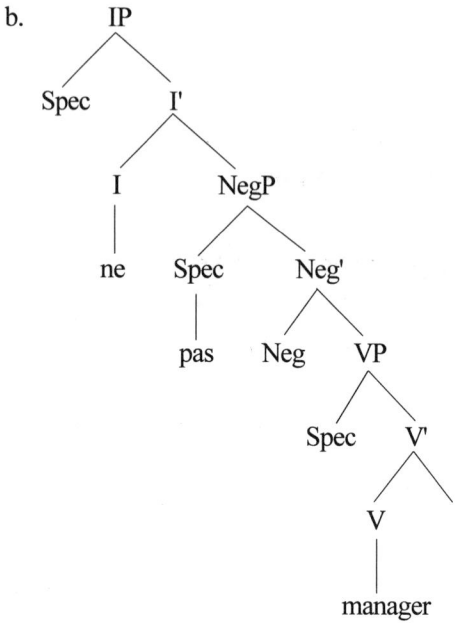

(16b)에서 보는 바와 같이 시제 동사는 pas를 거쳐 V-to-I 이동을 하고,
(17b)에서 보는 것처럼 원형동사는 VP속에 남아 있어서, Neg 아래에 속해
있다. V-Neg의 어순은 동사가 I로 이동한 것을 보여주고, Neg-V는 이동하
지 않은 것을 보여준다. 그러므로 초기(아동)문법에도 기능범주인 IP가 있
다는 것과, 어린이도 I(동사이동에 관해) 시제동사와 원형동사를 구별한다
는 것이 밝혀졌다.

- V2 언어의 시제절의 경우에도 non-V2 언어의 경우와 마찬가지로, 기능
  범주가 발견되었고, V2언어를 학습하는 아동은 동사이동에 있어서 시제
  절과 비시제절을 구별한다는 것이 밝혀졌다.

- 초기영어의 시제절의 경우에, 아동의 발화에는 결코 어휘동사가 Neg 요소인 *not*을 가로질러 넘어가지 않는다. 즉 (17a) 같은 문장은 발화하지 않는다.

(17)　a.　*John eats not

　　　　b.　I can't see you (Eve, 1;10)

　　　　c.　I don't want soup (Eve, 1;11)

우리가 알 수 있는 것은, 영어학습자는 어휘동사와 조동사를 구별하며, 어휘동사는 명시적으로 이동하지 않지만, 조동사는 I의 위치로 명시적 이동을 하거나 혹은 기저 생성된다는 것이다. 이러한 발견의 의미는 소절가설을 상당히 약화시킨다. 왜냐하면 아동은 기능범주가 아직 발달되지 않아 소절의 상태로 출발한다는 것이 소절가설인데, 위의 발견은 그런 입장을 반대로 뒤집기 때문이다.

그렇다면, 소절가설과 완전언어능력의 절충적 입장을 주장하면 어떨까? Radford (1996)의 실험(Natilic 불어습득자 1;9)에 의하면, 아동들은 아무리 단기간이라도 원형절만 발화하는 시기를 반드시 거치게 된다고 한다. 이는 언어(영어) 발달의 단계에서 소절의 단계가 존재한다는 증거로 채택될 수 있다.

3.2.3 중간 요약

2-3세 아동에서 발견되는 굴절형태부의 결여는 (특히 영어의 경우) 소절가설의 근거가 되었다. 즉 아동들은 초기에 어휘-의미 정보만을 표현하며

기능범주들은 성숙해져서야 습득된다는 것을 보여준다. 기능범주가 형태적으로 실현되지 않거나 부족한 것은 아동 언어능력의 부분적인 지표이다. 즉 아동은 언어능력의 한계 때문에 기능범주가 형태적으로 부족하게 나타난다.

아동들은 주절에서는 시제동사와 비시제동사를 모두 사용하지만, 동사의 이런 두 가지 형태를 동등하게 취급하지 않는다. 동사들의 이러한 분포는 동사이동에 관해서 아동들이 구성소인 절을 형식적으로 구별한다는 의미가 된다. 다시 말하면, V2 언어에서는 시제동사가 I에서 C로 이동하고, 비시제동사는 이동하지 않는다. 동사가 I까지(혹은 C까지) 이동하는가, 아닌가는 동사이동 매개변항(verb movement parameter)과 관련이 있고 V2 매개변항과 연관이 있다. 불어와 이태리어의 동사는 I까지 이동하고 V2 언어에선 C까지 이동한다. 영어에서는 조동사, BE, DO 등은 I로 이동하던지 아니면 처음부터 I에서 생성되고 본동사는 항상 VP 안에 머물러 있다.

동사이동 매개변항: 시제동사가 I로 명시적 이동을 하는가, 아닌가?
V2 매개변항: 시제동사가 C로 명시적 이동을 하는가, 아닌가?

따라서 시제동사는 I로 이동한다는 증거가 많이 있으며, 그렇다면 초기 문법의 절구조도 성인문법의 절구조와 동일하게 모든 기능범주가 나타난다. 다만, 소절가설을 주장해온 Radford는 그 단계가 너무 짧아서 어떤 경우엔 확인하기가 힘들 정도기는 하지만, 소절의 단계가 아주 없는 것은 아니라는 주장을 하였다. 만일 소절의 단계를 거친다면, 아동들은 매우 빨리 성인 언어의 기능범주 규칙성을 포착하는 것이 틀림없다. 따라서 소절의 단계가 짧긴 하지만 아동들은 소절의 단계를 거치거나, 아니면 바로 처음부터 기능범주가 있는 절구조를 발화하기 시작하는 것으로 결론내릴 수 있다.

3.3 주어-일치관계의 습득

우리는 이미 동사의 형태통사적 특질을 아동이 안다는 것으로 설정할
수 있게 되었다. 그런데, 시제동사는 일치 및 시제와 밀접한 관련이 있다.
그렇다면, 이러한 요소들은 초기문법부터 존재하는가? 다시 말해서 I에는
이미 이런 일치와 시제의 자질들이 명시되어 있는가? 일치에 주로 초점을
맞추어, 아동들의 발화에 일치자질들이 존재한다는 증거가 있는가를 확인해
본다.

3.3.1 일치의 형태적 표현

아동들도 일치에 관해 매우 정확한 수준의 발화를 한다는 많은 증거가
발견되었다.

(18) a. 이태리어, 스페인어, 카탈란어를 말하는 아동은 해당 주어에 대해
          단수형태소를 사용한다.
      b. 복수형태소를 사용해야 할 맥락이 처음엔 존재하지 않았으므로
          복수형태를 사용하는 것은 단수형태의 출현 후 몇 달 지나면 생
          겨난다.
      c. 오류는 적었으며 있다면 대부분 복수 주어의 경우였다.

일치 오류(Agreement errors)의 정도는 이태리 아동의 경우 3-4%였으

며 스페인어와 카탈란어 아동의 경우는 1.72%였다. 대부분이 3인칭 단수형 태소를 복수동사와 함께 사용하는 경우거나, 3인칭 형태소를 1인칭 주어에 사용하는 경우였다. 결론적으로 초기 아동의 문법에서도 일치자질은 발견되었다.

3.3.2 주어의 유형

불어의 경우 *je* 'I', elle 'she', *il* 'he' 같은 접어 대명사(clitic pronoun)는 시제동사와만 사용되었다. 96%의 접어주어는 시제동사와 사용된 것이다(Pierce 1992b).

(19) a. Il est pas la (Nathalie, 2;2)

    he is not there

  b. Elle tombe (Philippe, 2;2)

    She falls

그런데, 불어에서 접어가 아닌 대명사는 시제/비시제동사 모두에서 발견되었다.

(20) a. Bois   peu **moi** (Daniel, 1;8)

    drink-1SG   little me

    Me drink little

b. Moi fais   tout   seul   moi (Gregoire, 2;1)

   Me make-1SG all   alone   me

   Me make all by my self

c. Aller   dedans   moi (Gregoire, 2;3)

   go-INF   inside   me

   Me go inside

d. Moi   dessiner   la   mer (Daniel, 1;10)

   me   draw-INF   the sea

   Me   draw the sea

만일 주어접어와 약대명사(weak pronoun)가 일치 자질에 의해서 인허 받는다고 전제한다면, 시제절의 경우 아동문법도 성인문법처럼 일치자질이 있는 것으로 확정 명시되어있다고 할 수 있다. 아동의 절구조도 동사이동을 수용할 IP라고 하였고, 또한 I는 주어 접어/약 대명사 주어 등을 수용할 일치 자질을 가지고 있다. 따라서 이러한 언어들의 경우 절은 AgrP라고 할 수 있다.

이상의 논의를 요약하자면, (i) 어린이들은 대명사의 종류를 구별하고, (ii) 시제절과 비시제절과 연관되어 있는 다른 종류의 자질 내용에 민감하며 (iii) 시제절만이 주어접어와 약대명사주어를 인허하는데 필요한 자질을 포함한다는 것이 밝혀졌다.

3.3.3 구조의존관계로서 주어 일치현상

성인문법에서 주어 일치라는 것은 I와 Spec-IP의 구조적 관계이다. 그렇다면 아동문법에서의 주어일치현상도 동일할 것인가?

(21)

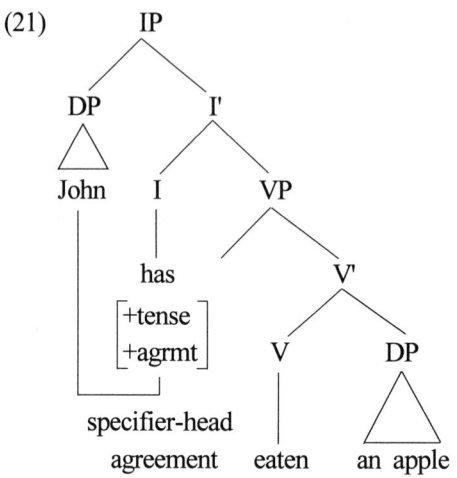

주어-일치의 관계가 구조(통사)의존적이라고 하는 것을 보여주기 위해서 두 가지 대안을 가지고 실험해 볼 수 있다.

대안1: 동사의 굴절은 동사의 바로 왼쪽에 있는 NP/DP와 일치한다.
대안2: 동사의 굴절은 문장의 행위역(agent)을 나타내는 NP/DP와 일치한다.

3.3.4 선형적 인접성에 기반을 둔 관계로서의 주어 일치

● 동사 뒤에 오는 주어

만일 대안 1이 옳다면 동사 뒤 주어의 경우 스페인어, 이태리어, 카탈란어를 습득하는 아동은 동사 뒤 주어의 동사일치를 틀리게 할 것이나, 실험

대상 아동들은 자료의 30%에 달하는 동사 뒤 주어의 경우에도 동사의 굴절을 실수 없이 발화하였다(Guasti 1993/1994).

● **등위접속 주어**

동등접속 주어를 살펴보면 일치관계가 단순한 선형적 관계가 아니라는 것을 알 수 있다. 아동들은 동등 접속된 주어에 복수의 올바르게 굴절된 동사를 사용했으며 단수동사를 사용하지 않았다.

(22) a. Gaia e   Guilia [si]   danno   un baccno (Diana, 2;0)
          Gaia and   Giulia [each other] give-3PL a   little kiss
          Gaia and Giulia give each other a little kiss
      b. *Gaia e   Guilia [si]   da   un baccno (Diana, 2;0)
          Gaia and   Giulia [each other] give-3SG a   little kiss
          Gaia and Giulia give each other a little kiss

3.3.5 의미적 개념으로서이 주어일치 부재

대표적으로 다음의 경우가 있다.

● **행동자(agent)가 아닌 주어**

주어는 때로 그 의미역이 행동자(agent)가 아니고, 경험자 혹은 Theme 이다.

(23) a. John wants an apple.

　　　b. John fears snowstorms.

　그런데 아동은 그 의미역이 행동자가 아니고 경험자거나 Theme이라고 해도 동사와 일치시켰으며 실수가 없었다. 의미역이 행동자라고 해서 덜 실수하고 의미역이 경험자나 혹은 대상역이라고 해서 동사굴절을 부정확하게 한다는 것을 발견하지 못했다. 다시 말해 의미역의 차이가 동사굴절에 영향을 미쳤다고 볼 수 없다(실수율 약 1.5%-3%).

● 계사구문

　계사구문은 be 동사가 그 주어에 의미역을 할당하지 않는다는 것이 전제되고 있다(Moro 1995). 이런 계사구문의 경우에도 주어-동사의 굴절은 정확하였다.

● 비인칭구문 (impersonal construction)

　이태리어등과 같은 언어에는 소위 비인칭구문이란 구문이 있는데, 비 인칭구문은 3인칭 단수동사와 접어인 *Si*를 사용한다. 동사가 단수임에도 불구하고 이런 문장들의 의미상의 주어는 복수를 암시할 수 있다. 흔히 영어의 'We'(1인칭 복수)와 유사하다고 생각할 수 있겠다. 이태리어를 학습하는 아동은 비록 의미상 암시된 주어가 복수라 할지라도 동사는 아래 (24)에서처럼 정확하게 단수동사를 사용하는 것이 발견되었다. 따라서 동사의 굴절은 의미(역)에 기반을 둔 것이 아니다.

(24) a. Si mangia   la pizza

        SI   eats   the pizza

        We eat the pizza

    b. Si   va   al mare (Diana, 2;0)

        SI   goes   to the sea

        We go to the sea

3.3.6 중간 요약

우리는 아동의 문법 속에도 일치자질이 정확하게 명시되어 있음을 알 수 있는 증거를 많이 볼 수 있었다. 형태적 증거는 카탈란어, 이태리어, 스페인어 등의 언어로부터 찾을 수 있었고, 또한 주어 일치가 구조의존적이라는 증거도 찾았는데, 불어와 화란어의 접어주어, 약 대명사 주어 등으로부터 알 수 있었다. 따라서 일치현상은 선형적 인접성에 의존한 것도 아니고 의미에 기반을 둔 것도 아니라는 것을 알 수 있었다.

3.4 모문의 원형동사 현상

아동문법이 성인문법과 확연하게 다른 한 가지는 모문 주절에서 시제동사대신에 원형동사를 쓰는 것이다. 이런 기간은 초기 다중단어 발화기간에 한하며, 약 3년 정도 지속된다.

(25)   a. Hun sove (Jans, 2;0)

   she sleep-INF

b. Earst kleine boekje lezen (Hein, 2;6)

   first little book read-INF

   First (I/We) read little book

c. Domir petit bebe (Daniel,1;11)

   sleep-INF little baby

   Little baby sleep

초기 아동 영어에서는 'Papa have it', 'Marie go', "Mumma ride horsie' 등처럼 원형을 나타내는 표지 'to'가 없고, 동사가 굴절되지 않은 형태가 쓰인다. 이렇게 굴절되지 않은 동사에 대해서는 연구된 바가 별로 없었다. 그런데 화란어, 덴마크어, 불어 등을 연구해보니, 이런 어린이들은 주절에서 원형동사를 사용하고 있었고, 결국 영어권 아동이 동사를 굴절시키지 않은 채 사용하는 것과 같은 맥락이라는 것을 알 수 있었다.

아동들이 주절에서 동사의 원형을 사용하는 것은 Wexler(1994)에 의해서 처음으로 발견되었는데, 이 현상은 선택적 원형동사(Optional Infinitives, OI)와 모문절 원형동사(Root Infinitive, RI)로 명명되었다.

문제는 지금까지 아동의 문법도 성인문법처럼 여러 가지 기능범주가 있으며 성인문법처럼 구조적이라는 주장을 해왔는데, 이런 주장에 대해서 RI는 반증이 될 수가 있다는 점이다. 즉, 동사가 굴절하지 않은 채 주절에서 사용되는 것은 성인문법에선 가능하지 않기 때문이다. 이에 대한 답으로 많은 학자들은 적절한 문법원리가 성숙되지 않아 문법적 결여(grammatical deficit)로 인한 것이라는 주장을 한다.

비록 이런 원리들이 UG의 부분이기는 하나, 발달의 어느 한 시점에서 그것들을 가능하게 하는 생물학적 프로그램의 통제를 받는다는 것이다. 이런 원리가 성숙해지면 RI 절들은 더 이상 아동문법에서 사양선택(option)이 될 수 없게 된다. 아동이 아직 성숙되지 않아서 RI를 사용한다는 성숙성 기반 접근(maturational approach)은 언어발달의 연속적 견해와 잘 맞아떨어지는데, 그 이유는 UG가 아동 문법과 성인 문법 사이의 차이를 잘 조절해 주기 때문이다.

3.4.1 모문의 원형동사가 가진 특징

원형동사는 여러 언어에서 실험되었지만, 카탈란어, 이태리어, 스페인어 등의 RI는 매우 드물고 사용 초기부터 성인문법처럼 사용되었다. 영어 학습 아동의 경우 원형동사 RI를 쓰는 퍼센트는 다른 언어권에 비해서 매우 높았다.

이상의 논의를 정리하자면, 다음과 같다.

(26) a. RI는 pro-drop 언어에서는 발생하지 않았다.

b. RI절은 V2 언어에서는 주어가 아닌 XP에 의해서만 도입되었다.

c. RI는 접어나 약 대명사와 사용되지 않았고,

d. RI는 *Wh*-의문문에서는 사용되지 않았고, 서술문에서만 사용되었으며

e. 조동사와는 사용되지 않았다.

또한 RI를 문장에서 발화하는 아동은, 다음과 같은 특징을 보인다.

(27) a. 시제동사와 원형동사가 동사이동에 관해서 서로 다르다는 것을 안
다. 즉 원형동사는 I로 동사이동하지 않는다는 것을 안다.

   b. 시제절은 기능범주를 포함한다.

그렇다면, 아동의 발화에 나타난 RI는 다음의 의문점을 제기한다.

(28) a. 초기문법에서 RI를 허락하는 요인은 무엇인가?

   b. RI 절의 구조는 무엇인가?

3.4.2 모문에 나타난 원형동사의 출현근거

우리는 모국어를 습득해가는 아동이 성인과 유사한 많은 형태통사적 지
식과 정보를 가지고 있고, 시제동사와 비시제(원형)동사의 차이도 알고 있
는 것으로 결론지을 수 있었다. 그런데, 어린이들이 시제진술문(main
declarative S)에서 원형동사를 사용할 수 없다는 것은 모르는 것 같다. 이
러한 차이를 설명하기 위해 두 가지 가능한 설명이 있다. 첫째, RI가 특정한
기능(범주적)자질을 불충분하게 명시(underspecify) 한 채 남겨놓음으로서
발생하는 것이라는 입장이다. 두 번째 입장은 절구조를 구축해가는 과정 중,
새로운 level에서 구조물을 절삭하는 선택을 함으로서 축약된 구조물
(reduced structures)이 생기고 RI는 결국 축약된 구조물이라는 것이다.

3.4.2.1 시제생략 모델

Hoekestra & Hyams(1995), Hyams(1996), Wexler(1999) 같은 학
자의 주장으로서, 이 모델은 자질의 불충분한 명시 때문에 아동문법의 모문

에 원형동사가 나타난다고 생각하는 입장이다. 수나 시제라는 자질이 존재하기는 하되 불충분하게 명시된다면, 성인의 문법과 다른 결과를 낳는다. 보통 I-절점은 여러 가지 자질들의 다발로 이루어져 있는데, 특히 일치와 시제자질이 그 시제성 또는 정형성을 표현하는 자질이다. 어떤 특정한 자질이 [+]로 명시되면, 형태적으로 표현되는 것이 보통이다. 그런데 불충분한 명시의 관점은, 시제같은 자질이 시제절에 존재하기는 하나 그 값이 매겨지지 않았거나 (불충분한 명시), 혹은 시제절에 존재하기는 하나 통사표지 자체에서 빠져있는 경우이다. 이런 경우가 발생하면, 그 자질을 표현해주는 형태소가 표면으로 나타나지 못하며, 그 자질이 담당하고 있는 통사진행이 더 이상 발생하지 못하게 된다. 그런데 이러한 불충분한 자질명시는 이 시점의 언어발달과정상 선택적이라고 생각되어지는데, 그것은 아동들이 시제절과 원형절 둘 다 발화하기 때문이다. 그런 이유로 선택적 원형이란 용어가 사용되었다.

불충분한 명시 모델에는 어떤 자질이 불충분하게 명시되는가에 관해서 두 가지 의견이 있는데, 하나는 수의 자질(number)이 불충분하게 명시된다는 Hoekstra and Hyams(1995)와 Hyams(1996)가 있다. 또한 시세자질이 불충분하게 명시된다는 Wexler(1994)의 연구도 있다. Wexler는 특히 시제 혹은 일치 또는 어느 경우엔 시제와 일치 둘 다 불충분하게 명시된다는 주장을 하면서 선택적 원형동사현상(OI)라는 이름을 만들었다.

• 시제 생략모델(The Tense Omission Model)

선택적 원형동사가 나타나는 OI 절은 아동이 주어진 절 표지에서 시제자질을 불충분하게 명시할 때 생겨난다.

시제생략모델에 의하면, 성인이나 아동 모두 다 소위 시제제약조건 (Tense Constraint)을 알고 있지만, 아동은 시제 자질을 불충분하게 명시한 다.

- **시제 제약조건(Tense Constraint)**
주절은 반드시 시제가 명시되어 있다.

아동들은 시제자질의 명시가 특정한 조건을 부과한다는 것을 알고 있으 며, 이 자질을 선택하면, 형태소가 그 시제 자질을 표현(encoding) 한다. 하 지만 성인과 달리 아동들은 통사 표지로부터 시제자질을 생략할 수도 있다. 영어에서 시제는 과거시제 *-ed*에 의해서 표현(encode) 되며 3인칭 표지는 *-s*로, 실현된다. 만일 시제자질이 명시되지 않으면, 이러한 시제를 나타내 는 형태소들이 존재하지 않으며, 어휘동사는 비 시제형(non-finite form)이 나 원형(bare form)으로 출현하게 된다.

그렇다면, 어른과 달리 어린이들은 왜 절의 표지로부터 시제를 생략할 수 있는가를 설명하기 위해 Wexler는 Chomsky(1995)의 Minimalist vocabulary에 의거한 분석을 제안하고 있다. 이는 지금까지 우리가 전제로 하던 절 구조보다 훨씬 더 정교한 구조를 전제로 하는 것인데, 거기엔 TP와 AgrP를 포함하고 있다. Wexler는 동사구 내 주어가설을 전제로 하여 그 주어가 TP의 지정어 위치로, 그리고 다시 AgrP의 지정어 위치로 이동한 다. 이렇게 주어가 VP의 지정어에서 TP의 지정어로, 그리고 AgrP의 지정 어 위치로 이동하는 것을 설명하기위해서 Wexler는 점검제약(Checking Constraint)을 제안하였다.

- **점검제약**(Checking Constraint)

  Agr와 T가 모두 D-자질이 있고, 이들은 TP의 지정어와 AgrP의 지정어 위치로 인상된 DP주어의 D 자질에 의해서 점검되고 삭제되어야 한다.

  위의 제약조건에 의하면 Agr과 T는 처음부터 점검-삭제되어야 할 비해석적 D-자질을 가지고 태어났으며, 이 비해석적 D-자질은 DP 주어에 주어져 있는 해석적 D-자질에 의해서 점검 삭제된다. 만일 Agr과 T의 비해석적 D-자질이 점검-삭제되지 않으면, 그 표지는 잘못된 표지가 된다. 따라서 DP 주어가 점검 작동에 관여하기 위해서 TP의지정어와 AgrP의 지정어 위치로 인상되는 것이다. Wexler는 초기 문법은 유일 제약조건이라는 별도의 제약조건을 가지고 있다고 주장하였다. 이는 DP의 D 자질이 T나 Agr, 혹은 둘 다의 D-자질을 점검할 수 있다는 것이다.

- **유일 제약조건**(Uniqueness Constraint)

  주어는 T혹은 Agr 둘 중의 하나만의 비해석 자질을 점검할 수 있다.

  VP의 지정어 위치에서 생성된 주어는 TP와 AgrP 두 기능범주의 D-자질을 제거하기 위하여 TP의 지정어위치로 이동하였다가 다시 AgrP의 지정어 위치로 이동한다. 다시 말하면, 성인문법에서 주어는 T와 Spec-Head관계에 들어가며, Agr와도 Spec-Head 관계가 된다.

  그런데 아동문법에서 주어가 T/Agr 둘 다와 D-자질을 점검하면 유일제약조건에 위배된다. 아동문법에만 존재하고 성인문법에는 존재하지 않는 유일제약조건의 위배를 피하려면, 어린이는 T를 명시하지 않은 채 남겨두어야 한다. 자연히 TP는 절구조로부터 제거되어야 하고 주어는 Agr의 D 자질만을 점검해야 하는 것이다. 그러나 만일 아동의 발화가 유일제약조건에만 걸린다면, 아동들은 OI 문장만을 발화하게 된다. 그러나 Wexler는 아동문법이 위배의 최소화(Minimize Violations)라는 제약조건도 또한 준수해야 한다고 주장하였다.

- **위배의 최소화조건**(Minimize Violations)

두 개의 표지가 가능한 경우 둘 중에서 문법 제약을 적게 위배하는 것을 선택한다. 만일 두 개의 표지가 동일한 숫자의 제약조건을 위배한다면 둘 중 아무 것이나 선택할 수 있다.

그렇다면, 시제, 점검, 유일제약조건, 위배의 최소화조건은 어떻게 상호작용을 하는가? Wexler의 제약조건이란 마치 최적성 이론처럼 융통성이 있다. 이는 PP의 문법과는 다르다. OI 절은 아동문법에서 한 개의 제약조건, 즉 시제제약조건을 어기는 경우이다. 시제절을 보면 아동문법은 다른 제약조건을 위배하고 있는데 그것은 유일제약조건이다. 즉, 유일제약조건은 T나 Agr의 두 가지 기능 범주에서 둘 중 한 개의 기능범주의 D-자질만이 점검될 것을 요구하는 조건이다. 성인문법이라면 D-자질이 Agr와 T 두 가지 기능범주의 D-자질을 다 점검해야 하므로 자연적으로 인상이 일어난다. 아동문법에서 가능한 선택은 다음과 같다. 시제절을 보자.

(29) John runs

[AgrP [DP Johnj] [Agr' [Agr] [TP [DP tj'] [T [T] [VP [DP tj] [V' [V runs]]]]]]]

(29)는 주어인 *John*이 T와도 D-자질 점검, Agr와도 D-자질 점검을 하는 형상이므로, 유일제약조건을 위배한 것이다.

(30) OI clause(T가 없음)

$[_{AgrP} [_{DP} John_j] [_{Agr'} [_{Agr}] [_{VP} [_{DP} t_j] [_{v'} [_v run]]]]]$

(30)은 TP가 없으므로 시제 제약조건을 위배한 것이다. 아동의 초기문법은 이런 경우 두 가지 표지를 다 허용하고, 위배한 제약조건의 숫자도 동일하므로, 최소화제약조건에 의해서 시제가 없는 문장이나, 시제가 있는 문장이 다 가능하다는 설명이 된다.

성인의 문법은 유일제약조건이 없으므로 (29)가 아무런 제약조건 위배가 안 되고, 위배조건을 최소화해야 한다는 최소화제약을 잘 준수하고 있는 것이므로 (29) 같은 문장이 생겨난다. 따라서 성인문법과 아동문법의 차이는 유일제약조건의 유무에 달려 있다. 이렇게 제약조건들 사이의 상호작용으로 인해 다음과 같은 결과가 생겨난다.

- V2 언어의 선택적 원형(OI) 절은 시제절과 달리 주어가 아닌 구성소가 문장 제일 앞에 나타나는 것을 허락하지 않는다. 시제절에서는 동사가 C까지 이동해서 CP의 지정어 위치에 있는 주어아닌 구성소를 인허하지만, 원형 동사는 C까지 이동하지 않으므로 Spec-CP의 주어 아닌 구성소를 인허하지 못한다.
- 상 조동사는 OI에 출현하지 않는데 왜냐하면 그 상적(aspectual) 본질 때문으로 조동사는 시제에 의해서 인허되어야하는 근본적인 성질을 가지

고 있고, 원래 T에서 생성되거나, 아니면 T로 이동해야하는 것들이므로 자연히 시제가 명시되지 않는 표지에서 조동사는 인허될 수 없다.

한편 이태리어와 카탈란어에서는 OI가 없었는데, 그것은 Agr의 특질들에 기인한 것이다. OI 모델의 문제점은 접어거나 약 대명사가 있는 언어의 경우를 설명하기 힘들다는 것이다. 왜냐하면, 접어나 약 대명사는 Agr에 의해서 인허되어야하고, 만일 어떤 절에 Agr는 존재하지만, 시제가 존재하지 않는 경우는 접어주어, 약대명사 주어가 출현해야 하지만, 실제로 그런 일은 없다.

OI 모델의 두 번째 문제점은 *Wh*-의문문에 원형동사가 존재하지 않는다는 점을 설명하기 어렵다는 것이다. 시제가 명시되지 않았다는 것이 *Wh*-의문문에 OI가 출현하지 않게 할 이유가 없다. 사실 시제생략모델을 옹호하는 사람들은 OI가 *Wh*-의문문에 출현하는 것이 금지되어야 한다는 것을 반박한다. 사실 원형(bare) 동사가 초기 아동영어의 *Wh*-의문문에 출현하기 때문이다.

(31) Where train go? (Adam,2;4)

원형 동사(bare verb)는 초기상태의 언어에서 OI의 변이형이나 마찬가지이기 때문에, (31)의 예문은 OI가 *Wh*-의문문에서도 사용된다는 것을 보여준다. 그러나 (31) 같은 문장은 다양한 언어교차적 관점에서 고려되어야 한다. 지금까지 고려한 어떠한 언어도 *Wh*-의문문에서 OI가 허용된 경우가 없었는데, 왜 초기 (아동)영어는 다를까? 여기에 두 가지 가능성이 있다. 하나는 왜 영어가 아닌 어떤 (초기)언어도 *Wh*-의문문에서 OI를 허용하지 않는가를 독립적인 이유를 찾아보는 것. 또 하나는 (31)에 있는 동사를 살펴보는 일이다. (31)의 동사가 혹시 공 조동사(null auxiliary)가 있고 이것이 C의 위치를 차지하고 있는 것은 아닐까 하고 생각해보는 것이다. 즉 *do*의 소리 없는 상대가 존재하고 있어서 원형동사(bare verb)를 선택하고, (31)은 (32)의 한 대응적 짝이라고 생각하는 것이다.

(32)   Where does the train go?

만일 정말 공 조동사 분석이 옳다면, 예문 (31)의 원형동사는 실제로는 진정한 의미의 OI가 아닐 뿐 더러, *Wh*-의문문의 경우 OI가 왜 없는가하는 문제는 여전히 설명되어야 한다.

3.4.2.2 절삭모델(The Truncation Model)

모문에서 발견되는 동사의 원형현상을 설명하는 대안으로 Rizzi (1993/1994)가 제안한 절삭모델이 있다. 이 모델은, 성인문법에서의 원형동사는 일반적으로 종속절에 사용되고, 시제동사는 주절과 종속절에 모두 존재한다는 관찰로부터 출발한 것이다. 이렇게 주절과 종속절이 서로 대칭적이지 못한 것은 원형절의 시제가 대용적이기 때문인데 대용적(anaphoric)이라는 말은 원형절이 가진 시제에 관한 해석이 주절의 시제와의 관계로부터 나오기 때문이다. 이렇듯, 주절의 시제에 의해서 원형절의 시제가 결정된다는 대용시제확인 제약조건이 제안되었다.

(33) 대용시제확인제약조건(Constraint on the Identification of Anaphoric Tense)

대용시제는 문장 안에서 확인되어야 한다.

(33) 덕분에 성인문법에서 주절에 왜 원형동사가 없는가도 설명할 수 있다. 아동들은 주절에서도 동사의 원형을 사용하기 때문에 이 제약조건이 초기 어린이 문법에까지 이어진 것이 틀림없다. Wexler와 마찬가지로 Rizzi도 시제란 것이 초기 문법에서 제거될 수 있다고 전제하였으나, Wexler와는 다른 구조적인 제안을 하였다.

- **절 표지에 관한 공리**(Axiom on clausal representation)

진술문을 포함한 모든 절은 V2 언어를 포함해서 어떤 언어든지 일관된 표지(uniform representation), CP를 가지고 있다.

- **절구조 공리**(Axiom on Clausal representation)

CP is the root of all clauses (finite and infinitive)

위의 말은 V2 언어든 아니든지 모든 언어에서, 설사 어휘적으로 명시적 요소가 나타나 있지 않다고 하더라도 서술절은 CP라는 말과 같다. 이 공리가 성인문법에선 항상 작용을 하는 반면, 초기(아동)문법에서는 임의적으로 작용을 한다고 말할 수 있다. 따라서 어린이의 발화에서는 어떤 절은 CP이고, 어떤 절은 CP보다 작은 절이 된다. 즉, CP의 아래 쪽 기능 범주는 절삭되어, AgrP, TP, VP 등의 범주가 모문이 될 수 있다.

절삭 메커니즘은 다음과 같이 작용한다. 절삭이 가장 상위의 구조적 형상에 작용하고, 그 절삭 영역의 위쪽에 있는 모든 투사범주는 삭제해 버린다. 그러나 중간에 있는 범주만을 삭제할 수 없다. 따라서 절삭 위치를 관할하는 모든 기능범주는 없어지고, 절삭위치가 관할하는 모든 기능범주는 남아 있다. 이런 관점에서는 절삭모델은 Wexler의 불충분명시 모델과는 다르다. 왜냐하면, 수형도의 중간부분에서 특정 기능범주가 제거될 수 있는 것이 Wexler의 불충분 명시 모델이기 때문이다.

원형절이란 결국 TP 아래가 절삭된 구조이다. 즉, VP 혹은 동사구와 관련된 기능범주가 있는 vP를 포함하는 것이다. VP수준에서의 절삭도 가능한데, 비시제절동사의 경우 가능하다. 왜냐하면 이들 동사는 I로 인상되지 않고, 혹은 이들의 통사형태적 자질이 VP에서 만족되기 때문이다. RI 절이란 것이 VP라면 TP가 결여된 것이고, 대용적 시제확인에 관한 제약조건이 필요치 않다. 즉, RI절에는 확인되어야 할 대용적 시제가 없다. RI 절의 시제적 해석은 문법/통사적으로 결정되는 것이 아니고, 문맥에 의해서 결정된다.

실제로 Harris& Wexler (1996)는 엉어 원형절이 문맥에 따라 여러 가지 시제적 시간적 의미를 나타낼 수 있다는 것을 발견하였다. 영어를 말하는 아이들은 원형절을 사용해서 현재, 과거, 미래의 사건을 표현하는 것이다. 그와 달리, -s나 -ed등의 시제 형태소를 가진 시제동사는 현재, 혹은 과거의 일만을 지시할 뿐이다.

절삭 메커니즘은 시제절에도 적용된다. 적어도 동사가 Agr로 인상되지 않는 언어에서 시제절은 CP 혹은 AgrP 아래에서 절삭될 수 있다. 시제가 있으며 절삭되는 절은 설사 TP 층을 가지고 있다고 하더라도 대용적 시제

확인에 관한 제약조건(CIAT)을 위배하지 않는데, 그 이유는 그 시제가 대용적이지 않기 때문이다.

원형절이 TP 아래에서 절삭된 구조물이라는 사실은 이런 절들의 분포가 제한적이라는 점을 잘 설명해 준다. 만일 주어진 한 투사범주가 절 표지로부터 절삭된 것이라면, 이 투사범주와 관여된 어떠한 형태 통사적 과정도 진행될 수 없기 때문이다. 첫째, 접어와 약 대명사 주어는 반드시 Agr로부터 인허되어야 하므로, AgrP가 없다면 원형절에서는 발견될 수 없다.

둘째, 초기 V2 언어에서 비주어 구성소가 원형절의 첫 위치를 차지할수 없다는 사실은 이러한 비주어 구성소가 차지할 위치가 아예 없는 CP 층이 존재하지 않는 구조이기 때문이다. 이와 달리 주어는 원형절에서 발생하는데, 왜냐하면 그 주어는 원래 생성된 위치인 VP 안에 머물러 있을 수 있기 때문이다. 이와 유사하게, 조동사 원형절이 발견되지 않는 것은 조동사가 T에 의해서 인허되는 것인데, TP가 없기 때문에 조동사 원형절의 부재를 자연스럽게 설명할 수 있는 것이다.

pro-drop언어에서 원형절이 존재하지 않는 것은 이러한 언어들의 원형동사의 이동적 특징에 기인하는 것이다. TP 위쪽에 있는 원형절을 절삭하고 단순히 VP만을 투사하는 것이 pro-drop 언어의 초기 습득과정에서 가능한 것이다. 왜냐하면 원형동사는 I로 인상되지 않기 때문이다. pro-drop 언어에서는 그 대신 원형동사가 TP와 AgrP로 인상되어야 한다. 그리고 이러한 투사범주가 원형 동사의 특징을 나타내기 위해 반드시 존재해야 하는 것이다. TP가 존재하기 때문에 대용적 시제확인에 관한 제약조건(CIAT)은 강제적으로 이루어져야 하며, 대용적 시제의 확인이 문장 내적으로 가능하지 않으므로, pro-drop 언어에서의 원형절은 이러한 제약조건을 어기는 것이다.

끝으로 원형절은 VP이므로, VP 위쪽의 투사범주는 포함하지 않고, 특히 *Wh*-이동을 한 *Wh*-요소가 차지할 CP를 포함하지 않는다. 따라서 RI는 *Wh*-의문문에서는 발견되지 않는다.

절삭모델에서도, 어린이의 문법은 어느 정도의 시제 결여를 설명하고 있다. 불충분명시 모델은 이런 결여가 유일제약조건 때문이라고 분석하고, DP 주어가 단 한 개의 기능범주의 D-자질만을 점검할 수 있다는 유일 제약조건 때문이라고 생각한다.

한편 절삭모델에 의하면, 아동문법에서는 각기 다른 절점들이 모문이 될 수 있다는 가설과 연관되어 있다. 이 두 접근법에서 둘 다 TP 범주가 결여되어 있지만, 원형절은 두 접근법에 의하면 다른 구조를 가지고 있다. 시제 생략 모델에서는 원형절이 *Wh*-의문문에서도 예측되지만, 절삭모델은 그렇지 않다.

절삭모델이나, 시제생략모델에서나 원형절 혹은 선택적 원형동사 현상(OI)가 모두 일정한 기능범주가 결여되어서 생겨난 축약된 구조물이라는 것은 동일하다. 그런 관점에서 본다면 두 이론은 조기 설은 기능범주가 결여되어 있다는 Radford의 소절 가설을 포함하고 있다. 차이점은 기능범주들이 아주 어린 시기의 다중단어 발화 때부터 이미 아동문법의 일부라는 것이 절삭모델/시제생략모델이 하고 있는 주장이다.

3.4.3 나머지 문제점

원형절 현상(RI)이 특정한 특징을 가진 문법현상이라는 것에 대해서 학자들은 동의하고 있지만, 초기 아동영어에 나타나는 동사의 원형에 대한 논쟁은 그치지 않고 있다. 초기 아동 영어에서는 *Wh*-의문문에서 나타난 *What he eat?* 같은 bare form이 있다. 이는 연구가 이루어진 다른 어떤 언어에서도 *Wh*-의문문에서 원형 형태가 발견된 바 없기 때문이다. 이에 대한 한 가지 가설은 영어에서 발견된 bare form이 진정한 의미의 모문 원형절이 아니라는 것이다. Guasti & Rizzi(1996)가 이들이 공 조동사의 형태라고 주장한 것이 그 예이다.

심지어 진술문에 나타난 원형의 형태(bare form)조차도 원형절이 아니라고 하는 주장이 있는데, 그런 주장을 하는 학자는 Hoekstra & Hyams(1999)이다. 이러한 저자들은 아동 영어의 bare form과 다른 언어의 원형절(RI)을 비교하였다. 불어, 화란어등의 원형절은 event-동사 (*eat, run*)에 국한하여 나타나는 반면, 초기 영어의 RI는 *want, love, know, see* 등처럼 event-동사와 상태동사 모두에서 나타난다.

만일 원형절에 출현하는 동사가 반드시 이벤트(event)를 기술하는 동사라야 한다면, 영어에 나타나는 원형(bare form)이 모두 event 동사이기만 한 것은 아니라는 사실은 이들이 다 원형절현상이 아닐 지도 모른다는 단서를 제공하는 셈이다. Guasti & Rizzi(2002)는 어떤 원형의 형태(bare form)은 -*s* 나 -*ed* 형태소가 생략된 원형이라고 주장한 바 있다. 이를 뒷받침하는 근거로서 영어 학습자가 *He don't hear me* (Sarah, 3;5)라고 발화하는 경우를 들 수 있다. 시제동사 동사인 'do'를 사용하긴 하였으나, 3인칭 표지인 형태소를 빠뜨렸기 때문이다.

3.4.4 성숙과 원형동사

원형절은 성인의 언어에서는 허용되지 않으며, 아동의 언어생활에서도

3세를 전후로 사라진다. 어떻게 이런 원형절들이 아동의 언어에서 사라지는 것일까? 어떤 학자는 성숙과 함께 사라진다고 말하고, 생물학적 메커니즘과 연관이 있다고 생각한다.

예를 들면 인간은 12-18개월경에 걷기 시작하며 약 2세가 되면 이가 나서 5세가 되면 젖니는 사라져서 영구치가 나온다. 성숙이란 과정도 언어발달의 특정측면을 관할한다. 예를 들면 아기는 6-8개월이 되면 손으로 하던 입으로 하던 옹알이를 시작한다. 이런 성숙의 관점에서 본다면, 이런 유전적 프로그램이 통사적 지식의 발달도 관할한다. UG의 어떤 부분이 아동들에게 가능할 것인가 하는 시점을 결정짓는다. 이런 관점에 의하면, 모문의 원형절이 발화되는 것은 UG의 원리들이 아직 성숙되지 못했기 때문이다.

성숙되어가는 경과가 경험과는 비교적 무관하며, UG의 일부가 작용하는 것은 아닌가하는 거의 생물학적 일정(biological schedule)에 따른다. Uniqueness constraint가 아동문법에서 사라지는 것은 3살이 되어서 비로소 생기는 일이며, 또한 모든 절은 CP라는 공리도 3세가 될 무렵 온전히 작동하는 것이다. 그리고 3세가 되면 그 때 비로소 원형절현상이 사라진다.

3.5 요약과 결론

아동들이 단어들을 결합하기 시작할 때는, 해당 목표어(target language)에 대해서 이미 상당한 형태 통사적 지식을 가지고 있다. 구성소의 순서를 알고 있어서 불어를 습득하는 아동은 VO 어순, 독일어와 화란어를 습득하는 아동은 OV 어순을 발화한다. 또한 아주 초기의 아동들도 동사이동 매개변항을 알고 있다. 자신들이 습득과정에 있는 언어가 동사가 인상되는지 아닌지를 알고 있으며 영어권 아동은 절대로 *John speaks not* 이란 어순은 발화하지 않는다(Harris & Wexler, 1996). 왜냐하면 어휘동사는 절대로 인상되지 않기 때문이라는 것을 아동은 아주 초기부터 알고 있는 것이다. 한편 어휘동사조차 인상되는 불어나, 화란어, 독일어권 아동은 *John speaks not*이란 문장을 발화하며 이들 V2 언어는 시제동사가 절의 두 번째 위치로 이동한다는 것을 아는 것이다.

그러므로 아주 어린 아이라 할지라도 절구조를 관장하는 매개변항의 값을 매기는 일을 정확하게 해낸다. 이는 자신들을 둘러싼 언어의 규칙성을 재빨리 간파한다는 것을 보여준다. 이처럼 아동들이 재빠르게 언어의 규칙성을 간파하고, 매개변항 값을 매길 수 있다는 것은 오직 UG에 의해서만 설명 가능하다. 바로 UG 덕분에 이렇게 될 수 있는 것이다.

또한, 아동들은 또한 문법적 관계나 제약조건에 대해서도 알고 있다. 아동은 일치현상이 구조적이고 핵-지정어 관계라는 것을 안다. 단어들이 묶여서 구를 이룬다는 것도 이에 따라 자연스럽게 알아차린다.

이러한 발견에 근거해 보면, 아동의 언어는 성인문법의 어휘와 동일하며, 언어의 발달이 연속적 현상이라는 관점을 옹호한다. 아동의 초기문법이 성인문법과 유사하긴 하지만, 차이가 없는 것은 아니다. 시제동사와 더불어, 아이들은 모문이나 선택적 원형절을 발화한다. 원형절은 성인들의 시제절을 단순화한 것이 아닐 가능성이 매우 높으며, 자신들이 시제형(finite form)을 모를 때 사용하는 동사형태일 것이다. 예를 들면, 진술문에서는 나타나지만, *Wh*-의문문에서는 나타나지 않고, 어떤 형태의 절에서는 나타나지만, 주어 접어가 있는 경우는 나타나지 않는다.

RI에 관해 두 가지 접근이 있는데, 하나는 시제생략 모델이고 나머지 하나는 절삭모델이다. 시제 생략모델에 의하면, RI는 시제일치 자질이 충분히 명시되지 않아 생겨난 결과다. RI의 특징은 여러 가지 제약조건의 상호작용으로 인한 것이다.

한편, 절삭 모델에 의하면, RI는 TP 아래구조만 남은 것이고, 이 단계에서의 절삭은 아동의 발화에 TP가 없다는 것을 보장하고, RI의 자질들은 구조적 층이 없기 때문에 생겨난 일이다.

4

공주어와 아동문법

앞 장에서는 2-3세 된 아동들이 서술문 주절에서 동사의 원형을 사용하는 특이함을 살펴보았고, 이 장에서도 역시 2-3세 아동의 언어에서 발견되는 특이한 생략현상중의 한 가지 -시제절에서 주어를 생략하는 현상-를 살펴본다. 덴마크어, 회란어, 영어 불어 독일어를 말하는 여러 나라 아동들은 이상하게도 시제절의 주어를 생략하는 경향을 보인다. 다음의 예를 살펴보자.

(1)   a. Se,   blomster har (Jens, 2;2)

         Look flowers have/has

         Look, (I/you/she/we) have/has flowers

    b. Tickles me (Adam, 3;6)

    c. Mange du pain (Gregoire, 2;1)

       eat-3SG some bread

초기 아동문법에서 발견되는 공주어 현상은 통사습득의 분야에서 가장 많이 연구되어지는 주제중의 하나인데, 이 현상에 대해서 학자들은 두 가지로 큰 입장을 택한다. 하나는 아동의 공주어가 아동의 언어능력을 반영하는 것이라고 생각하는 것이고, 나머지 하나는 아동의 언어수행(children's performance)의 한계점 때문이라고 생각하는 것이다.

우선 5.1.에서 언어능력 기반 모델 두 가지를 살펴본다. 이 두 가지는 다 주어를 어휘적으로 표현하는 매개변항을 아동들이 잘못 설정하기 때문이라고 생각한다. 한 가지는 초기 아동의 공주어를 이태리어의 공주어와 동일하게 생각하는 입장이고 또 하나는 중국어의 공주어와 동일하다고 생각하는 입장이다. 5.2에서는 새로운 언어능력 기반 접근인데, 아동들이 음성학적으로 주어를 생략하는 매개변항은 올바르게 설정되어 있지만, 초기의 공주어는 초기 문법에 있는 문법적 **선택사양** 때문이라는 것이다. 즉, 특정 구조를 절삭하는 선택적 사양이 주어져 있기 때문이라는 것이다. 5.3에서는 언어수행에 기반을 둔 분석을 소개한다.

4.1 아동의 공주어에 관한 매개변항적 접근

매개변항적 접근에 의하면, 아동들은 자신이 가진 매개변항의 기본 값을 가지고 시작하다가, 자신들의 목표어의 값이 아니면, 자신들의 언어적 경험에 비추어 그 값을 바꾸게 된다. 이런 접근은 아동들이 긍정적 증거에 따라 성인문법을 습득해 나간다는 점에서 매우 매력적이다. 매개변항을 잘못 설정함에 따른 초기 아동의 공 주어에 대한 접근은 1980년대에 매우 유행했었으나 최근 이에 대한 연구는 많은 사람들이 포기하였다.

4.1.1 주어생략에 관여된 언어 교차적 매개변항

성인언어들 중에서 주어를 음성적으로 생략하는 것을 허락하는 언어들은 매우 다양하다. 편의상 이들을 두 가지로 나누어 보면, 한 가지는 이태리어, 카달란어, 스페인어 등이고 나머지는 중국어, 한국어, 일본어 등이다.

이태리어 같은 종류의 공 주어는 형태적으로 풍부한 일치소와 관련이 있고, 이런 종류의 주어는 I에 의해서 인허되며, 이들 공 주어는 동사에 형태소로서 나타난 파이 자질(인칭, 수)로 확인된다(Rizzi, 1986). 공 주어를 허락하는 언어군을 **pro-drop** 언어라고 한다. 이때 주어가 그 음가를 잃고 공 주어가 되는 것은 임의적이다. 어느 때 이렇게 대명사 주어가 음가를 잃는가 하는 것은 화용적 맥락에 달려있다. 강조나 대조를 표현하고자 하면 명시적 대명사를 사용한다.

한국어나 일본어, 중국어에서도 적정한 맥락이 주어지면 공주어가 허용된다. 그러나 이태리어와 달리 이런 언어의 공주어는 동사의 풍부한 일치소와 아무런 연관이 없다. 왜냐하면 이런 언어들은 동사의 굴절 형태소가 아예 없기 때문이다. 다음은 Huang, 1984)의 중국어 예문이며, (2)는 공주어, (3)은 공목적어를 보여준다.

(2)   _____ Kanjian   ta   le
       (he)   see   he   ASP
       'He saw him'

(3)   Ta   kanjian ___ le
       he   saw (him) ASP
       He saw him

중국어(한국어, 일어)에서 발견되는 공주어와 공 목적어는 아예 대명사가 아니고 일종의 A-bar 변항이라는 주장도 있다. 즉, 음가가 없는 A-bar 운용자가 Spec-CP로 이동하고 난 뒤에 남은 변항으로서 운용자에 결속되어 있는 것이다. 음가 없는 공운용자는 주어 혹은 목적어의 위치에서 기저 생성 되었다가, Spec-CP로 이동한 것이다. 이 이동은 흔적을 남기고 흔적은 A-bar 결속되어 있는 것인데, 결속자인 운용자 자체도 음가가 없다.

그런데 이것이 공운용자이므로, 이를 확인하는 것은 화용적 맥락에서 발생한다. 만일 화자가 *Paul*에 관해서 이야기 하고 있다가 주어가 없는 문장을 말했다면 *Paul*이란 맥락상의 단어가 이 공운용자를 결속하는 것이다. 이런 결속은 화용적 결속(discourse bound)이라고 한다.

그리고 중국어의 공운용자는 탈락된 주제어(dropped topics)라고 불렸다(Huang 1984, Lillo-Martin 1986,1991). 이 매개변항은 Topic-drop 매개변항 혹은 화맥중심 매개변항(discourse-oriented parameter)이라고 한다. 공주어 현상에 관여된 매개변항에는 두 가지가 있다.

- pro-drop parameter
  음가 없는 대명사적 주어가 I 에 있는 인칭/수 같은 파이자질로 확인되는가, 아닌가?

- topic-drop parameter
  공주어/공목적어를 결속하는 화용적 운용자가 있는가, 아닌가?

4.1.2 Pro-drop 가설

초기 아동 영어에서 주어가 생략되어있는 현상을 설명하기 위해서 Hyams(1986)은 UG가 이 매개변항에 관해서 무표값이 [+]라고 주장한다. 즉, pro-drop이 되는 것이 무표적인 값을 가지고 있어서 아동은 우선 주어 생략을 하게 된다는 것이다. 이런 주장에 의하면 영어권 아동이나 이태리어 아동이나 다같이 (4)와 같은 절구조를 가지고 있다가, 영어권 아동은 3세를 전후해서 영어에 관해 주어생략이 [-값]을 가진다는 것을 발견하고 바꾸게 된다는 것이다.

(9)

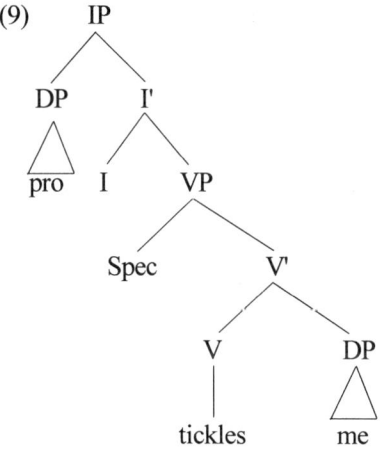

4.1.3 Topic-drop가설

Hyams의 견해에 대한 중요한 이론적 의문점은 초기 아동의 경우 공주어의 내용이 무엇인지가 어떻게 발견되는가 하는 것이다. pro-drop언어에서는 동사에 나타난 파이자질에 의해서 확인이 되지만, 영어 같은 비

pro-drop언어에서는 동사가 아무런 굴절을 확인시켜주지 않는데 어떻게 확인하는가 하는 것이다. 그런 이유로 Hyams는 초기의 주장을 번복하여 파이자질에 의지하지 않는 중국어와 유사하다고 입장을 바꾸게 되었다. 따라서 pro-drop 매개변항 대신 topic-drop 매개변항의 무표적 값이 [+]여서 아동들은 일단 주어를 생략하고 본다는 것이다.

4.1.4 Topic-drop가설의 평가

topic-drop가설이 어린 아동의 언어에 나타나는 주어생략현상을 설명할 수 있게 되긴 하였으나, 또 다른 문제를 직면한다. 즉 이렇게 topic-drop 언어들은 공주어뿐만 아니라 공목적어도 허용된다.

그렇다면, 영어의 경우도 이와 마찬가지로 초기(아동) 발화에서도 공목적어가 발견되어야 한다. 그러나 실상은 영어권 아동이 공주어를 발화하는 비율이 48%라면 공 목적어를 발화하는 비율은 이보다 훨씬 낮은 9%이다.

따라서 영어의 공주어 현상을 중국어/한국어/일본어와 비슷한 topic-drop 매개변항으로 설명하는 것은 의심의 여지가 많다. 또한 Wang et al.(1992)은 영어권 아동과 중국어 아동의 공주어/공목적어 현상을 비교하였더니, 그 비율이 매우 달랐다. 다음 표를 살펴보자.

(10) 영어모국어 아동과 중국어모국어 아동의 주어-목적어 생략현상

	나이범위	발화의 평균길이 (Mean-Length Utterance) range	주어생략비율	목적어 생략비율
영어	2;5 - 4;5	2.69 - 4.80	33.11%	3.75%
중국어	2;0 - 4;4	2.41 - 5.98	46.54%	22.53%

위의 표를 살펴보아도, 목적어를 생략하는 것은 초기 아동영어에서는 허용되지 않는다는 것을 알 수 있다. 중국어 모국어 아동의 경우와는 다르고, 한국어와 일본어도 중국어와 유사하다. 아동기의 중국어와 아동기의 영어가 이처럼 다르다는 것은 목표어의 역할을 반영하는 것이다. 중국어를 말하는 어린이는 topic-drop 매개변항을 올바르게 설정하고, 공주어와 공목적어를 확인하기 위한 화용결속 운용자가 존재한다는 것을 보여준다. 만일 영어에 화맥에 결속된 공운용자가 없다고 하면 어린이는 목적어를 생략하지 않게 되는 것이다. 결과적으로, 주어생략이 topic-drop 매개변항과 관련 있다고 생각할 수 없다.

4.1.5 Pro-drop가설과 초기(아동)언어 공주어의 평가

Hyams(1986, 1992)의 연구는 나름대로 중요한 의미가 있다. 그 의미란 PP 문법틀 안에서 언어습득의 과정을 탐색해 보았다는 것이다.

1990년대에 들어서, (영어권) 아동의 발화에서 발견되는 공주어와 공주어를 허용하는 언어권의 성인언어 공주어 사이의 구조적/분포적 차이를 발견하게 된다. 이렇게 아동 공주어와 성인 공주어 사이의 차이가 사실이라면, 매개변항으로 이를 설명하려는 노력은 별 의미가 없어진다(Valian 1990). 초기 아동발화에서의 공주어를 보면 다음과 같은 맥락에서는 발생 빈도가 희박하다.

(11)   a. *Wh*-의문문의 경우

    b. 종속절의 경우

    c. 주어가 아닌 요소가 전치된 경우의 주절

이와는 대조적으로 성인 **pro-drop**언어에서는 (11)의 모든 문맥에서 공주어가 발견되었다. 또한 외현적 *Wh*-이동이 없기는 하나, 중국어 같은 **topic-drop**언어에서도 동일하게 모든 경우의 공주어가 발견되었다.

(12) *Wh*-question

　　　Cosa　hai　detto?

　　　what　have　(you) said?

(13) Subordinate clause

　　　Gianni　ha detto che verra

　　　Gianni　has　said　that (he) will come

(14) Matrix clauses with a fronted adverb

　　　Ieri　ho　parlato　　a Carlo

　　　yesterday (I) have spoken to Carlo

중국어를 습득하는 아동은 *Wh*-의문문에서는 공주어를 발화하지 않는다. 이태리어 같은 **pro-drop** 언어의 아동들이 발화하는 공주어는 성인의 공주어와 유사한 특성과 분포를 보이고, **pro-drop** 매개변항의 값을 잘 설정한 것이다. 이 말은 이런 언어의 아동은 일찍부터 동사의 굴절과 파이자질에 대해서 알고 있는 것으로 판단할 수 있고, 아동들의 발화에 나타난 공주어는 이태리어 유형이라고 할 수도 없고, 중국어 유형이라고 할 수 없다.

4.1.6 중간 요약

목표어의 영향이란 것은 초기 아동 발화부터 일찌감치 매우 크다는 것

을 알 수 있다 이태리어와 중국어를 습득하는 아동들에게서 발견되는 공주
어는 성인 언어에서 발견되는 공주어와 같은 절구조를 보여준다. 하지만, 초
기 영어권 아동의 공주어는 이태리어의 공주어와도 다르고, 중국어의 공주
어와도 달랐다. 이런 발견으로부터 다음과 같은 결론을 내릴 수 있다.

(15) a. 이태리어 습득자는 pro-drop 매개변항을 [+]로 설정

b. 중국어를 습득하는 아동은 topic-drop 매개변항을 [+]로 설정

c. 영어습득자는 pro-drop 매개변항과 topic-drop 매개변항을 [-]로
설정

4.2. 모문의 공주어

4.2.1. 초기 공주어가 발견되는 구조적 맥락

*Wh-*의문문, 종속절, 비주어가 전치된 주절에서는 공주어가 발견되지 않
았다. 공주어가 발견되는 맥락은 절의 제일 앞 위치로 제한되었고, 만일 절
제일 앞 위치에 다른 구성소가 나타나면, 공 주어는 나타나지 않았다. 따라
서, 이 현상을 모문 공주어 (Root null subject)라고 부른다.

4.2.2 공주어와 원형절

공주어는 시제절뿐 아니라 비시제절에서도 발견된다. 다음을 고려하자.

(16) a. Est   trop gros .... (Philippe, 2;2)

(it) is too big

b. Tourner dans l'autre   sens. (Philippe, 2;2)

turn-INF in   the other direction

아동 발화에서 주어생략은 영어나 다른 많은 언어에 공통적으로 발견되고, 이는 성인 언어에서는 가능하지 않은 언어도 포함이 되기 때문에 이 공주어 현상이 언어습득을 위한 입력에 의해서 생겨난 결과(input-driven)라고 할 수 없다. 또한 주어생략현상은 시제절/비시제절에 모두 발견된다. 비시제절에서 발견되는 공주어는 PRO라고 하는 것이 바람직하고, 그 예로서는 (17)이 있다.

(17) a. Have two crackers (Eve, 1;8)

b. [$_{VP}$ PRO [$_{v'}$ have [$_{DP}$ two crackers]]]

결론적으로, 어린이가 발화하는 공 주어는 두 가지 인데, 하나는 원형절에서의 공 주어로 이는 PRO이고, 시제절의 공 주어는 NC로서 이 NC에 관한 설명은 바로 다음 장에서 자세히 소개하고 있다.

초기 아동발화에서 나타나는 공주어는 다음의 특징을 가지고 있다.

(18) a. 공주어는 모문에서 일어나는 현상이다

b. 공주어의 발달은 원형절의 발달과 관계가 있다.

Rizzi(1993/1994)는 초기 공주어 현상과 RI가 동일한 분석으로 설명할 수 있다고 제안하였는데, 이 두 현상은 동일한 메커니즘에서 발생하는 것이라는 것이다. 즉, 초기 문법에서 절구조의 절삭이라는 메커니즘을 말한다. 이런 접근을 **절삭가설**이라고 하는데, 성인문법에서 다음의 공리가 유효하다.

(19) 절 표지에 관한 공리
      CP가 모든 시제절/비시제절의 모문이다

다시 말하면, 모든 절은 주절을 포함하여 CP로 시작되고, CP는 가장 높은 구조의 투사범주이다. 따라서 CP는 CP가 관할하는 모든 구범주를 포함한다.

초기 아동문법은 성인문법과 달리 절의 삭제를 허용한다. 아동문법에서는 절이 CP 아래에서 절삭될 수 있기 때문이다. 결과적으로 모든 혹은 일부 기능범주의 층이 생략될 수 있다.

따라서 아동문법에서는 VP 혹은 IP등의 여러 가지 모문(root clause)이 생겨날 수 있다. 그러나 절삭의 위치는 임의적으로 결정되지는 않는다. 어디서 절삭이 되는가 하는 것은 그 절의 동사가 가진 형태통사적 특징에 따라 결정된다. RI 절은 절의 특성상 높이 인상되시 못하기 내문에 VP 수준에서 절삭되거나, AspP같은 VP보다 위쪽의 수준에서 절삭된다.

시제절은 IP에서 최소한도로 절삭된다. 왜냐하면 non-V2 언어에서 시제동사는 명시적 통사부에서 I로 인상되기 때문인데, 영어는 여기서 예외가 된다. 영어는 non-V2언어지만 명시적 통사부에서 시제동사가 I로 인상되지 않는다. 이런 방식으로 CP라기 보다는 IP가 시제절의 root 가 된다. 아동언어에서 공주어 시제절은 ("Look, (I/you/he/she) have-has flowers")은 (20)과 같은 구조를 가진다.

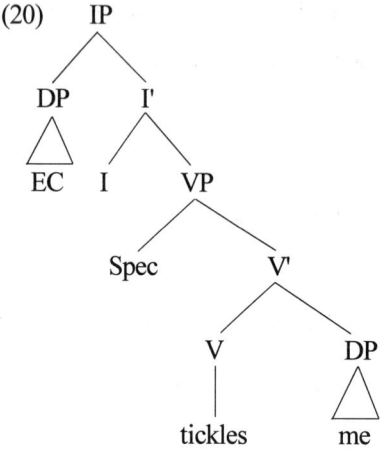

(20) IP

IP의 지정어 위치에 있는 EC는 공주어를 나타내며, 이 공주어의 정확한 통사적 특성은 뒤에서 다시 논의하기로 한다. 시제동사는 I로 이동을 하는데, 언어에 따라 명시적(불어, 독일어) 혹은 비명시적(영어)으로 이동한다.

결론적으로 RI의 출현은 절 삭제 메커니즘이 아동문법에서 허용된다는 것을 보여준다. 다만, 어디를 절삭하느냐에 따라 다른 범주들을 모문으로 만드는 효과를 낸다. IP가 모문이 되면 공주어는 그 지정어로 적합하다고 할 수 있다.

● 시제절의 EC는 NC이다

IP의 지정어 위치에 있는 공주어 EC의 특성은 [+/- variable]이라는 자질을 추가하여 GB식 [+/-anaphoric] [+/- pronominal]같은 자질 명시에 [+/- variable]을 제안하였다. 보통의 A-bar 변항은 [-a, -p, +v]의 내용을 가진 것이고, [-a,-p, -v]는 공 변항(Null Constant, NC)라고 부르고 A-bar 구성소를 두 가지로 분류한 것은 Lasnik 과 Stowell(1991)이 논의한 교차

현상에 근거하고 있다.

약교차 현상은 운용자가 대명사를 교차하여 **A-bar** 위치로 이동할 때 발견되는 것이다. 예를 들면 *who*가 이동하면 *his*를 건너간다.

(21) Who does his boss dislike t?

교차 현상에는 강교차와 약교차가 있는데, (21)에서 발견되는 것은 약교차(WCO)라고 한다. (21)은 문법적이지만, 그 의미가 *which x, does x's boss dislike x* 로 해석될 수는 없다. 그런데 NC는 WCO 효과를 보이지 않는다.

(22) a. The man$_i$, who$_i$ his$_i$ brother dislikes NC$_i$ is John

= the man x such that x's brother dislikes x is John

   b. This book$_i$, OP$_i$ I would never ask its$_i$ author to read NC$_i$

= this book x is such that I would never ask x's author to read x

변항과 NC는 모두 **R-expression**이고 강교차 효과가 있다. 그러나 NC는 약교차에 관한 한 변항과 다르다.

(23) a. *Who$_j$ does he$_t$ dislike t$_t$

*which x, x dislikes x (=who dislikes himself)*의 의미로는 해석이 불가하다.

b. *The man$_j$ who$_j$ he$_j$ dislikes NC$_j$ is John

   the man x who x dislikes x 해석은 불가능하다

c. *This child$_j$, he$_j$ wants to invite NC$_j$

   the child is s.t. he wants to invite himself 로 해석이 불가능하다.

요약하면, A-bar 결속된 공범주는 두 종류가 있는데, variable과 NC가 그에 해당된다. Variable은 강교차, 약교차 모두 보이지만, NC는 강교차 효과만 보인다.

만일 그렇다면, 아동의 초기 공주어는 어떤 공범주에 속하는가? Rizzi (1994)에 의하면, 성인의 NC는 운용자가 이동한 후에 남은 흔적이거나 아니면 기저생성된 공범주이다. 또한, 아동들의 공주어는 선행사가 없는 NC (antecedentless NC)로서 Spec-IP에 위치한다. 결국 *Tickles me*같은 문장의 구조는 아래 (24)와 같다.

(24)

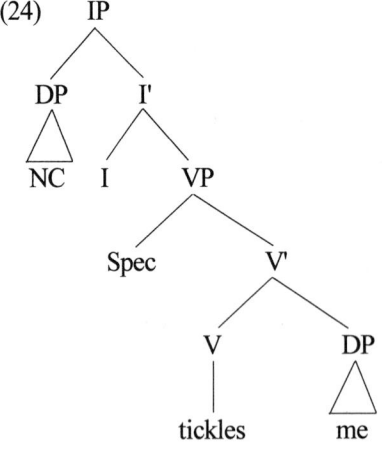

- NC의 확인조건(Identification Requirement)

비대명사류 (non-pronominal) 공범주는 선행사에 의해서 확인되어야 하는데 (24)에 있는 NC는 선행사가 없으므로 확인될 수 없고, 이런 확인 조건을 위배한 것이다. 그 말은 NC가 문장 안에서 확인되지 못한다는 의미이기 때문이다. 그러나 Rizzi가 수정한 공범주 원리에 의하면 (24)같은 구조도 생존이 가능하다.

- 수정된 공범주 원리(Empty Category Principle, Revised)

비대명사류 공범주는 **만일 가능한 경우**에 선행사에 의해서 반드시 확인되어야한다.

즉, 이런 요소는 성분통어하는 선행사가 있을 경우에 선행사에 의해서 확인되어야 한다는 것이다. 만일 성분통어하는 선행사가 없는 경우에는 NC는 문장 내부의 확인이 없어도 살아남을 수 있다. 모문의 지정어 위치는 다른 어느 요소에 의해서도 성분통어되지 않기 때문에 초기 공주어는 바로 모문의 지정어 위치에 있으며, 여기서 모문은 질삭에 의해서 남은 IP이다.

요약하면, 다음과 같다. (i) 아동 언어의 경우, CP가 아니라도 절의 모문으로 기능할 수 있도록 절의 절삭이 가능하고, (ii) 절의 절삭은 공주어로 하여금 모문의 지정어 위치를 차지할 수 있도록 허용하며, (iii) 초기 아동의 공주어는 선행사 없이 기저생성된 NC로서, (iv) 이 공주어는 모문의 지정어 위치에 있기 때문에, 절삭된 CP가 없으므로 인해 CP의 지정어위치에 아무런 선행사가 없다. 따라서 수정된 ECP같은 원리와 확인 조건에 위배되지 않는다.

- 절삭가설은 공주어 분포의 제약을 잘 설명한다.

구조적 제약점: NC는 *Wh*-의문문에 있을 수 없다. 왜냐하면 의문사 의문문은 *Wh*-요소가 자리할 CP 투사범주가 있어야 하기 때문이다. *Wh*-요소는 Spec-CP에 위치하게 되고 이는 Spec-IP에 있는 NC를 성분통어하기 때문에 확인조건 (26)에 의하면, *Wh*-의문문 *what drinks*?같은 문장은 가능하지 않다.

주어/목적어 비대칭: 아동의 언어에서도 주어는 생략되지만 목적어는 생략되지 않는 비대칭 현상이 있다. 주어와 달리 목적어는 이 목적어를 성분통어하는 다른 요소가 있기 때문에 이 NC는 확인자가 없는 셈이 된다. 주어는 자체적인 의미와 지수가 있기 때문에 목적어의 확인자가 안된다.

4.2.3 성인문법에서의 공주어

선행사가 없는 NC가 초기 아동의 언어에서만 발견되는 것이 아니다. 성인 언어에서 발견되는 NC는 Haegeman(2000)에서 인용된 것으로 영어와 불어에 있다.

(25) a. Cried yesterday morning: as if it were an hour for keening:
          why is crying so pleasurable (Plath 1983, 288)
      b. Elle est alsacienne. Parait intelligente (Leautaud 1989, 48)
          'She is Alsatian.   Seems intelligent'

이런 문체를 일기체라고 하는데, 초기 아동언어에서와 동일한 구조적 양상을 보이며 의문사 의문문과 내포절에서는 가능하지 않다. 일기에서는 아동의 언어에서처럼 주어만 생략되며 목적어는 생략되지 않는다. 이런 구조적 유사성 때문에, 일기체의 문법은 절삭 메커니즘을 가지고 있다고 주장된 바 있다. 즉 IP가 문장의 모문이 되며, NC는 IP의 지정어 위치에 있다는 것이다. 그러면 수정된 공범주 원리를 위배하지 않는다.

성인문법에서 선행사 없는 공범주가 절의 지정어 위치에 있다는 것은 아동문법과 성인문법사이에 연속성이 있다는 증거로서(Rizzi 2000), 아동의 문법은 성인 언어시스템의 어휘에 의존한다. 성인 문법이나 아동의 언어가 모두 UG에 의해 가능한 선택사양을 표현하기 때문에, 동일한 문법대상(grammatical objects)과 동일한 문법 기제를 포함한다.

4.3 언어수행에 기반을 둔 분석

여기서는 아동의 초기 공주어에 대한 다른 접근을 알아본다. 이 접근에 의하면 아동의 공주어는 언어 수행상의 제약에 기인한 것이다. 주어생략에 관한 (언어)능력-기반 분석과 마찬가지로 (언어)수행-기반 분석 역시 아동의 문법이 성인의 문법과 동일하다는 전제로부터 시작한다. 즉 아동도 주어가 필수적이라는 것을 안다는 말이다.

다만 이 접근법은 아동의 주어생략이 문법적인 선택의 여지가 아니고, 언어처리상의 결손(processing deficit)이요, 언어외적(extralinguistic) 성격을 가진다는 주장이다. 언어 처리(language processor)가 '기억(memory)' 같은 다양한 인지 시스템의 필요에 따라 작동하고, 또한 이런 언어프로세서는 성인의 경우보다 아동의 경우 훨씬 더 제한이 많다는 것이다. 자연히, 문장을 발화함에 있어 아동들은 언어처리 양(processing load)을 완화하고 문장 보다 더 중요한 정보를 발화하기위한 재원을 확보하기 위해서 주어를 생략한다는 것이다.

여러 가지 제안이 있으나, 여기서 두 가지를 살펴보고자 한다. 그중 첫째는 아동의 주어생략이 과부하의 위험을 피하기 위한 것이라는 것, 두 번째 제안은 주어생략이 특정 음운구조를 발화하는데 따르는 어려움을 피하기 위한 것이라는 주장이다.

4.3.1 주어생략의 문장 길이 접근

Bloom(1990)은 아동의 주어생략은 문장길이(sentence length)에 대한 수행상의 제약 때문이라고 한다. 말하려는 발화가 길면 길수록 언어처리 재원(processing resource)이 더 들기 때문에 아동의 언어처리 능력은 제한적이고 처리하는 양은 발화 앞부분에서 가장 크다. 따라서 문장의 앞에 있는 요소는 문장의 뒤에 있는 요소보다 생략될 가능성이 더 크다. 주어는 보통 문장의 제일 앞에 오기 때문에 생략되는 것이다.

이 접근법은 목적어보다 주어가 생략되는지, 그리고 의문사 의문문의 경우 주어는 왜 생략되지 않는지도 설명할 수 있다. 왜냐하면 그 두 가지 경우엔 생략된 요소가 문장의 제일 첫 위치에 있지 않기 때문이다.

이 접근의 문제는 주어가 시제절에서보다 비시제절에서 더 자주 생략된다는 것을 설명할 수 없다는 것이다. 시제절이 여러 가지 형태소를 가져야 하기 때문에 형태상으로 비시제절보다 훨씬 더 복잡하고, 시제절 처리과정이 비시제절 처리보다 훨씬 더 힘들고, 따라서 시제절에서 주어가 더 자주 생략되어야 한다는 잘못된 예측을 하게 된다.

Bloom에 의하면, 주어를 생략함으로서 더 긴 문장을 계획하고 처리할 재원이 있기 때문에 아동의 무주어 문장이 유주어 문장보다 더 길다. 문장의 길이와 주어생략사이에 일종의 상관관계가 있다는 것은 이론의 여지가 없어 보인다. 이는 심지어는 **pro-drop**언어인 성인의 이태리어에서도 발견된다. 그렇다고 해도 이태리어를 말하는 성인의 언어처리능력이 제한적이라고 할 수는 없다. 결론적으로 말해서 문장의 길이가 주어생략과 완전히 무관하지는 않지만, 주어생략이 문법적 수행능력과 무관하다고 할 수 없다 (Rizzi 2000).

4.3.2 주어생략의 음률적 접근

Gerken(1991) 역시 언어처리-기반 분석을 제안 하였는데, 이 경우는 아동들이 언어 발화 시스템상의 어려움 때문에 주어를 생략한다는 것이다. 영어권 아동은 강약조 (S-W, trochaic foot)에 맞추어 문장을 발화한다는 것이다. 이 강약조는 영어뿐 아니라 전 세계 많은 언어들 사이에 가장 보편적인 운율로서 영어를 학습하는 학습자 사이의 실험에서도 관찰되었다. 운율가설(Metrical Hypothesis)에 의하면 아동은 자신들이 발화하려는 문장에 강약조의 운율 템플릿을 적용한다. 이런 전략은 아동이 *giraffe*를 발화할 때 첫 음절을 생략하거나, *zebra*를 발화할 때 두 번째 음절을 생략하는 것이다. 이들 생략된 음절은 약음절이기 때문이다. 아동이 적용하는 운율 템플릿(template)은 잘 조정되면 생략되지 않지만, 이 템플릿에 맞지 않으면, 생략되는 것이다. 주어인 'she'는 약음절이므로 강약조의 운율템플릿에 맞지 않아 생략되고 'kissed the king'은 강음절이므로 생략하지 않는다.

하지만 이 분석에도 문제가 있다. 첫째 문제는 모든 주어가 대명사는 아니라는 점이다. 또한 이 분석은 영어만을 대상으로 한다. 따라서 주어생략이 보편적 현상이라는 점과 제대로 연결되지 못 한다. 대신 강약조가 모든 언어에 보편적이라는 전제를 깔고 있으므로 그 기반이 좀 약하다.

그러나 이 분석의 더 치명적인 결함은 원형절과 공주어 현상의 상관관계를 포착하지 못한다는 것이다. 운율적 요인이 어떻게 RI에 있어서 공주어의 원인이 될 수 있는가? 따라서 주어생략현상은 통사적 현상이지 음운적 현상이 아니다.

4.4 요약과 정리

Hyams(1986)의 연구에 영향을 받아 공주어 현상은 초기 아동이 가진 매개변인설정에 잘못이 있는지 여부의 문제라고 여겨졌다. 그러나 1990년대 이후에 공주어에 관한 더 많은 연구가 쏟아지면서 Hyams의 주장은 배격되었다. 아동의 공주어는 성인문법을 모델로 출발하면 도무지 설명할 수 없다. 왜냐하면 연구대상이었던 영어, 불어, 덴마크어를 볼 때 성인언어에 주어생략이 존재하지 않기 때문이다.

대신 주어생략현상(공주어)은 절의 절삭이라는 보편문법적 현상이며 일정한 통사규칙에 따른다고 보는 게 더 타당하다. 즉, 이 공주어는 선행사가 없는 공범주인 NC들로서 절의 제일 앞 위치를 차지하고 있고 모문의 지정어 위치에 있다. 다른 공범주처럼 이들 NC는 인허조건이 있는데, 이런 조건은 성인 언어에도 존재한다. 성인언어에도 일기체를 보면 아동의 공주어 현상과 동일한 구조적 특성을 보이는 공주어가 있다. 이는 아동언어와 성인언어사이의 연속성을 보여주는 증거로 사용된다. 아동들은 UG가 허용하는 선택사양을 채택하는 것이다.

목표어가 아동의 언어습득에 지대한 영향을 미치는 것은 말할 필요가 없다. 중국어와 이태리어 아동은 성인들이 주어 생략하는 것을 보고 주어를 생략한다. 이때 약간의 환경적 자극만 받아도 금방 매개변항의 값을 설정하며, 그것도 아주 초기에 그런 일이 일어난다. 그 이유는 아동들의 값 설정 탐색과정을 UG가 인도하기 때문이라고 할 수 있다.

남은 문제점은 초기 아동의 *Wh*-의문문에서 공주어가 발견된다는 사실이다 (Broomberg와 Wexler 1995, Roeper와 Rohrbacher 2000). 이는 *Wh*-의문문에서 공주어는 발생하지 않는다는 초기의 주장에 대한 반대증거라고 보았다. 하지만 시간이 지나면서 새로운 증거자료들이 제시되었다. 즉, 공주어가 발견된 모든 *Wh*-의문문은 동사가 원형이거나 *-ing*가 있는 비시제형이었다.

그러나 영어의 진술문에서는 공주어가 시제문이거나 비시제문에서 모두다 발견되었다. 따라서 과연 진술문의 공주어와 *Wh*-의문문의 공주어 현상이 과연 동일한 현상인지에 대해서 의구심이 들 수 있다. *Wh* 의문문에서 공주어가 발견되는 언어는 영어뿐이다. 이와 같이 보편성이 떨어진다는 사실도 이러한 현상에 대한 정확한 이해를 힘들게 만드는 걸림돌이다.

Rizzi(2000)은 이에 대해 제안을 한 바 있다. 그에 의하면 초기 어린이 영어는 두 종류의 공주어가 있다. 하나는 NC로서 모든 non-pro-drop(또는 non-topic-drop) 언어에서 발견되며, 모문절에만 제한적으로 나타난다. 다른 하나는 PRO처럼 보이는데, *Wh*-의문문에서 발견된다. 그런데 왜 초기 영어만 이러한 특성을 보이는지는 확실하지 않다. 향후 공주어 의문사 의문문에 대한 연구가 보태지면 이 문제에 대하여 더 정확한 이해를 할 수 있겠다.

Wh-이동의 습득

이 장에서는 *wh*-의문문(*wh*-question)과 관계절(relative clause) 구문을 분석하고 아동문법에 나타나는 *wh*-이동을 살펴본다. 영어와 같은 언어들에서 *wh*-의문문은 절 앞으로 *wh*-단어를 전치시킴으로서 도출된다. 관계절은 외현적 또는 내재적 운용소(operator)의 *wh*-이동을 통해 형성된다는 것이 일반적인 분석이다. 이제 아동문법에서 *wh*-이동 구문의 형성을 살펴보자. 초기 언어에서 아동은 의문문의 형성을 제약하는 보편적 제약인 *Wh*-기준(*Wh*-Criterion)을 준수한다는 것을 알 수 있다. 아동은 *Wh*-기준을 만족시키는 식으로 언어간 변이를 기호화하여 정확한 매개변항의 값을 설정한다. 연구되는 대부분의 초기 언어들(예, 독일어, 이태리어, 스웨덴어)에서도 일반적 현상을 보이는데, 처음부터 *wh*-의문문은 목표어 지향적이다. 초기 영어자료들은 이러한 결론과 일치하지만, 때로 성인 언어로부터 이탈현상을 보이기도 한다. 예를 들면, 영어학습자들은 조동사가 결여된 *wh*-의문문(예, *What you eat?*)을 만들기도 하고 가끔 조동사 도치를 안 하기도 한다(예, *What he can eat?*). 영어학습자들은 언어 개별적인 요소들이라고 할 수 있는 의문문 형성의 기본 요소들은 후에 습득한다는 것을 알 수 있다.

관계절과 관련해서는 아동이 관계절에 해당하는 구조 그리고 관계절을 만들어내기 위해 사용하는 기제를 생각해 볼 수 있다. 초기 관계절은 회귀성(recursion)의 기제를 포함하는 계층구조를 갖고 있다. 논쟁의 요지는 초기 관계절이 *wh*-이동에 의해 만들어지는가 하는 점이다. 여기서는 아동문법과 성인문법이 일관성을 보인다는 가설을 지지하기 위해 관계절이 *wh*-이동에 의해 형성된다는 견해를 지지할 것이다.

이 장에서는 5.1에서 초기 체계에서 *wh*-의문문의 형성을 다루고, 5.2에서는 비성인 *Wh*-의문문인 초기 영어의 조동사 없는(auxless) 의문문을 다룬다. 5.3에서는 장거리(long-distance) *wh*-이동을 다루며 5.4에서는 초기 관계절을 다룬다.

5.1 초기 시스템에서 *wh*-의문문 형성

먼저 성인언어의 *wh*-의문문 제약에 관하여 알아보자.

5.1.1 *Wh*-기준

아래 예문 (1)처럼 영어에서의 비주어 구성소 의문문은 *wh*-운용소의 문장 앞으로 이동과 주어-조동사 도치(Subject-Auxiliary Inversion (SAI))

의 특질을 갖는다.

(1)   a. What can he eat?

       b. Where does he go?

    SAI의 결과로 전치된 *wh*-운용소는 동사와 인접하는 형상을 보인다. 영어와는 달리 이태리어의 인접성은 주어를 왼쪽 또는 오른쪽의 주변 위치로 이동하거나 공주어(null subject)를 사용함으로서 얻어진다. (2)의 예처럼 3가지 가능성이 있을 수 있다. **(WH Subj Verb ->Subj WH Verb; WH Verb Subj; WH ∅ Verb)**

(2)   a. 왼쪽 주변 위치의 주어

          Gianni **cosa __ fa**?

          Gianni what   makes

          'What does Gianni make?'

       b. 오른쪽 주변 위치의 주어

          Cosa fa   Gianni?

          what makes Gianni

          'What does Gianni make?'

       c. 영주어

          Cosa fa?

          what makes

          'What does (he) make?'

Rizzi(1996)는 *wh*-운용소와 동사의 인접성 요건을 의문문 형성의 적형성 요건인 *Wh*-기준의 관점에서 해석했다. (또한 May 1985를 참조)

(3)   *Wh*-기준 (CP의 지정어-핵 일치(Spec-Head Agreement))
   a. *Wh*-운용소는 *wh*-자질을 갖는 핵과 지정어-핵 관계에 있어야만
      한다. (지정어:*Wh*-이동)
   b. *Wh*-자질을 갖는 핵은 *wh*-운용소와 지정어-핵 관계에 있어야만
      한다. (핵: I-to-C/SAI)

Wh-기준은 외현적 또는 내재적으로 만족되어야 하는데 이는 의문문 형성을 위한 보편적 제약이며, 언어 교차적 다양성은 매개변항으로 설명된다. (절 구조가 AgrP와 TP를 포함한다는 가정에서) *wh*-자질은 T에 생성된다.[1] 이때 *wh*-운용소와 *wh*-자질이 제자리에 있으면 이 둘은 지정어-핵의 관계가 아니므로 *wh*-기준을 위배한다. *Wh*-기준을 만족시키기 위하여 *wh*-운용소는 Spec CP로 이동하고(*Wh*-이동) *wh*-자질은 C로 이동(SAI)해야 한다. 영어에서 어휘동사는 *wh*-자질을 C로 옮길 수 없으므로, 대신 조동사 또는 양태 조동사(modal)가 *wh*-자질을 C로 옮긴다. 조동사가 없을 경우, 명목 조동사인 *do*가 운반자가 된다. 영어와 달리, 이태리어에서는 모든 동사가 이동이 가능하고 *wh*-자질을 C로 운반할 수 있다. *Wh*-운용소 이동과 *wh*-자질 이동이 예문 (1)과 (2)의 표층 형태를 만든다. (영어(조동사)와 이

---

1) 조동사가 T의 자리에 나타난다는 관점에서 *wh*-자질이 T에 나타난다고 가정한다. 영어의 의문문 형성에서 보이는 SAI는 T-to-C로의 핵 이동으로 운반자는 *wh*-자질을 동반하여 이동을 한다고 주장하는데 이때 운반자는 일반 동사가 아닌 조동사와 명목조동사 do만 가능하다. 이는 *wh*-자질을 C의 가장자리로 보는 Chomsky(2005, 2006)의 견해와 대치된다.

태리어(어휘동사)의 핵 이동 차이 → 핵 매개변항)

　Wh-운용소의 외현적 이동이 wh-의문문의 보편적 특질은 아니다. 중국어, 일본어, 한국어와 같은 언어에서는 (4)처럼 wh-요소가 제자리에 위치한다(일본어 예문 (Haegeman 1994)).

(4)　John-wa　　naze kubi-ni natta no?
　　　John-TOP　why was　　fired QM
　　　'Why was John fired?'

　Wh-요소가 제자리에 위치하는 한국어 유형의 언어에서는 wh-기준은 wh-요소가 Spec CP로 이동하고 wh-자질은 C로 이동하는 LF의 내재적 이동에 의해 만족된다. 따라서, wh-기준은 보편적으로 만족되지만 아래 (5)와 같은 매개변항 P1, P2를 갖는다(Haegeman 1994).

(5)　P1: Wh-요소의 외현적 이동 또는 제자리(in-situ) 위치
　　　P2: I-to-C 이동의 적용 또는 비적용

　그렇다면, 아동 의문문이 Wh-기준을 만족시키는가? 아동은 wh-이동에서 보이는 매개변항을 어떻게 다루는지 알아보자.

5.1.2 Wh-이동의 아동 습득에 대한 언어 교차적 증거

　아동 의문문은 Wh-기준과 매개변항을 준수하는가? 먼저, Wh-기준의 wh-이동과 매개변항 P1을 살펴보자.

논의를 위해 *Wh*-기준의 지정어 부문이 어떤 초기 언어들에서는 작용하지 않는다고 가정하라. 만약 영어학습자들이 지정어 부문은 무시하고, *wh*-요소의 위치를 지배하는 매개변항 P1(지정어 부문)을 고정시키지 않는다면, *wh*-요소가 절의 맨 앞으로 이동하지 않고 조동사/동사만 이동하는 (6b)와 같은 *wh*-의문문은 가능하고 (6a)는 불가능해 질 수 있다.

(6)   a. *John has eaten **what**?

       b. *Has John eaten **what**?

Guasti(2000)는 1.6세와 5.1세 사이의 영어가 모국어인 4명의 아동 (Adam, Eve, Sarah, Nina)에게 2,809개의 *wh*-의문문을 실험했다. 이중 41개(1%)의 의문문은 제자리(wh-in-situ) 의문문으로, (6)과 같은 아동이 만드는 제자리 의문문은 문맥상 대부분이 반향의문문(echo question)이었다. 이 문장들은 조동사를 결여하며 실험대상 시기의 초기에만 한정되지 않고 시기 전반에 걸쳐있었다. 반향 의문문은 성인문법에서도 *wh*-이동을 포함하지 않으므로 목표어 지향적이라고 할 수 있다. 반향 의문문이 영어를 배우는 아동에게 불일치의 증거이긴 하지만 제자리 *wh*-의문문이 *wh*-이동에 우선권을 갖는 것은 아니다. 영어를 배우는 아동은 일반 의문문에서 *wh*-이동을 준수하고 반향 의문문에서는 *wh*-이동을 하지 않는다. Roeper & de Villiers(1992)는 아동이 왜 이러한 불일치의 증거들에 혼동을 일으키지 않는가의 이유를 설명하기 위하여, 외현적 *wh*-이동이 일어나는 언어에서는 반향의문문과 같은 반례는 예외적이라고 간주된다는 가정을 덧붙일 필요가 있다고 주장한다. 아동은 *Wh*-이동이 빈번한 이동이므로 제자리 *wh*-의문문인 반향 의문문은 예외로 간주된다.

아동은 필요할 경우에만 wh-이동을 적용한다는 결론은 초기 이태리어와 초기 스웨덴어에서의 의문문 분석에 의해 강화된다(Guasti 2000; Santelmann 1998 참조). 초기 언어에서 wh-의문문을 연구하는 다른 연구들도 wh-이동을 배제하지 않는다(화란어 연구의 Haegeman 1995a; 독일어 연구의 Clahsen, Kursawe & Penke 1995 참조). 초기 문법에서 제자리 wh-의문문을 내재적으로 금지하는 증거는 없다. 성인 언어와 동일한 현상이 초기언어에서도 나타난다. Hamann(2000)에 따르면, 불어권 아동도 불어권 성인처럼 제자리 wh-의문문과 wh-이동을 갖는 의문문 둘 다를 생성한다. 아동은 Wh-기준의 지정어 부문인 (5)의 P1과 같은 wh-이동 매개변항을 아주 초기부터 설정 사용한다는 결론이 나온다.

5.1.3 의문문의 동사 이동과 매개변항의 초기 습득

이제 Wh-기준의 I-to-C 이동(SAI)과 매개변항 P2를 살펴보자.

(7)   ***Cosa** Gianni **fa**?
       What Gianni makes

이태리어 아동은 wh-운용소와 동사의 인접성이 방해되는 (7)과 같은 문장은 사용하지 않는다. 이는 Wh-기준의 핵 부문이 초기 이태리어에 존재한다는 결론이 나온다.

초기 V2 언어의 연구는 Wh-기준의 핵 부문이 V2 언어에도 적용된다는 것을 보여준다. V2언어의 서술문처럼, wh-의문문에서도 한정동사는 절의 두 번째 위치로 이동하여 주어 앞에 놓인다. 추가로, XP인 *wh-*운용소는 Spec CP로 상승하여 독일어 예문 (8a)는 (8b)와 같은 구조를 갖는다.

(8)　a. **Was　isst**　Julia　zum　Frühstück?

　　　　what　eats　Julia　for　breakfast

　　　　'What does Julia eat for breakfast?'

　　b. [$_{CP}$ Was [$_C$ isst [$_{IP}$ Julia zum Frühstück]]?

　　위에서 제기한 *wh-*의문문 분석은 자연스럽게 V2 언어의 의문문으로 확대되는데 즉 *wh-*요소는 Spec CP로 인상되고 동사는 *wh-*자질을 C로 전달한다. Santelmann(1988)은 13명의 스웨덴어 학습자들(1.9-3세)의 의문문을 살펴보았고 이때 동사가 이동하지 않는 의문문은 단지 5개 (1%)뿐이었다. 마찬가지로, Clahsen, Kursawe, Penke(1995)는 9명의 독일어 학습자들(1.7세-3.8세)의 대화에서 709개의 의문문 가운데 단지 6개만 도치되지 않는 한정동사를 발견했다.

　　아동은 Spec CP안에서 *wh-*운용소와 동사를 지정어-핵 관계에 놓이도록 C로 상승시킨다는 상당한 언어 교차적 증거가 있다. 이것은 동사의 이동이 *Wh-*기준의 핵 부문을 준수한다는 것을 보여준다.

　　영어의 핵 이동을 살펴보자. 만약 영어의 학습자들이 *Wh-*기준의 핵 부문 요구를 지키지 않는다면 도치되지 않은 조동사를 갖는 (9)와 같은 의문문을 만들 것이다.

(9)　*What John has done?

Bellugi(1971)는 주어-조동사 도치(SAI)의 습득으로 좀 더 잘 알려진 핵 부문의 습득이 영어에서 단편적으로 진행된다는 것을 제안했다. 그는 의문문 형성의 성인문법을 달성하기 전에, 아동은 다음과 같은 SAI 습득 단계들을 거친다고 주장한다.

(10) SAI 습득 단계
  a. SAI는 *yes/no* 의문문에서 수행되고, *wh-*의문문에서는 수행되지 않는다.
  b. SAI는 긍정 의문문에서 수행되고, 부정 의문문에서는 수행되지 않는다.

영어학습자들은 의문문에서 조동사를 사용하기 시작하면 일반적으로 SAI도 사용한다. (초기단계에서 아동은 조동사 있는 의문문과 조동사 없는 의문문 둘 다를 만드는데 후자의 경우 조동사 자체가 없으므로 아동이 SAI를 사용하지 않는다는 근거가 될 수 없다.) 그런데 (10a)와 같은 Bellugi의 주장은 논쟁의 여지가 있다. 왜냐히면 (10a)의 반대의 현상을 보여주는 연구결과도 있기 때문이다. 따라서 SAI가 *yes/no* 의문문에는 나타나지만 *wh-*의문문에는 나타나지 않는다는 주장은 어떤 구조에서의 도치현상이 다른 구조에서 보다 더 빈번하게 나타난다고 말하는 것이 적절할 것이다. 영어 아동은 초기부터 의문문에서 조동사를 C로 이동하지만 항상 그런 것은 아니다. 따라서 초기 영어에서 보이는 SAI의 습득현상은 다음과 같이 요약될 수 있다.

(11) a. 초기 영어에서 SAI는 수의적이다. SAI는 초기 습득단계의 필수
적 현상이 아니다.

b. SAI가 *yes/no* 의문문에서 수행되지만, *wh*-의문문에서는 수행되
지 않는다는 주장은 논란의 여지가 있다. 이러한 선호성은 문법외
적 요소에 기인하는 것이라고 말하는 것이 좀더 그럴듯하다.

그렇다면, 영어에서는 wh-기준의 핵 부문이 준수되지 않는 것인가? 이
태리어, 독일어, 스웨덴어에서는 모든 한정동사가 I-to-C의 이동을 보이며
SAI의 적용의 예외가 없는데, 영어에서는 SAI 적용의 예외가 나타난다. 이
러한 차이는 동사의 형태통사적(morphosyntactic) 특질에 기인하는 것 같
다. 이태리어, 독일어, 스웨덴어는 조동사와 어휘동사의 구분 없이 모든 동
사가 핵 이동이 가능하지만, 영어는 동사를 조동사와 어휘동사로 분류하고,
조동사는 핵 이동을 하지만 어휘동사는 핵 이동이 일어나지 않고 V에 남아
있기 때문에, 영어에서 핵 이동이 수의적이다.[2] 조동사가 도치되지 않는 비
성인적 의문문의 이유는 SAI 지식이 없어서가 아니라, 두 종류의 동사를 갖
는 영어 형태통사적 특질에 따른 어려움 때문이다. 영어의 수의적 핵 이동
(SAI)은 언어-특정적 요소가 언어-보편적 요소보다 습득이 나중에 일어나
기 때문이다. 결론적으로, 아동은 *wh*-기준과 매개변항 P2를 준수한다.

5.1.4 부정 의문문

초기 영어의 부정 의문문은 성인 영어의 형태를 취하지 않는다. 아동은

---

[2] 영어의 주어 *wh*-의문문에는 SAI 없어 주어 wh-의문문의 경우도 아동의 수의적인 SAI 적용의
요인이 될 수 있다.

도치 없는 (12a)와 같은 문장, 또는 조동사가 두 번 나타나는 (12b)와 같은 문장 그리고 *not*-구조인 (12c)와 같은 문장을 만든다.

(12)   a. [CP Where [IP he could**n't** eat the raisin]]? (4;0)
       b. [CP What did [IP he did**n't** wanna bring to school]]? (4;1)
       c. [CP Why can [IP you **not** eat chocolate]]?[3] (4;1)

Bellugi(1971)는 이러한 초기 단계를 SAI가 부정 의문문에서는 지체된다고 기술하였으나 좀 더 나은 분석은 아동문법은 (13)과 같은 제약을 준수한다고 말하는 것이다.

(13)   부정어(또는 부정 조동사)는 C로 이동하지 않는다.

(부정어 첨어(clitic) *n't*는 IP와 VP사이에 독립적으로 나타나는 구인 NegP의 Neg 자리에 나타난다고 가정할 경우) 아동은 (12a-c)에서처럼 부정어를 C로 이동시키지 않는다. 아동이 C의 자리로 이동시키는 요소가 있다면 이는 (12b,c)처럼 긍정적 조동사에 국한한다.

초기 영어에서 부정적 조동사를 C로 인상시키지 못하는 것이 부정문 사용의 어려움 때문이라고 할 수 없다. 왜냐하면 이태리어를 배우는 아동은 성인과 같은 부정문을 만들 수 있기 때문이다. (부정의문문에서도 언어간 핵 매개변항 있음)

---

3) 성인이 만드는 *Why can you not eat chocolate?*는 문법적 문장이나 *Why can't you eat chocolate?*와 의미가 다르다.

(14) b. **Cosa** **non** **ta** **fare** il bambino? (3;11)

what NEG can do the child?

'What can't the child do?'

[_CP_ Cosa_j [_C_ non ta]_i [[_V_ non ta]_i cosa_j fare] il bambino]]]?

(14b)에서 *wh-*운용소는 Spec CP에 나타나고 부정어와 동사는 함께 C
의 자리에 나타난다. (이태리어에서 부정어는 동사에 부가되는 첨어 핵
(clitic head)으로 분석된다.)

초기 영어 부정 의문문에서 부정어, 부정조동사, 또는 부정 양태조동사
를 C로 이동하지 못하는 것은, 영어 긍정 의문문의 경우처럼 두 종류의 동
사(조동사와 어휘동사)가 존재하는 것과 같은 영어 특정적인 형태통사적 요
소 때문이라고 할 수 있다.4) 영어 동사의 두 가지 다른 특징은 조동사는 I로
인상되고 필요하다면 C로 인상되지만, 어휘동사는 외현적 통사부에서 V에
남아있는 것을 말한다.

아동과 마찬가지로 성인 언어도 (13)과 같은 일반성을 갖는데 일부 이
태리어 방언에서는 긍정 의문문에서만 동사가 C로 이동한다. (15b)처럼 부
정문에서는 I-to-C 이동이 금지되고 부정 의문문을 나타내기 위해 분열 구
문(cleft structure)을 사용한다.

(15) a. Cosa galo fato?

what has-he done

---

4) 매개변항 P2: 이태리어― 부정어를 포함한 모든 조동사/동사의 핵 이동(SAI) 가능

　　　　영어― 긍정 조동사 핵 이동 가능 vs 부정 조동사, 어휘동사 핵 이동 불가능

b. *Cosa **no   galo**   fato?

   what not   has-he done

c. Cosa ze che **nol   ga** fato?

   what is that not-he has done

성인과 아동의 부정 의문문의 유사성은 초기 문법이 UG의 영역 내에서 취사선택을 활용한다는 견해를 지지한다.

요약하면, 영어 학습자들은 부정의문문에서 어려움을 느끼며 부정의문문을 만들 때 다른 구조들을 사용하지만 (12a-c)의 구조들은 모두 부정어가 C로 인상되지 않는다는 특질을 공유한다. 이러한 사실은 언어-특정적 요소는 언어-보편적 요소보다 늦게 습득된다는 견해와도 일치한다.

5.1.5 중간요약

1) 성인과 아동의 의문문 형성은 둘 다 보편제약인 *Wh*-기준을 준수한다. 이를 위해 *wh*-운용소는 Spec CP로 이동하고, *wh*-자질을 갖는 동사는 C로 이동한나.

2) 영어, 이태리어, V2 언어들의 *wh*-이동을 지배하는 매개변항이 있다.

   P1: 외현적/내재적 *wh*-이동

   P2: I-to-C 이동의 적용 여부

3) 영어 학습자들은 조동사가 도치되지 않는 비성인적 의문문을 만들거나 부정어 또는 부정적 조동사가 C로 이동하지 않는 구문을 만드는데 이는 SAI 지식이 없어서가 아니라, 두 종류의 동사를 갖는 영어의 형태통사적 특질에 따른 어려움이다. 언어-특정적 요소는 언어-보편적 요소보다 늦게 습득된다.

5.2 초기 영어의 조동사 없는 의문문

영어를 배우는 아동은 성인언어와 다른 조동사 없는 의문문(Auxless Question)을 만든다. 조동사 없는 의문문은 아래 (16)처럼 동사의 원형 또는 *-ing* 굴절형을 취한다.

(16) **원형 어휘동사(Bare lexical verbs)**

a. Where Daddy **go**? (2;3)

b. Where Daddy **put** the window? (2;11)

c. What Papa **have**? (1;11)

-ing **굴절형**

d. What dat train **doing**? (2;4)

e. What I **doing**? (2;0)

(16)과 같은 조동사 없는 의문문은 아동이 비형식적 *wh*-의문문을 만들기 시작할 때부터 SAI가 적용되기 시작하는 시기까지 나타난다. 실험결과는 아동이 광범위한 조동사 없는 의문문을 만든다는 것을 보여주는데, *wh*-이동과 SAI가 아동문법의 일부라면, (i) Wh-기준이 조동사 없는 의문문에서 어떻게 만족되는가? (ii) 조동사 없는 의문문의 원인은 무엇인가?

5.2.1 공조동사 가설

아동이 *Wh*-기준을 지킨다는 결론을 따라 Guasti와 Rizzi(1996), 그리고 Guasti(2000)는 조동사 없는 의문문을 설명하기 위해, 공조동사 가설

(the null auxiliary hypothesis)을 제안한다.[5] 이는 (16d,e)와 같은 의문문 구조에서 동사가 *-ing*로 굴절되는 경우 *be*에 상응하는 공조동사가 있다는 가정이다. 외현적 조동사와 마찬가지로 이 영 범주는 *-ing*와 굴절되고 *wh*-자질을 T로부터 Agr 그리고 최종적으로 C로 이동시킨다. (cf. *What (am) I doing?*)

(16a) (*Where Daddy go?*)와 같은 원형 동사형태를 포함하는 의문문에서 공조동사의 형태는 *do* 또는 *do*와 같은 범주이고, 이 공조동사는 원형동사를 선택하며 *wh*-자질을 T로부터 Agr로 그리고 C로 이동한다. (cf. *Where (did) Daddy go?*)

공조동사 가설은 아동의 외현적 조동사를 갖는 의문문과 조동사 없는 의문문 둘 다 *Wh*-기준의 결과로 통일시킬 수 있다. 성인문법으로부터 아동문법의 이탈은 공조동사에 달려있다. 성인은 공조동사를 사용하지 않고, 아동은 공조동사를 사용한다.
(성인의 외현적 조동사 이동 vs 아동의 공조동사 이동 => 성인과 아동 모두 SAI 준수함)

5.2.2 모문 공조동사

왜 아동은 공조동사를 사용하는가? Guasti와 Rizzi(1996)는 초기 공조동사와 공주어(null subject)가 둘 다 모문(root clause)에만 나타난다는 점

---

5) 공조동사 가설을 받아들이면 조동사 없는 의문문(Auxless question)는 공조동사 의문문(Null Auxiliary question)이라고 할 수 있다.

이 유사하다고 주장한다.

Rizzi(1994)에 의하면, 초기 공주어는 모문의 지정어에만 나타나는데 이자리가 유일하게 *절 내부확인원리(Principle of Clause-Internal Identification)*, 즉 ECP와 관련 없는 자리이기 때문이다. 비대명사류인 공범주는 절 내부 선행사와 일치 되어야만 한다는 것은 보편적 문법원리이다. 이 원리가 모문에는 적용되지 않는데, 모문은 절 내부 확인자가 올 수 있는 자리가 없기 때문이다. 따라서 공조동사는 모문의 핵인 C에 위치하므로 선행사가 들어갈 수 있는 상위 위치가 없으므로 의문문에서 가능하다.

그렇다면, C가 모문의 핵이므로 성인 영어에서도 공조동사가 나타날 수 있어야 한다. 그러나 성인문법과 아동의 문법에는 차이가 있는데, 이 차이는 CP의 내부체계에 달려있다. Rizzi(1997)는 IP체계처럼 CP체계도 층이 있다고 주장한다. ForceP는 최 상위 층으로 절 유형(의문문, 감탄문 등)을 결정하며 이는 다양한 투사를 관할하는데 이에는 FocP(Focus Phrase)가 있으며 FocP의 지정어와 핵 자리에 각각 *wh*-운용소와 도치된 조동사가 나타난다. (FocP가 지금까지 CP라고 불렸던 것이다.) 성인문법에서 ForceP가 절 유형(의문문)을 결정하고 FocP는 *wh*-운용소와 *wh*-자질을 수용한다. 이러한 주장은 CP가 모문이라는 절 표시 공리(the axiom on clausal representation)를 수정한다.

(17) 절 표시 공리: ForceP가 모든 절(한정절과 비한정절)의 모문이다.

여기서, 아동의 조동사 없는 의문문이 초기 공주어와 유사하다는 문제로 되돌아가면, 주어 삭제는 아동문법의 절 절삭(clausal truncation)으로 볼 수 있다. Guasti와 Rizzi(1996)는 아동의 조동사 없는 의문문은 ForceP가 절삭된 구조라고 주장한다. ForceP 아래 구조만으로도 아동은 *wh*-운용소와 공조동사를 도치할 수 있는 충분한 C 체계를 갖는다. 아동 언어에서 절 절삭이 일어나면 공조동사는 합법적인데 왜냐하면 (18)과 같은 절 내부 확인원리가 작용하지 않기 때문이다.

(18) 공조동사는 *가능할 경우만(if it can)* 절 내부적으로 확인된다.

성인체계에서 ForceP는 반드시 투사되어야 하는 통사표시이고 ForceP가 Foc를 관할하므로 FocP가 모문이 아니다. 따라서 성인문법에서 공조동사는 이 자리에 나타날 수 없고, 조동사 없는 의문문은 성인문법에서 배제된다. 따라서 공조동사는 아래와 같은 절 절삭의 기제에 기초한다.

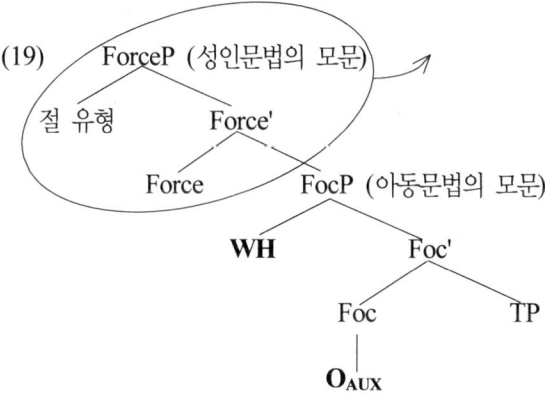

(19) ForceP (성인문법의 모문)
      절 유형   Force'
            Force   FocP (아동문법의 모문)
            WH   Foc'
               Foc   TP
              O_AUX

ForceP 절삭이 일어나면 FocP가 모문이 되고 모문은 절 내부확인원리 적용이 면제되는 자리로 절 절삭 후 아동문법에서 공조동사(OAUX)의 출현이 가능한데 이는 모문에만 공범주가 나타날 수 있기 때문이다.

5.2.3 공조동사 가설의 지지

공조동사는 모문의 핵에만 나타날 수 있으므로 I-to-C 이동이 불가한 문맥에서는 발견되지 않는다. 이런 예견이 검증될 수 있는 경우가 주어 의문문이다. Rizzi(1997)는 주어 의문문은 강조의 *do*가 삽입되지 못하는 것처럼 I-to-C 이동(SAI)이 없다고 주장한다.

(20)　a. *Who does read books?

　　　 b. 　Who reads books?

I-to-C 이동이 없다는 것은 공조동사가 초기 주어 의문문에서는 금지된다는 것을 의미한다. (20a)에서 조동사 *do*가 삽입되지 못하는 것처럼, 아래 (20b)에서도 *be*에 해당하는 공조동사가 나타나지 못한다. (20b)와 같은 주어 의문문은 아동의 대화에 나타나지 않는다. (16)과 달리 (21a)는 성인언어에서도 I-to-C 이동이 없는 구문이기 때문이다.

(21)　a. 　Who is laughing?

　　　 b. *Who laughing?

(21b)와 같은 예문은 단지 아동 주어 의문문 형성의 2%를 차지하며, (16d)의 *What dat train doing?*과 같은 비주어 의문문은 16% 정도이다. 이러한 SAI 적용에 주어 의문문과 비주어 의문문의 현저한 차이는 아동문법에 나타나는 공조동사가 구별될 것을 요구하는 (18)과 같은 문법적 제약으로 설명할 수 있다. (21b)가 비문법적인 이유를 설명하면, (21a)의 조동

사 *is*는 Agr에 있고 *wh*-운용소는 Spec CP(정확하게는 FocP)에 있다. (21b)는 Agr에 있는 조동사가 공조동사(Oaux)라는 점에서 (21a)와 차이가 있다. Agr의 공조동사의 경우는 (18)의 절 내부확인원리를 준수한다. 아동문법의 모문인 Foc 위치가 인허되지만 이 자리에 선행사가 없으므로 (21b)의 문장은 공조동사가 확인되지 못하여 비문법적이 된다.

5.2.4 중간 요약

영어 아동은 *Wh*-기준에 의해 부과된 요건을 준수하지만 초기 의문문의 일부는 성인문법을 벗어난다. 아동은 Wh S V 순서의 조동사 없는 의문문을 자주 만드는데, 이는 아동 언어에서 ForceP 구조가 절삭되고 FocP 구조가 모문이 된 후, Foc 핵에 공조동사를 포함되는 구조로 분석된다. 공조동사의 사용은 절 절삭이 일어나는 아동 언어에만 국한한 현상으로 볼 수 있다, 절 절삭 후 공범주는 절 내부 확인원리가 적용되지 않는 모문에만 나타날 수 있다.

5.3 장거리 *Wh*-이동

아동은 단거리 이동의 예인 주절의 *wh*-이동을 습득한다. 이제 장거리 (LD) 이동인 종속절로부터의 *wh*-이동을 살펴보자.

5.3.1 성인 장거리 *Wh*-이동

(22) What did she say [that John cooked t]?

장거리 이동이란 종속절로부터의 이동을 말하며 *wh*-장거리 이동은 주어-목적어 대치(Subject/Object Asymmetry)의 문법적 제약을 갖는다. (cf. *That*-Trace Effect)

> (23) a. What do you think (**that**) monkeys eat t? (목적어 이동-선택적 보문소)
>
> b. *Who do you think **that** t eats bananas? (주어 이동-보문소 생략)
>
> c. Who do you think t eats bananas?

(23)의 예문에서 목적어 이동의 경우 보문소의 생략은 선택적이지만 주어 이동의 경우 보문소의 생략은 의무적이라는 것을 알 수 있다. 언어습득의 관점에서, '아동은 장거리 의문문을 이해하고 생성하는가?' '아동의 장거리 의문문도 성인 언어와 동일한 제약을 갖는가?'와 같은 질문을 제기한다.

5.3.2 아동의 장거리 의문문 이해

아동이 장거리 의문문을 이해하는지 살펴보자. 이해도 실험을 위하여 de Villiers, Roeper와 Vainikka(1990)는 초기 영어에서 이 문제를 실험하였다. 3.5세에서 6세까지의 아동에게 스토리를 제시한 후 장/단거리 의문문을 사용하여 답을 하도록 하였다. 실험에 사용된 논항과 부가어 이동 의문문은 (24)와 같다.

(24) a. 논항 이동 의문문:

Who did the boy ask _gap1_ [to call _gap2_]?

b. 부가어 이동 의문문:

When did he say _gap1_ [he hurt himself _gap2_]?

만약 아동이 장거리 이동을 이해한다면 아동은 (24a)의 질문에는 gap2를 물어보는 전화를 받은 사람을 말할 것이고, (24b)도 gap2와 관련한 그가 다친(*he hurt himself*) 시점을 나타내는 답을 할 것이다. 만약 아동이 장거리 이동을 이해하지 못한다면 아동은 (24a)의 질문에는 gap1을 의미하는 전화 한 사람과 그가 말한(*he spoke*) 시점을 나타내는 답만을 해야 할 것이다. 실험결과는 (다른 실험방법을 사용한 Thornton과 Crain(1994)의 연구와 함께) 아동이 단거리와 장거리 이동을 모두 이해한다는 것을 보여준다. 결론적으로, 아동은 3.5세 정도면 적어도 장거리 이동에 접근이 가능하다.

5.3.3 아동의 장거리 의문문 생성

21명의 영어 아동을 대상으로 Thornton(1990)은 주어와 목적어 위치로부터 장거리 이동이 일어나는 의문문을 위한 유도적 생성(elicited-production)실험을 하였다. 실험결과, 대부분의 아동은 성인과 유사한 주어와 목적어 장거리 의문문을 만들지만, 동시에 다양한 비성인적인 의문문도 만든다. 13명의 아동이 (25a)와 같이 보문소 *that*이 나타나는 주어 또는 목적어 의문문을 만들었고 10명은 (25b,c)처럼 중간 CP에 추가의 *wh*-단어를 포함하는 소위 중간-*wh* 의문문(medial-*wh* questions)을 만든다.

(25) a. **What** do you think **that** Ninja Turtles like to eat? (3;11)

b. **What** do you think **what** Cookie Monster eats? (5;5)

c. **Who** do you think **what** babies drink ... to grow big? (3;3)

(*what* ~ *what*이 아닌 *that* ~ *what*의 유사성?)

요약하면, 아동은 장거리 의문문을 이해할 뿐만 아니라 생성할 수도 있다. 그런데, 아동의 장거리 의문문 일부는 성인언어로부터 이탈된 형태인 중간 *wh*-의문문을 갖는다. 이러한 이탈형태인 중간 *wh*-의문문의 구조적 특질을 살펴보자.

5.3.4 아동의 중간-*Wh* 의문문 특질

Thornton은 아동의 *that*을 포함하는 주어 의문문과 중간-*wh* 의문문은 어떤 특질을 공유한다는 것을 밝혔다. 둘 다 성인언어에서는 나타나지 않는 중간 CP에 어떤 요소를 포함하며, 한정 종속절일 때만 가능하다. (비한정절로부터 이동은 *that*이나 중간 *wh*-단어를 포함하지 않는다. *Who$_i$ do you want t$_i$ to see?*) 보문소 *that*과 중간 *wh*-단어를 포함하는 의문문의 발달 과정도 특이하다. 아동은 초기에는 주어든 목적어든 이 구조를 적용하지만 후기에는 이러한 선택을 주어 의문문에만 국한한다. 중간-*wh* 의문문에서 앞과 중간에 있는 *wh*-단어는 동일하다((25b) 참조). 21명중 2명만이 앞과 중간에 있는 *wh*-단어가 일치하지 않았다((26) 참조). 그러나 중간 CP가 *wh*-단어로 채워진다는 것은 공통된 사항이다.

(26)　a. **What** do you think **where** the marble is? (3;11)

　　　b. **Who** do you think **what** babies drink ... to grow big? (3;3)

　　　c. **Which** Smurf do you think **who** has a roller skate on? (4;9)

요약하면 아동의 비성인적 장거리 의문문의 특질은 다음과 같다.

(27)　a. 중간 CP는 채워진다.

　　　b. 중간 CP가 채워지는 의문문은 한정 종속절에만 국한된다.

　　　c. 중간 요소는 항상 *wh*-단어이다.

　　　(*wh*-구가 아닌 중간요소는 *that* 같은 보문소)

중간 CP에 *wh*-단어가 나타나는 의문문은 다음과 같은 두 발달단계를 거친다. 아동이 반드시 두 단계를 거쳐야하는 것은 아니지만, 만약 그렇다면 단계1이 단계2에 앞서 일어난다.

(28)　a. 단계 1: 주어와 목적어 중간-*wh* 의문문 생성

　　　b. 단계 2: 주어 중간-*wh* 의문문 생성

(27)과 (28)은 중간 *that*를 갖는 의문문과 *wh*-단어를 갖는 의문문은 관련이 있다는 것을 시사한다. Thornton은 중간요소는 중간 CP를 거치는 *wh*-이동의 외현적인 표시라고 주장한다. (cf. [$_{CP}$ **WH**.......[$_{CP}$ **WH** 중간 *wh*-단어 [$_{TP}$...............**WH**]]]).

5.3.4.1 성인 언어와 중간 CP안의 일치

Thornton(1990)은 중간 요소 *that* 또는 *wh*-단어가 *wh*-이동의 외현적 표시라는 증거로 초기 영어처럼 중간 CP에서 일치가 일어나는 언어가 있다고 지적한다. 예를 들면, 아일랜드어에서 서술문에서 보이는 보문소 *go*가 종속절로부터 *wh*-단어가 이동할 때는 *aL*로 바뀌는 것을 알 수 있다. 이러한 보문소 형태의 변화는 아일랜드어 경우 주어와 목적어 장거리 이동 모두에 나타난다. 비슷한 현상이 불어에도 보이는데, 불어의 경우 장거리 주어이동에 국한해서 보문소 *que*가 *qui*로 바뀐다.

(29) a. Je crois   **que** Marie est partie.
        I believe that Marie is left
        'I think that Marie left.'

    b. ***Qui** crois-tu **que** est parti? (주어 이동 **que -> que*)
        who believe you that is left
        'Who do you think that left?'

    c. **Qui** crois-tu **qui** est parti? (주어 이동 *que -> qui*)
        who believe you that is left
        'Who do you think that left?'

Rizzi(1990)는 (29c)와 같은 불어의 *que/qui* 교체현상은 중간 CP안에서의 지정어-핵 일치의 현상이라고 주장한다. 장거리 주어 의문문의 경우, 불어에서 주어가 이동할 때는 중간 CP를 거치는 *wh*-요소가 CP안에서 지정어-핵 일치를 하며, 이 일치는 *que/qui* 교체현상으로 표현된다. 주어가 이동할 때 *que*가 *qui*로 바뀌지 않는다면 문장은 비문법적이 된다. 아래 (30)

에서 중간 CP의 지정어-핵 일치는 음성적으로 *qui*로 구현된다.

(30)

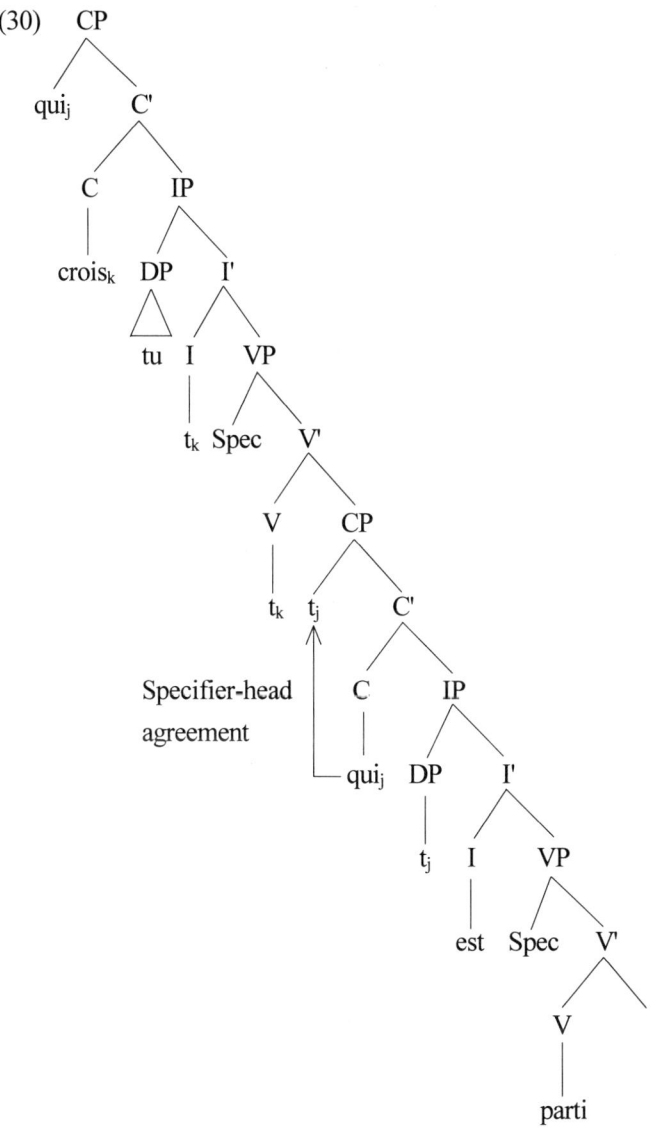

중간 CP를 거치는 이동의 지정어-핵 일치는 아일랜드어의 경우, 주어와 목적어 이동 모두에 적용되며, 영어의 경우는 불어처럼 주어 이동에만 국한되는데, 영어의 지정어-핵 일치는 내재적으로 구현된다. 주어 이동의 경우, 불어의 *que*가 *qui*로 바뀌는 것처럼, 영어의 *that*은 음성적으로 공보문소 (null complementizer)로 바뀐다.6) (불어/영어 비교: 불어: *que→qui* vs 영어: *that →*공보문소 Ø)

5.3.4.2 초기 언어와 중간 CP안의 일치

Rizzi(1990)는 CP안의 일치는 UG내의 양자택일로, 외현적 또는 내재적으로 구현된다고 주장한다. 이는 선천적 특질로 아동은 선택이 가능하지만 다음과 같은 제한을 갖는다.

(31)   a. CP안의 일치가 주어 의문문에만 적용되는가?
　　　　또는 목적어 의문문에도 적용되는가?
　　　b. CP안의 일치현상이 모국어에서 어떻게 표출되는가?

아동의 중간-*wh* 의문문과 *that*을 갖는 의문문과 관련하여, Thornton

---

6)

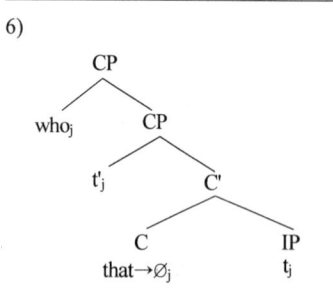

(1990)은 CP를 통한 이동과 CP안에서의 일치가 처음에는 주어와 목적어 이동 모두에 나타나고, 이후 이러한 선택이 주어이동에만 국한된다고 주장한다. 중간 wh-요소는 that과 같은 보문소이고 that과 중간 wh-단어 둘 다 CP안의 지정어-핵 일치의 결과라고 주장한다. 중간 wh-단어는 중간 wh-구의 부재에서 오는 결과인데 왜냐하면 wh-구는 wh-단어와 달리 XP 범주로 핵의 자리에 올 수 없기 때문이다. 그렇다면 이동은 중간 CP안의 일치 보문소의 형태로 세 가지를 취하는데, 이는 that, wh-단어, 그리고 공 보문소(Ø)이다.

이 견해에 따르면 아동은 that과 wh-단어를 일치 보문소로 잘못 범주화할 수 있다. 이는 가능한 주장일 수도 있는데, 왜냐하면 관계절의 that 때문에 아동이 보문소 that에 대한 오해가 가능하다. 주어 관계절과 장거리 주어 이동 의문문사이에 비슷한 점이 있다. 불어의 경우 관계절은 wh-이동으로 목적 관계절에 사용되는 que가 주어 관계절에서 qui로 바뀐다.

(32) a. la fille **que** Paul a   vue.
         the girl that Paul has seen
      b. la fille **qui**/*que   parle
         the girl that+Agr   speaks

Rizzi(1990)는 의문문에서와 마찬가지로 불어의 관계절에서 보이는 주어/목적어 대치현상은 qui가 CP안에서 일어나는 일치 때문이라고 설명한다.

영어에서의 상황은 불어와 다르다. 아래 (33)처럼 보문소 that이 목적

관계절에서는 선택적이지만 주어 관계절에서는 필수적이다.

(33) a. the girl (that) Paul saw

      b. *the girl t came

      c. the girl that t came

Rizzi(1990)는 주어 관계절의 *that*은 CP안에서 일어나는 지정어-핵 일치의 외현적 실현이라고 주장한다. 불어는 일치 보문소가 주어이동 장거리 의문문과 주어 관계절에서 둘 다 동일한 형태를 갖는 반면, 영어는 주어 장거리 의문문에서의 일치가 공보문소(∅)로 나타나지만, 반면, 관계절에서의 일치는 외현적인 *that*으로 나타난다.

영어의 경우, 관계절과 *wh*-의문문이 두 가지 다른 일치 보문소를 포함하기 때문에, 아동은 혼동되어 처음에는 관계절의 *that*과 *wh*-의문문의 공보문소(∅) 둘 다 *wh*-의문문의 일치 보문소로 가정할 수 있다.

영어 아동은 처음에는 CP안의 일치표현으로 *that*, 공보문소 그리고 *wh*-단어를 사용하며 모든 의문문에 일치과정이 포함된다고 가정한다. 이후 아동은 성인언어에서처럼 이 일치과정을 주어이동에만 국한시키고, 최종적으로 주어이동 의문문에서만 CP안의 일치를 나타내기 위해 공보문소가 사용된다(보문소 *that*이 생략)는 것을 습득한다.

중간-*wh* 의문문의 특이한 특질은 한정 종속절로부터의 이동에만 국한된다. 비한정절로부터의 장거리 이동은 *that* 또는 중간-*wh* 요소를 포함하지 않는다. 실험대상 아동 모두가 (34)와 같은 *that* 또는 중간-*wh* 요소를 포함하지 않는 의문문을 만드는데, 이는 아동이 동사 *want*의 특질을 잘 이해한다는 것을 의미한다. *want*의 특질은 IP를 보충어절로 취하고 Spec IP는 주어 흔적을 갖는다.

(34)   Who$_i$ do you want [$_{IP}$ t$_i$ to come to the party]?

5.3.5 중간 요약

아동은 장거리 이동을 생성하고 이해하는가? 만약 그렇다면, 아동의 장거리 의문문도 성인언어와 동일한 제약을 받는가? 위 질문에 대해, 아동은 대략 3.5세부터 장거리 의문문을 이해하고 생성할 수 있다는 것이 결론이다. 아동문법은 성인언어와 완전히 일치하지는 않는데, 아동은 종속절의 주어와 목적어 위치에서 이동을 할 때, 중간-*wh* 의문문을 만들거나 장거리 주어 이동의문문에서 가끔 *that*을 사용하기도 한다. 이러한 구조는 UG가 허용하는 과정인데 CP안의 일치를 확인하기 위해 중간 CP를 거치는 이동이 일어나는 것이다. 중간 CP에서의 일치가 주어와 목적어 의문문 둘 다에 일어나는지, 아니면 주어 의문문에만 한정되는지는 언어간의 변이이다. 이러한 언어간 변이가 아동의 실수를 설명할 수 있는 한 요소이다. 아동은 초기에는 주어와 목적어 이동 의문문 둘 다에 중간 CP의 일치를 적용하지만 차차 성인문법에서와 같이 이 일치를 주어 이동에만 한정시킨다. 아동은 또한 이러한 장거리 의문문에서 CP 일치가 어휘적으로 어떻게 실현되는지를 터득한다. 초기에 영어 아동은 장거리 의문문의 CP 일치를 나타내기 위해, *that, wh*-단어, 그리고 공보문소(∅)와 같은 3가지 형태의 보문소를 사용한다.

5.4 관계절

이제 *wh*-이동을 포함하는 관계절을 살펴보자. 간단히 성인 관계절을 살펴보고, 아동은 관계절에 어떠한 구조를 부여하는지와 아동이 관계절을 도출하기 위해 사용하는 기제는 무엇인지 알아보자.

5.4.1 성인 관계절 분석

영어의 제한적 관계절은 *wh*-운용소(*wh*-operator) 또는 관계 대명사 *whom*을 포함하는 전체 PP가 Spec CP로 이동하고 IP안에 동일한 흔적을 남기는 (36)과 같은 형태를 취한다.

(36) [$_{NP}$ the girl$_i$ [$_{CP}$ **to whom**$_i$ [$_{IP}$ Kostas will give a book t$_i$]

Wh-운용소 *whom*에 의해 도입되는 관계절은 핵과 관계 대명사의 동지표표시(coindexation)가 나타내듯 명사 핵 *girl*을 수식한다. 영어는 (37)처럼 *wh*-운용소만을 이동하는 전치사 좌초(preposition stranding)도 가능하다.

(37) the girl **who** Kostas will give a book **to**.

성인문법에서 영어는 (36)과 같은 전치사적 선도(prepositional pied-piping)와 (37)과 같은 전치사 좌초 관계절 두 가지가 모두 가능하다. 반면, 로만스 언어에서는 전치사 좌초는 불가하며 전치사적 선도이동만이 가능하다.

Wh-운용소를 갖는 관계절과 유사하게 외현적 *wh*-운용소를 갖지 않는 (38a,b)와 같은 관계절은 내재적 *wh*-운용소(Op)가 Spec CP로 이동한다고 가정된다.

(38) a. the man (that) you saw __

[$_{NP}$ the man$_j$ [$_{CP}$ Op$_j$ [$_C$ (that) [$_{IP}$ you saw t$_j$]]]]

b. the man that __ laughed

[$_{NP}$ the man$_j$ [$_{CP}$ Op$_j$ [$_C$ that [$_{IP}$ t$_j$ laughed]]]]

5.4.2 관계절 문장에서 나타나는 아동의 오류

영어가 모국어인 아동은 다음과 같은 4가지 유형의 관계절을 만든다.

(39) a. SS (주어역할 주어관계절)

[The dog that t jumps over the pig] bumps into the lion].

b. OO (목적어역할 목적어관계절)

[The dog stands on [the horse that the giraffe jumps over t].

c. SO (주어역할 목적어관계절)

[The lion that the horse bumps into t] jumps over the giraffe.

d. OS (목적어역할 주어관계절)

[The pig bumps into [the horse that t jumps over the giraffe].

(40) a. 관계절 NP(relativized NP)의 문법적 기능 (S = 주어 또는 O = 목적어)

b. 관계절안에 있는 공백의 문법적 기능 (S = 주어 또는 O = 목적어)

예를 들면, (39c)는 관계절 NP는 주절의 주어이고 공백은 관계절의 목적어인 문장이다. Sheldon(1974)의 연구에 따르면 아동은 (SS와 OO)의 관계절을 (OS와 SO)의 관계절 보다 쉽게 배운다. 아동이 관계절에서 가장 많이 보이는 오류는 영어와 불어의 학습자들이 OS 관계절(목적어 역할 주어관계절)을 목적어가 아닌 주어의 수식어로 이해한다는 것이다.

관계절 문장에 나타나는 아동의 오류는 비성인적 언어능력 가설과 성인적 언어능력 가설 두 가지로 설명이 가능하다. *비성인적 언어능력 가설*은 실험에서 아동이 보이는 저조한 언어수행은 아동이 성인과 같은 언어능력이 없어, 선형 배열인 수평구조(flat structure)를 관계절 분석에 사용한다는 것이다. *성인적 언어능력 가설*은 아동은 언어능력이 있으나 사용되지 못하고 (intact), 관계절 오류는 실험되는 관계구조의 복잡성이나 부적절성에 기인한다는 것이다. 이 두 가설을 다음 절에서 살펴보겠다.

5.4.3 비성인적 언어능력가설

오류의 핵심 문장인 (39d)를 다시 반복하면 다음과 같다.

(39) d. OS: **The pig** bumps into **the horse** [that t jumps over the giraffe].

아동은 이 문장에서 관계절 *that jumps over the giraffe*가 관계절안의 목적어인 *the horse*가 아닌 주어인 the *pig*를 수식하는 오류를 범하는데 이를 설명하기 위해 Tavakolian(1981)은 아동은 관계절을 수평구조로 생각하여 등위구조(coordinate structure)로 분석하기 때문이라고 주장한다. 이는 아래 (41)문장처럼 아동이 *that*을 *and*와 동일시하고 두 번째 등위절의 주어는 음운적으로 실현이 되지 않는 공백이라고 생각한다.

(41)   The pig bumps into the horse and t jumps over the giraffe.

이 분석의 단점은 학습가능성 문제(learnability problem)라고 Crain과 Thornton(1988)은 지적한다. 아동은 차차 성인의 문법과는 다른 관계절을 위한 등위구조 분석과 해석이 잘못된 것임을 알고 버려야만 한다. 만약 아동이 잘못된 해석을 버려야만 한다면 이들은 문장이 의미할 수 없는 것에도 접근이 가능해야한다. 예를 들면, 아동은 (55d)의 구조에 등위구조 분석을 부여하므로 아동의 해석은 성인과 달리 기린에 뛰어 올라타는 것은 말(*the horse*)이 아니라 돼지(*the pig*)가 되는 것이다. 잘못된 해석을 바로잡기 위해서는, 아동은 해석이 잘못되었다는 성인의 지적이 필요한데 이러한 부정적 증거(negative evidence)는 아동의 언어 환경에서 거의 일어나지 않는다.7) 아동이 문장이 의미할 수 없는 것에 대한 정보를 얻는 일은 있을 수 없기 때문에 아동의 습득은 부정적 증서에는 의존하시 않는다.

5.4.4 성인적 언어능력가설

아동문법이 결함적이기 때문에 관계절 문장의 해석에 오류가 생긴다는 주장은   Goodluck과   Tavakolian(1982)   그리고   Hamburger와

---

7) 부정적 증거란 아동의 대화환경에 없는 언어자료에 기초한 언어습득 을 말한다. 아동이 노출되는 환경에서 아동이 만든 비문법적인 문장에 대한 부모의 교정에 기초하는 증거가 부정적 증거이다. 그러나 언어습득에서 부모의 잘못된 문장에 대한 교정은 언어습득에서 역할을 하지 못한다는 것은 잘 알려진 사실이다.

Crain(1982)와 같은 학자들에 의해 도전을 받았다. 이들은 일단 방해적인 요소들이 사라지면 아동은 관계절 이해도는 상당히 높아진다고 주장한다. Goodluck과 Tavakolian는 아동의 관계절 오류는 분석처리(processing)상의 문제이고, Hamburger와 Crain은 실험적 과정에 포함된 화용적 요인(pragmatic factors)의 문제라고 주장한다.

5.4.4.1 성인적 언어능력가설: 관계절의 아동오류에 대한 분석처리 설명

Goodluck과 Tavakolian은 (39d)와 같은 오류는 관계절의 복잡성 때문이라는 것을 보여주는데 관계절에 타동사 대신에 (42)처럼 자동사를 사용하면 아동의 정확한 답변의 빈도수는 상당히 높아진다.

(42) OS: The pig bumps into [the horse that t **hops** up and down].

(39d)처럼 타동사(*jump over*)를 쓸 경우 4-5세 아동의 정확도는 49% 뿐이 안 되지만, (42)와 같이 자동사(*hop*)를 사용하면 정확도는 76%로 높아진다. 이러한 차이는 아동의 실수에 대한 이유는 관계절의 복잡성에 기인한다는 주장의 증거가 될 수 있다. 관계절이 단순해지면 아동의 정확도도 높아진다. 중국어의 경우도 동사가 타동사일 때 보다는 자동사일 때 정확도가 높아진다는 증거가 있다.

(43) [Bao zhe xiaoxiong] de   neige baitu shui le.
      hug ASP teddy-bear NOM that   rabbit sleep ASP
      'The rabbit that is hugging the teddy bear has fallen asleep.'

요약하면, 아동은 관계절에 대해 성인적 언어능력을 갖는다. 따라서 언어능력의 결여(lack of competence)라는 설명은 아동이 좀더 복잡한 관계절을 접했을 때 갖는 어려움을 설명할 수 없다. 관계절의 어려움은 분석처리 요소에 기인한다는 것이 좀 더 적절한 설명이다.

5.4.4.2 성인적 언어능력가설: 관계절의 아동 오류에 관한 화용적 설명

아동이 관계절을 다루는데 나타나는 오류는 언어능력의 부족 때문이 아니라는 주장은 Hamburger와 Crain(1982)의 주장에 의해서도 뒷받침 된다. 이들은 아동의 언어수행(performance)은 관계절 사용이 적절성 조건 (felicity condition)을 만족시킬 때 상당히 증가된다는 것을 보여준다. 적절성 조건이란 대화도중 언급된 내용이 대화의 목적(the goals of the conversation (Grice 1989))에 부합해야만 한다는 사실을 지칭한다. 예를 들면, "Is it raining?"이란 질문에 "I'm drinking juice."라는 대답은 대화의 목적에 적절하지 않은 대답이다. 마찬가지로, 공이 한개 뿐이 없는 상황에서 (44)와 같은 관계절의 사용은 적절성 조건을 만족시키지 않는다.

(44) Give me the ball that is on the table.

한정적 관계절의 사용은 여러 개의 대상이 있다는 전제를 포함한다. 따라서 Hamburger와 Crain(1982)은 관계절을 사용한 문장에 대한 아동의 이해도 측정 실험에서 이러한 전제 조건이 충족되지 않았다는 지적을 한다. (39d)와 관련 비성인적 답변을 야기하는 실험에서 아동은 (한 마리의 돼지와 기린 외에) 오직 한 마리의 말만이 주어지는 상황에서 (39d)와 같은 관계절의 사용은 부적절하다.

(39) d. The pig bumps into [the horse that t jumps over the giraffe].

이러한 부적절한 상황을 피하기 위하여, Hamburger와 Crain(1982)은 실험을 약간 수정하였다. 그들은 아동에게 관계절의 핵이 지칭하는 여러 개의 대상을 제공한다. (예를 들어, (39d)의 문장이라면 여러 마리의 말들을 제공한다.) 이 경우 5세 아동은 95%가 정확도를 보였다. 3세 아동도 69%의 정확도를 보였다. 이는 관계절의 화맥이 상황에 적절하도록 제공된다면 아동이 성인처럼 언어수행이 가능하다는 것을 보여준다.

관계절 구조의 아동 습득은 영어, 불어, 이태리어와 같은 다양한 언어를 구사하는 2.8세 정도의 어린 아동을 대상으로 한 유도생성(elicited-production) 실험의 결과로 더욱 뒷받침 된다. 이러한 실험대상 아동이 만들어 낸 관계절 구조의 예는 다음과 같다.

(45) a. Point to the guy that's eating the strawberry ice cream.
         (3;11)
     b. Viens toucher la tomate qu'on   coupe. (6;3)
        come to touch the tomato that we cut
        'Come touch the tomato that we are cutting.'

5.4.5 중간 요약

초기 연구는 아동이 갖는 관계절의 어려움은 아동은 성인과 다르게 등위구조로 관계절을 분석한다는 설명에 기초했다. 아동은 회귀성 규칙의 습득이 불가하여 내포절을 구성할 수 없다고 믿어졌다. 그러나 후기의 연구는 관계절을 이해하는 아동의 어려움은 실험적 상황의 인위적 설정에 달려있다는 것을 밝혔다. 일단 방해요인들이 제거되면, 아동은 관계절을 이해하는데 어려움이 없다. 그렇다면 아동문법은 회귀성 규칙을 포함한다는 것을 의미하며 아동은 회귀성을 포함하는 분석의 관계절 생성이 가능해야한다.

5.4.6 관계절의 비이동적 분석

성인문법에서 관계절은 외현적인 *wh*-운용소 또는 공운용자의 Spec CP로의 *wh*-이동을 포함한다. Labelle(1990)은 (46)와 같은 두 가지 면에서 아동의 불어 관계절은 성인문법과 다르기 때문에 *wh*-이동이 초기 관계절에 관여한다는 주장에 반대한다.

(46) a. 관계절의 선도이동(pied-piping)이 부재한다.
      b. 재서대명사(resumptive pronoun)가 풍부하다.

5.4.6.1 관계절의 선도이동

표준 불어에서는 외현적인 *wh*-운용소의 *wh*-이동만이 나타나는데 이때 전치사는 선도된다. 또한 목적어의 관계절은 *wh*-운용소를 포함하지 않고 대신 (47)처럼 보문소 *que* 'that'에 의해 시작된다.

(47) l'homme que Jean a   vu.
      the man that Jean has seen
      'the man that Jean saw'

불어에서는 3-6세의 실험 아동은 관계절의 전치사 선도이동을 하지 않는다. 영어도 선도이동을 포함하는 관계절이 3-6세의 아동에게 나타나지 않는 반면, 아동은 전치사 좌초의 관계절을 선호한다. (성인언어에서 선도이동이 선호되는 것과 반대현상)[8]

아래의 성인불어 예문 (48)처럼, 선도이동은 분명한 *wh*-이동이므로, Labelle은 아동이 전치사 선도이동을 하지 못한다는 사실은 아동의 관계절은 *wh*-이동이 아니라는 증거가 될 수 있다고 주장한다.

(48) la fille a qui　Kostas va　donner le livre.

　　 the girl **to whom** Kostas　will　give　the book

5.4.6.2 관계절의 재서대명사

불어, 스페인어, 세르보 크로티아어의 아동은 재서대명사를 갖는 관계절을 많이 만들고, 영어권의 아동도 간혹 재서대명사를 갖는 관계절을 만든다.

(49) cella-la　　　que le papa lui montre un dessin (5;0)

　　 that-one there that the father to-her shows　a　drawing

　　 'the one there whose father shows her a drawing'

(50) a. the one that **he** lifted it (4;5)

　　 b. the one that the little girl is taking a bath with **it**.

(51) You get a rack that the bike will sit on **it**. (비표준 영어)

---

8) 성인문법에서 영어는 전치사적 선도와 전치사 좌초 관계절 두 가지가 가능하지만, 로만스 언어에서는 전치사 좌초는 불가하며 전치사적 선도이동(prepositional pied-piping)만이 가능하다.

아동뿐만 아니라 희랍어, 아일랜드어, 웰쉬어, 비표준 영어 그리고 많은 로만스 언어들의 성인언어에서도 재서대명사가 나타나는데, 재서대명사에 대한 일반적인 견해는 다음과 같다. *Wh*-이동 없이 재서대명사는 기저 생성된 Spec CP의 *wh*-운용소와 LF에서 결속되는 변항(variable)으로 해석된다. 따라서 재서대명사 또는 공백을 갖는 관계절 둘 다 *wh*-이동에 의한 것이 아니라 Spec CP에 기저생성된 공운용자(Op)가 어휘 또는 공재서대명사(null resumptive pronoun)와 LF에서 A'-결속을 한다.

대안적인 설명도 가능한데 (선도 이동을 포함하지 않는) 공백이 있는 모든 초기 관계절은 Soec CP로의 공운용자의 *wh*-이동을 포함한다고 가정할 수 있다. 이러한 가정은 아동의 문법에서는 공운용자의 사용이 더 일반적이라는 주장과도 같은데, 그렇다면 *wh*-운용소가 Spec CP에 기저 생성되는 설명과 달리, *wh*-운용소가 Spec-CP로 이동한다. 전자의 경우는 기저 생성된 공범주의 재서대명사(pro)인데 후자의 경우는 이동에 의해서 남겨진 흔적인 변항이다. 이는 아동문법에서는 성인문법과 달리 공운용자가 관계절 논항의 문법적 기능(주어, 목적어)과 무관하게 관계절 도출에 사용된다는 것을 의미한다.

초기 관계절에 관한 가정을 요약하면 다음과 같다.

(52) a. 재서관계절(Resumptive relatives) (비이동 가설)
     기저 생성된 공운용자(Op)와 재서대명사를 LF에서 A'-결속한다.

    b. 공백이 있는 관계절(Relatives with gaps) (비이동 가설 또는 이동 가설)

    H1: 재서관계절처럼 공백은 공재서대명사(null resumptive pronoun)이다.

H2: 일반적 공운용자(general-purpose empty operator)의 *wh-*
이동이 일어난다.

아동 문법과 성인문법을 연계할 수 있는 (52a)는 논란의 여지가 없다. 두 가지 분석이 가능한 (52b)의 비이동적 설명인 가설1(H1)은 초기 언어에는 선도 관계절이 없다는 것에 근거한다. 공백이 있는 관계절이 *wh-*이동을 포함한다는 증거는 다음 절에서 논의된다.

5.4.7 아동 관계절의 *Wh-*이동

어떤 증거가 초기 관계절의 *wh-*이동을 지지하는가?

5.4.7.1 주어 관계절

(32) la fille **qui/*que** parle
       the girl that+Agr speaks

앞의 반복되는 예문 (32)처럼 불어 장거리 의문문과 동일하게 불어 관계절에서도 *qui* 'that'은 CP에서 일어나는 지정어-핵 일치의 외현적 표시이다. 주어 관계절에서 *wh-*공운용자는 관계절의 주어위치에서 Spec CP로 이동하고 이동한 운용소는 CP의 핵과 일치한다. 이 일치가 *qui*로 나타난다.

(53) *la fille que t parle
       the girl that speaks

일치 없이 *que*로 나타나는 (53)은 비문법적이다. 그 이유는 공운용자가 CP로 이동 못한 결과로 CP안에서 지정어·핵 일치가 일어나지 않았기 때문이다.

그러나 공재서대명사(pro)가 CP에서 기저생성된 공운용자와 A'-결속을 이루는 비이동적 분석은 (53)과 같은 문장을 설명할 수 없다.9) 이는 (54)과 같은 구조를 갖는데 이 구조는 예상과 달리 합법적이기 때문이다. 관계절은 주어 위치에 기저 생성된 공운용자와 결속되는 공재서대명사를 가질 수 있다. 불어에서 (53)의 구조가 부재한 것은 초기 주어 관계절 도출에 *wh*-이동이 포함된다는 증거가 될 수 있다.

(54) *[$_{NP}$ la fille [Op$_j$ que [pro$_j$ parle]] (비이동 분석)
           the girl   that   speaks

5.4.7.2 처소 논항안의 관계절

캐나다의 불어화자들은 *wh*-요소인 où 'where'로 시작되는 처소논항 관계절을 만든다. 이러한 구조는 운용소인 *wh*-요소가 *wh*-이동에 의해 Spec CP로 이동하는 것이라고 분석할 수 있다.

5.4.7.3 *Wh*-이동 또는 비이동적 분석의 평가

초기 관계절에서 *wh*-이동을 찬성하거나 반대하는 주장을 평가해보자. 아동은 공백이 있는 관계절을 만드는데, 주어 공백 관계절의 경우, 공운용자의 *wh*-이동분석을 버릴 수 없다. 또한 주어 관계절에 이동분석을 적용한다

---

9) Spec CP의 한 자리에서 기저생성되는 공운용자 Op는 각각 다른 자리에서 이동하는 주어 이동과 목적어 이동의 차이(qui-que 현상)를 설명할 수 없다.

면 성인언어와 일치하는 목적어 관계절의 경우도 이 분석을 적용하지 못할 이유는 없다. 이런 식으로 주어와 목적어 관계절 둘 다에 기저위치에 흔적을 남기는 공운용자의 *wh*-이동분석이 적용된다. 아동과 성인체계 사이에 차이가 생기는 것은 원치 않는다. 만약 아동문법과 성인문법에 차이가 생기면 이는 학습가능성(learnability) 문제를 야기하기 때문이다.

보문소 *que* 또는 *wh*-운용소 où 'where'로 시작되는 사격(oblique) 논항 관계절도 *wh*-이동에 의해 도출된다고 가정하면 이들은 일반적 공운용자 또는 일반적 où 운용소를 각각 포함하고 가정해야만 한다. 따라서 (52b)는 (55)처럼 수정되어야 한다.

(52)b. 일반적 공운용자의 *wh*-이동이 일어난다.

(55) 일반적 공운용자 또는 où 운용소의 *wh*-이동이 일어난다.

"관계절의 이동분석"을 받아들이면 아동 문법과 성인문법의 차이를 줄일 수 있다. *Wh*-이동을 가정하는 공백이 있는 관계절과 달리 재서대명사 관계절은 LF에서 재서대명사를 결속하는 기저생성된 Spec CP의 공운용자에 의해 도출된다. 초기 관계절에서 관계절을 도출하는 두 체계가 있다는 것은 놀라운 일이 아닌데 왜냐하면 동일한 두 체계가 성인언어에도 적용되기 때문이다.

왜 아동이 관계절에서 일반적 운용소를 사용하며 전치사적 선도를 피하는가에 대한 이유를 생각해 볼 필요가 있다. 의문문의 경우 아동은 선도 의문문을 사용하기 때문에 아동이 전치사적 선도 자체에 문제를 갖는다고는 할 수 없다. 관계절의 전치사적 선도는 일련의 관계 대명사를 포함한다. 아동의 이탈은 이들이 관계 대명사를 모르기 때문인 것 같다. 아동은 관계대명사를 학교교육을 통해 배운다고 가정할 수 있는데 취학 전 아동(7세의 불어화자들)이 관계절에서 전치사적 선도를 사용하지 않는다는 실험결과가 있다. 이런 견해에서는 아동은 습득에 시간이 좀더 필요한 구체적인 관계 대명사 또는 *wh*-운용소를 공운용자 또는 où 'where'로 대치한다. McKee, McDaniel과 Snedecker(1998)는 아동은 공운용자 또는 où 'where'를 좀더 구체적인 관계대명사를 배울 때까지 기본형(default forms)으로 사용한다고 주장한다. 이러한 기본형은 어휘부에서 불확실한 형태로 표시되고, 이후 학습이 일어나면 구체적인 *wh*-운용소의 형태로 바뀐다. 목표어로부터의 이탈은 어휘학습(lexical learning)의 문제로 볼 수 있고, 이는 아동은 *wh*-운용소의 구체적인 목록은 배울 필요가 있다는 것을 의미한다.

   남은 문제는 왜 아동이 처음에는 선도이동을 피하는가에 대한 이유이다. McKee, McDaniel과 Berstein(1998)는 초기 영어 연구에서 선도는 전치사 좌초 또는 재서대명사나 일반용 *wh*-운용소를 갖는 관계절 보다 비싼 운용(more costly operation)이라고 제안한다.

5.5 요약과 결론

• *Wh*-의문문

   1. 아동은 초기 다단어 결합시기부터 *wh*-의문문을 형성한다.
   2. 아동은 *Wh*-기준을 지키며 의문문 형성에 포함되는 매개변항 값을 안다.
   3. 목표어가 외현적인 *wh*-이동을 하는 언어라면 초기 언어도 외현적 *wh*-이동을 갖는다.

4. 아동은 영어의 주어-조동사 도치규칙을 알고 있지만, 부정의문문에서는 자주 비성인적 형태를 취하여 조동사를 삭제한다. 부정의문문의 조동사 부재 현상은 C에 공조동사가 있는 것으로 설명한다.

- **관계절**

1. 아동이 초기에는 회귀성 규칙을 알지 못하여 관계절을 수평구조로 이해한다. 이 주장은 실험자료를 간결화하고 관계절 사용이 적합하도록 설정하면 아동은 성인과 같은 언어능력을 갖는다는 반증에 의해 제거되었다.

2. 아동은 비성인적 관계절을 만드는데, 빈번하게 재서대명사 관계절을 사용하며 전치사적 선도는 피한다. 재서대명사 관계절은 아동 문법과 성인문법 모두 Spec CP에 기저생성되는 공운용자로 설명된다.

3. 아동은 공백이 있는 관계절은 만들지만 전치사적 선도는 피한다. 이 현상에 대한 분석으로는 비이동 분석과 이동 분석이 있다.

   (i) 비이동 분석: 전치사적 선도의 회피현상은 초기 관계절은 *wh*-이동이 아니라는 주장을 지지할 수 있다. 그러나 이러한 초기 관계절이 *wh*-이동이 아니라는 주장은 논란의 여지가 있다.

   (ii) 이동 분석: 불어화자는 주어 관계절을 만들 때, *wh*-이동이 포함된다고 가정되는 구조를 사용하며 전치사적 선도현상의 회피는 다른 식으로 해석될 수 있기 때문에 이동 분석이 선호된다. 불어나 스페인어 성인화자들은 전치사적 선도 대신에 가능한 재서대명사를 사용한다. 성인언어에서 재서대명사가 사용되지 않으면, 이는 가능한 다른 구조로 나타난다. 이것이 때로는 비성인적인 형태로 나타나, 재서대

명사 대신 공백이 있는 구문이 사용되기도 한다. 공백이 있는 관계절은 일반적 *wh*-운용소의 *wh*-이동으로 분석이 가능하다. 아동의 목표어로부터의 이탈은 어휘적 학습의 결여라고 할 수 있는데, 그 결과 아동이 전치사적 선도 관계절에서 사용되는 관계 운용소를 알지 못하여 대신 비특정적인 관계 운용소(공운용자 또는 où 'where')를 사용한다.

이 장에서 논의된 아동의 성인 목표어로부터의 이탈 현상은 다음과 같다.

(i) 도치가 결여된 영어 주절의 *wh*-의문문
(ii) 조동사 없는 영어의문문
(iii) 영어와 화란어의 중간 *wh*-의문문
(iv) 전치사적 선도가 없는 관계절 또는 일반용 운용소를 갖는 관계절

초기 영어 주절에서 나타나는 (i)과 (ii)의 *wh*-의문문 오류는 학습되는 특질인 두 가지 다른 형태통사적인 동사(조동사와 어휘동사)가 존재하는 영어만의 특질에 기인한다고 할 수 있다. 조동사 없는 의문문은 모문의 지정어 자리에 공조동사(null auxiliary)를 허용하는 절 절삭(clausal truncation)의 분석에 기초한다. 아동 언어의 공조동사는 선행사가 필요 없다. 궁극적으로 초기 영어에서 공조동사가 나타나는 것은 두 가지 동사의 종류에 의존한다. 즉 공조동사는 아동이 특정한 조동사를 확실하게 사용하게 될 때까지 사용하는 기본형(default)이다.

중간 *wh*-의문문은 두 요인의 결합에서 나온다. 하나는 중간 *wh*-의문문

을 만드는 것으로 아동은 (CP의 지정어-핵 일치인) UG의 한 방법을 선택하는 것이며 또 다른 하나는 일치 보문소의 적절한 어휘형태에 대해 불확실성을 보이는 것이다.

마지막으로, 아동은 관계절을 형성할 때 일반용 *wh*-운용소를 사용한다. 이러한 운용소들은 기본형이며, 이는 나중에 학습되는 구체적 형태로 대치된다. 아동은 시간이 요구되는 과정인 언어 특정적인 면은 배울 필요가 있기 때문에 자주 목표어로부터 이탈되는 것 같다. 대조적으로, 선천적인 부문은 아주 빨리 나타나는데, 예를 들어 보편적 제약은 *wh*-이동 구조의 초기에 나타난다. 즉, *Wh*-기준이 처음부터 지켜지며 초기 관계절은 (회귀성을 포함하는) 계층적인 구조를 갖는다.

● **언어발달 요약**

1. 2-3세의 아동은 의문문 형성을 지배하는 매개변항을 설정한다. 즉 *wh*-이동의 외현적 이동 또는 제자리 이동에 관한 매개변항과 I-to-C 이동을 적용하는가, 적용하지 않는가에 대한 매개변항을 설정한다.

2. 2-3세의 독일어, 이태리어, 스웨덴어 화자들은 동사를 I 위치로부터 C 위치로 이동한다.

3. 영어학습자들도 동사를 I 위치로부터 C 위치로 이동하지만 간혹 성인언어와 다르게 4-5세 까지는 비성인적 부정의문문과 조동사 없는 의문문을 만든다.

4. 3세경 아동은 장거리 *wh*-의문문을 이해하고 만든다.

5. 3세까지 아동은 회귀성 규칙을 이해하고 성인과 동일하게 (공백이 있는 관계절은) *wh*-이동에 의해서 그리고 재서대명사를 갖는 관계절은 LF의 A'-결속에 의해 관계절을 형성한다.

6. 로만스 언어권의 아동은 재서대명사를 사용하고 적어도 7세까지는
   전치사적 선도를 피한다.

- *Wh*-의문문과 관계절의 아동 언어발달 시기 그래프

1(세)   2   3   4   5   6   7   8

    ----------->

    Wh-기준(*wh*-이동 & SAI 매개변항),
    회귀성, 관계절 *wh*-이동/재서대명사

        --------------->

        비성인적 부정의문문, 조동사 없는 의문문

            --------------------->

            장거리 *wh*-의문문이해
            장거리 *wh*-의문문 생성 오류(중간 *wh*-의문문)

                ---------->

                  전치사적 선도이동

- *Wh*-의문문의 아동문법과 성인문법 비교 요약

아동문법	성인문법
영어의문문의 SAI 적용예외	
SAI 적용여부: *Wh*-기준의 핵 매개변항:	
a) 영어-조동사/어휘동사 형태통사적 구분	
b) 이태리어 - 모든 동사 동일	
비성인적 부정의문문: 부정어/부정조동사	
이동안함 (*Wh*-기준의 영어 핵 매개변항)	
모문: FocP (절 절삭), 공조동사 있음	ForceP, 공조동사 없음
조동사 없는 의문문: 공조동사 활용	구체적인 외현적 조동사
장거리의문문: 중간 *wh*-의문문 사용	중간 *wh*-의문문 부재
중간 CP안의 일치 보문소로	*that*으로 단일화
that, *wh*-단어, 공보문소 사용	(장거리 주어의문문에만
	공보문소 사용)

- **관계절의 아동문법과 성인문법 비교 요약**

아동문법   성인문법

관계절: 선도이동 부재   선도이동 선호
        재서대명사 풍부

공백: 공운용자 이동   공백: *wh*-운용소 이동

- **공범주 어휘학습에 대한 아동문법과 성인문법 비교**

    아동문법: 공조동사, 공운용자, 공보문소 - 기본형

    성인문법: 언어발달과정의 학습을 통해 구체적인 외현적 형태 출현

6

NP-이동의 습득

이 장은 이동의 다른 경우인 NP-이동을 다룬다. 수동문에 나타나는 NP-이동과 능동문의 Spec VP에 기저생성된 주어가 Spec IP로 이동하는 NP-이동을 다루겠다.

조기 실험은 아동의 수동태는 특정한 특실은 갖는다는 섯을 보여주는네 이는 적어도 아동이 6-7세가 될 때까지는 동사 수동태와 관련한 변형기제를 터득하지 못한다는 것이다. 아동의 어려움은 비동작(nonactional)동사와 *by*-구가 나타나는 *Aladdin was seen by Jasmine*과 같은 문장에 국한된다는 최근 연구가 있다.

최근 연구는 수동태 문장에서 아동이 겪는 어려움은 수동태 형성을 위한 변형기제에 있는 것이 아니라 수동태의 비동작동사와 *by*-구를 통합하는 기제에 있다는 다른 설명도 가능하게 한다.

이 장은 다음과 같이 구성된다. 6.1은 성인문법의 수동태 문장의 기본특질과 수동문에서 아동이 겪는 어려움에 관한 초기 연구를 설명한다. 6.2는 수동태 문장과 관련한 아동의 어려움을 발달성숙의(maturational) 관점에서 설명한다. 6.3은 발달성숙에 기초한 설명의 문제점을 제기한다. 6.4는 새로운 자료를 제시하고 수동태에 관한 아동의 어려움을 *by*-구의 역할에 기초하여 설명한다.

6.1 성인문법과 아동문법의 수동태 구문

6.1.1 성인문법의 수동태 구문

(1) a. Aladdin scratched Horace.

b. Horace was scratched by Aladdin.

(Horace$_k$ was scratched t$_k$ by Aladdin).

수동태는 능동태 문장의 목적어가 주어로 바뀌고 외부논항인 주어는 전치사 *by*를 갖는 전치사구로 수의적으로 표현되는 문법적 기능의 재구성이 일어나는 것이다.

목적어의 주어자리로의 이동은 A-이동이며 이때 NP 목적어는 A-위치인 Spec IP로 이동한다. 이 위치에서 굴절동사(inflected verb)의 일치가 일어난다. 이동한 목적어는 흔적을 남기는데 이 흔적이 의미역을 받는다. 좀 더 자세히 말하면 <Horace$_k$, t$_k$>의 A-연쇄(논항 연쇄)가 동사 *scratched*의 의미역을 배당받는다.

능동태의 주어는 수동태에서 표현될 필요가 없는데 이 의미역은 수동 형태소(passive morpheme)에 배당되어 통사적으로 역할을 하기 때문이다. 수동태 형태소가 갖는 외부논항의 통사적 역할은 다음 예문을 보면 알 수 있다.

(2)　a. Food should never be serv**ed** only for **oneself**.

　　　　　　　　[+Θ]

　　b. The ship was **su**nk [**PRO** to collect the insurance money].

　　　　　　　　[+Θ]

(2a)에서 대용어 *oneself*는 결속원리 A를 따르는데 *oneself*의 결속어는 (*serve*의 외부논항 의미역을 받는) 수동 형태소이다. (2b)는 '누군가가 보험금을 타기 위해 배를 침몰시켰다'는 의미인데, 이 의미는 *sink*의 외부논항 의미역이 배당되는 수동 형태소가 논항 역할을 할 때 가능하다. 그리고 이 논항은 부가절의 PRO를 통제할 수 있다.

외부논항 의미역이 수동 형태소에 배당되므로, 다른 NP에 이중으로 배당될 필요가 없다. 따라서 *by*-구가 갖는 의미역은 수동 형태소에 배당된 의미역 전이(transmission)에 의해 일어난다.

요약하면 수동태는 다음과 같은 과정을 포함한다.

(3)　a. 능동태 목적어의 Spec IP로의 NP-이동

　　b. 수동 형태소에 외부논항 의미역 배당

　　c. 수동 형태소에 배당된 의미역의 *by*-구로의 수의적 전이

아동의 수동태를 이해하는데 중요한 요소의 하나는 형용사 수동태 (adjectival passive)와 동사 수동태(verbal passive)의 구별이다. 다음과 같은 짧은 수동태는 중의적으로 이 둘의 구별이 어렵다.

(4)   The door was closed.
      a. 형용사 수동태 – 상태적 해석(stative reading: 문이 닫혀 있는 상태)
      b. 동사 수동태 – 사건적 해석(eventive reading: 문이 닫힌 사건)

이러한 해석의 차이는 구조적 차이를 말하는데 전자는 *closed*가 형용사인 AP이고 후자는 *closed*가 동사인 VP이다. 그러나 (4)의 문장에 *by*-구가 첨가되면 의미의 중의성은 사라지고 동사적 수동태의 의미만을 갖는다.

(5)   The door was closed by Aladdin.

동사 수동태는 통사적 운용이지만 형용사 수동태는 어휘부에서 생성된다. 예를 들면, 동사 *close*는 행위자(agent)와 대상(theme)의 역할을 갖는 반면, 형용사 수동태 *closed*를 만드는 어휘적 과정은 동사를 형용사로 바꾸는 범주의 변화를 포함한다. 이는 논항구조의 외부논항에 배당된 의미역 (*close*의 행위자)은 제거되고 (행동이 일어나는 목적어 *the door*) 대상 의미역을 갖는 논항의 외재화(exteranalization)를 포함한다. 이 외재화된 논항이 어휘부에서 외부논항이 되어 주어위치로 직접 투사된다. 즉, 동사 수동태는 이동에 의해 대상의미역의 논항이 주어 위치에 오지만, 형용사 수동태는 대상 의미역의 주어가 어휘부에서 직접 수동태의 주어자리에 생성된다. 동사 수동태는 이동한 요소의 흔적을 갖는 구문이지만 형용사 수동태는 *Aladdin is happy*와 같은 일반 형용사 구문과 동일하므로 by-구가 없다. 외부논항이 *closed*와 관련한 논항구조에서 삭제되기 때문에 외부논항은 통사론에서 수동형태론에 배당될 수 없다. *by*-구안의 NP는 전이에 의해 의미역을 받으므로 투사될 수도 없다. 형용사 수동태의 운용을 요약하면 다음과 같다.

(6)   형용사 수동태 형성

능동태　　　　　형용사 수동태

close　　　　　　closed

동사　　　　　　형용사

a. close[+V]의 논항구조: <EA:행위자, IA:대상>

b. 외부논항의 행위자 의미역 생략

c. 내부논항의 외재화

d. closed[+A]의 논항구조: <EA:대상>

e. *by*-구 생략

f. 어휘부에서 주어위치로 외재화된 논항 투사

　　영어와 달리 희랍어와 독일어의 형용사 수동태는 형태적으로도 동사 수동태와 다르고 (7)에서와 같은 중의성은 결코 나타나지 않는다. 희랍어의 경우 동사 수동태는 시제와 일치의 굴절이 일어나지만 형용사 수동태는 시제표지를 갖지 않는다. 또한 형용사 수동태는 형용사처럼 성과 수의 일치는 하지만 인칭의 일치는 하지 않는다. 계사 동사 *haya* 'to be'에는 시제가 나타난다. 동사적 수동태는 *by*-구를 허용하지만 형용사 수동태는 *by*-구를 허용하지 않는다.

6.1.2 아동문법의 수동태 구문

초기 연구는 아동의 수동태가 어떤 특이한 특질을 갖는다고 보고한다. Maratsos et al.(1985)은 4-5세전의 영어 아동은 비동작동사(*see, hear, fear*)를 갖는 비동작 수동태보다 동작동사(*comb, scratch, touch*)를 갖는 동작 수동태(actional passives)를 좀 더 잘 이해하고 만든다고 주장한다. 즉, (7b)보다는 (7a)의 수동태가 많이 사용된다.

(7) a. Jasmine was combed (by Wendy).
     b. Peter Pan was feared by (by Captain Hook).

Horgan(1978)은 *by*-구를 쓰지 않는 짧은 수동태가 *by*-구를 포함하는 긴 수동태보다 초기에 사용되며 이해된다고 주장한다. 아동이 그림으로 설명하도록 요구되는 실험에 사용되는 짧은 수동태의 예는 아래와 같다.

(8) a. Tree is broken.
     b. That was colored.

Horgan은 또한 초기 수동태는 사건이 아닌, 사건이 일어난 후의 상태를 나타낸다는 것을 지적한다. 즉, (8a)는 어떤 행위가 일어난 후의 '나무가 부러져 있는 상태'를 의미한다.

Berman과 Sagi(1981)는 희랍어 학습자들은 (10살이 되어야 나타나는) 동사 수동태보다는 형용사 수동태를 초기에 사용한다고 주장한다. Mills(1985)는 동일한 주장이 초기 독일어에도 적용된다고 말한다.

6.1.3 중간요약

지금까지의 아동수동문의 요약은 다음과 같다.

(9) a. 동작 동사에 기초한 수동태가 비동작 동사에 기초한 수동태보다
     좀 더 잘 이해되고 좀 더 쉽게 만들어진다.

  b. *by*-구는 생략되는 경향이 있다.

  c. 수동태는 사건 후의 상태를 나타낸다.

  d. 초기 희랍어와 독일어에는 동사적 수동태보다 형용사 수동태가
     초기에 나타난다.

위와 같은 사실은 아동이 적어도 5-6세가 될 때까지는 수동태 구문을
완전히 습득하지 못한다는 증거가 된다.

6.2 초기 수동태구문의 발달 성숙적 설명

아동이 수동태 구문형성에서 겪는 어려움은 주어자리로 이동한 목적어
NP와 남아있는 흔적을 연계할 수 있는 연쇄 기제가 아동문법에는 없기 때
문이라는 아동의 수동태 구문에 관한 발달 성숙적 설명을 살펴보자.

6.2.1 초기 수동태는 형용사 수동태이다

Borer와 Wexler(1987)는 (9)의 아동 수동태의 특질들은 초기 문법이
형용사 수동태만을 만들도록 허용하는 가정에서 나온다고 주장한다. 다시

말하면, 동사 수동태 기제가 미성숙된 이유로 아동은 발달의 어느 한 단계에서 형용사 수동태 기제만을 활용한다. 희랍어와 독일어 학습자들은 형용사 수동태를 먼저 배운다는 것이 분명한데, 왜냐하면 이러한 언어에서 동사 수동태와 형용사 수동태는 형태적으로 다르기 때문이다.

Borer와 Wexler는 영어 학습자들은 (4)와 같은 문장이 동사적 수동태와 형용사 수동태사이에 형태적으로 차이가 없기 때문에 성인들에게는 중의적이지만 아동에게는 중의적이지 않다고 주장한다. 아동은 반복되는 (4)의 문장을 형용사 구조로만 인식한다.

(4)　The door was closed.
　　　a. 형용사 수동태 – 상태적 해석(stative reading: 문이 닫혀 있는 상태)
　　　b. 동사적 수동태 – 사건적 해석(eventive reading: 문이 닫힌 사건)

아동은 형용사 수동태만을 가지므로 성인과 달리 수동태에 *by*-구가 없으며, 아동의 형용사 수동태 해석은 사건이 일어난 후의 상태만을 나타난다. 또한 비동작 동사는 형용사 수동태를 만들지 못하므로, 형용사 수동태만을 만들 수 있는 아동은 비동작 동사 수동태를 만들 수 없다.

6.2.2 A-연쇄의 성숙과 아동의 수동태 특질

Borer와 Wexler(1987)는 아동문법은 동사 수동태를 제외한 형용사 수동태만을 형성하는 기제를 포함한다고 제안한다. 동사 수동태와 형용사 수동태를 구별하는 큰 차이는 전자는 주어자리의 NP는 목적어 자리로부터 이동한 요소이고 후자는 주어자리에 직접 생성된 것이다. Borer와 Wexler는 아동은 A-연쇄를 형성하는 기제가 없어, 이동을 포함하는 동사 수동태는 초기 언어에 나타나지 않는다고 주장한다. 다른 말로, 이동한 목적어는 흔적에 연결되지 못하며 의미역 또한 받지 못한다. 아동이 수동문을 만들기를 원하면 아동은 UG의 가능한 선택을 활용하여 어휘부의 형용사 수동태를 만드는 것으로 한계를 극복한다.

동사 수동태를 만드는 기제는 UG의 일부이기 때문에 학습될 필요가 없다. 그런데 일정 시기에는 동사 수동태가 불가능하므로 그 이유가 무엇인지 알아볼 필요가 있다. Borer와 Wexler는 A-연쇄형성은 (흔히 A-연쇄의 성숙(maturation of A-chains)이라고 불리는) 아동의 발달 성숙의 정도에 달려있다고 주장한다. 어느 발달시기에만 나타나는 걸 수 있는 능력처럼 언어능력의 어떤 것은 발달 과정을 통해 성숙한다. A-연쇄의 형성 기제는 적어도 5-6세가 되어야 나타난다. 결과적으로 아동은 동사 수동태는 만들지 못하며 형용사 수동태만을 만든다.

6.2.3 중간 요약

아동의 수동문은 (9)와 같은 특질을 보인다. Borer와 Wexler는 (9)의 특질은 아동은 형용사 수동태만을 만들 수 있기 때문이라고 주장한다. 아동은 생물학적 기제인 A-연쇄에 5-6세가 되어야 접근이 가능하다. 형용사 수동태는 어휘부에서 생성되며 동사 수동태와 달리 A-연쇄를 요구하지 않는다. 아동의 수동태는 형용사 수동태이므로 *by*-구가 없고 의미도 성인언어의 형용사 수동태처럼 행위가 아닌 상태를 나타낸다.

6.3 발달성숙에 기초한 설명의 문제점

발달성숙에 기초한 설명은 이론적 그리고 실증적 문제를 갖는다.

6.3.1 이론적 문제점: VP 내부주어 가설의 A-연쇄

발달 성숙적 견해에 관한 이론적 도전은 1990년대 초반에 시작된 주어는 VP안에서 기저 생성된 후 Spec IP자리로 이동한다는 VP 내부주어 가설(VP Internal Subject Hypothesis)에서 나온다 (Koopman과 Sportiche 1991). 수동문에서 기저의 목적어가 주어자리로 이동하는 것처럼 주어 이동도 이동한 주어와 VP안의 동지표 표시된 흔적사이에 A-연쇄를 이룬다. 그렇다면, 수동태 목적어 이동과 VP내 주어 이동이 동일하게 A-연쇄를 형성하므로, VP 내부주어 가설은 발달성숙에 기초한 수동태 주장을 반박한다.

아동의 한정절은 한정동사가 이동하는 굴절투사 IP를 포함하며, 2-3세의 아동 언어에서 한정절의 주어는 Spec IP에 온다는 분명한 증거가 있다. 예를 들어, 초기 불어에서 주어 접사(clitics)가 한정절에 나타나며 이는 동사 앞에 오는데 이 자리는 I의 자리로 알려져 있다. 따라서 주어는 Spec IP 이다. 주어는 독일어와 화란어와 같은 다른 초기 언어에서도 한정동사 앞에 온다. 따라서 동사 앞에 오는 Spec IP의 주어는 Spec VP안에 있는 주어 흔적과 A-연쇄를 이루게 된다.

Borer와 Wexler(1992)는 VP 내부주어 가설이 발달성숙에 기초한 수동문 형성에 문제가 된다는 반박에 대한 해결안으로 모든 A-연쇄가 아동에게 문제가 되는 것이 아니며 두 개의 의미역 위치를 연결하는 A-연쇄만이 문제가 된다고 주장한다. Spec IP의 주어와 그 흔적의 연쇄는 문제가 되지 않는데, Spec VP만이 의미역 위치이고 Spec IP는 의미역 위치가 아니기 때문이다.

대조적으로, 수동문의 A-연쇄는 두 개의 의미역 위치를 연결하는데 이러한 A-연쇄를 중요한 A-연쇄(nontrivial A-chains)라고 부른다. Fox와 Grodzinsky(1998)은 VP 내부주어 가설의 맥락에서 수동태 분석을 수정하여, 수동문에서 Spec VP는 의미역 위치이나 이 위치의 DP와 관련한 의미역은 수동 형태소에 배당된다고 주장한다. 아래 (10)처럼, 수동태에서 V의 자매어로 생성되는 목적어는 기저의 위치에서 Spec IP로 직접 이동하는 것이 아니라, 대신 의미역 위치인 Spec VP로 먼저 이동한 후 Spec IP로 이동한다.

(10)
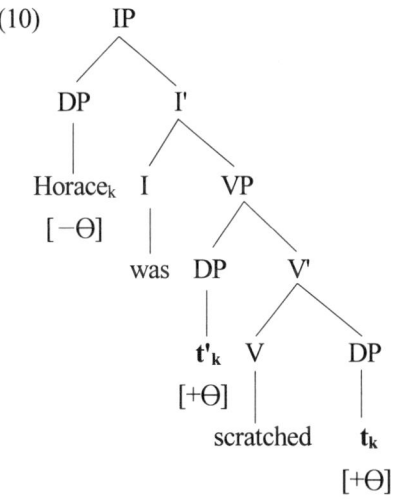

Spec VP는 의미역 위치이며 (10)의 A-연쇄 $<t'_k, t_k>$는 두 의미역 위치를 연결한다. 따라서 아동이 동사적 수동태를 형성할 때 문제가 되는 연쇄가 바로 이 연쇄이다. 수동문과 능동문 둘 다에 공통적인 Spec VP로부터 Spec IP로의 연쇄는 문제가 되지 않는데 왜냐하면 이 연쇄는 두 의미역 위치를 연결하는 것이 아니기 때문이다. 이러한 수정안을 채택하면 성숙에 기

초한 분석의 이론적 문제는 해결되지만 비대격 동사구문에서 이 수정안은 실증적 문제에 다시 부딪친다.

6.3.2 실증적 문제점: 비대격 동사

성숙에 기초한 아동의 수동태 분석은 *arrive, come, go, remain, descend, climb, run, fall*과 같은 비대격(unaccusative) 동사를 포함한 구문에서 심각한 문제가 된다. 이러한 동사들은 수동태의 내부논항처럼 목적어 위치에서 생성되어 Spec IP로 이동한 후 주어-동사일치를 이루는 내부논항을 갖는다. 비대격 동사의 내부논항도 수동태의 A-연쇄와 동일한 연쇄를 갖는다. ((10) 수동태 A-연쇄 = (11) 비대격 구문 A-연쇄)

(11)　a. John has arrived.

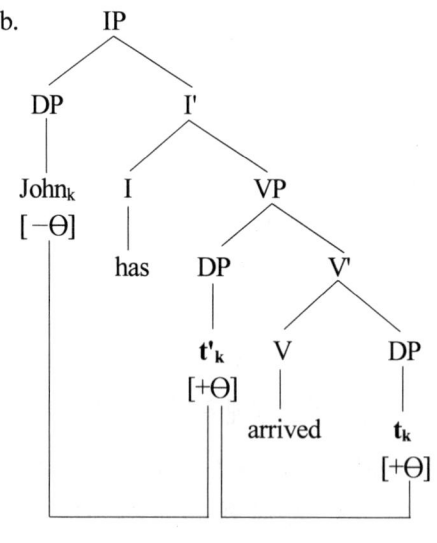

chain 2 [−Θ][+Θ] chain 1 [+Θ][+Θ]

아동이 동사 수동태에 나타나는 A-연쇄를 형성하지 못한다면, 마찬가지로 비대격 동사 구문도 만들 수 없어야 한다. 그렇다면 아동 언어에서는 내부논항이 이동하지 못하고 기저의 생성된 자리에 그대로 남아 있는 (12a,b)와 같은 문장이 예상된다.

(12) a. Arrive John.
      b. Come a boy.

그러나 이러한 예상은 빗나간다. 2.3-2.6세의 아동이 만든 비대격 동사를 갖는 50개의 서술문 모두가 (13)처럼 내부논항을 동사 앞에 제대로 놓는다.

(13) a. My teddy bear gone. (2;3)
      b. Marie go. (2;3)
      c. I fall down. (2;6)

내부논항이 동사 뒤에 오는 비대격 문장들이 다른 아동의 문장에서 발견되기도 하지만 이는 체계적이지 않다.

(14) a. Going it. (1;10)
      b. Come car. (1;6)
      c. Fall pants. (1;11)

그렇다면, 아동은 중요한 A-연쇄(nontrivial A-chains)를 형성할 수 없기 때문에 비대격 동사의 내부논항을 이동할 수 없다는 설명은 옳지 않다. 따라서 영어학습자들의 가끔 비대격 동사의 내부논항을 상승 이동시키지 못하지만, 이것이 아동은 중요한 A-연쇄를 형성하지 못한다는 증거가 될 수는 없다.

비대격 구문이 제기하는 중요한 A-연쇄의 발달성숙 설명의 문제점을 해결하기 위해, Babyonyshev et al.(2001)은 아동의 비대격 동사 구문은 성인구조와 다르다고 제안한다. 아동의 비대격 구조로 (11b) 대신 아래 (15)의 구조를 제안한다. (15)의 구조에는 (11b)와 달리 중요연쇄가 없다.

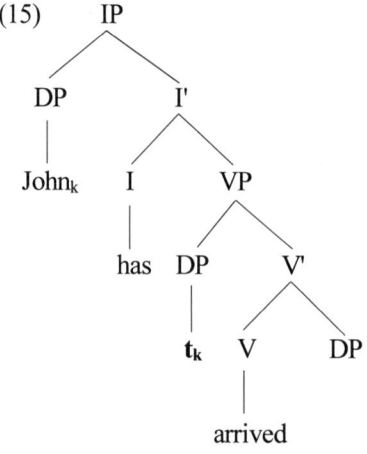

(15)

이 구조에서 *John*은 다른 주어처럼 Spec VP에 생성되는 내부논항으로 Spec IP로 이동한다. 이 때 Spec VP에서 Spec IP로의 이동이 형성하는 연쇄는 문제가 되지 않는다. Babyonyshev et al.은 아동은 비대격 동사가 비능격 동사도 포함한다고 주장한다. 즉, 아동은 *sleep, telephone*과 같은 비능격 동사를 비대격 동사로 분류하며 이때 논항은 Spec VP에 생성된다.

그러나 (15)의 제안에는 두 심각한 문제가 있다. 첫째는 이태리어와 같은 언어는 비대격 동사와 비능격 동사가 각각 다른 조동사인 *be*와 *have*를 선택한다는 것이다. 만약 아동이 비대격 동사를 비능격 동사로 받아들이면 잘못된 조동사를 사용하게 되고 문장은 비문법적이 된다.

(16) a.*Gianni **ha** andato.

　　　 Gianni　has　left.

　　b. Giani　　**e**　andato.

　　　 Gianni　is　left.

　　　 'Gianni left.'

이태리어를 사용하는 아동은 비대격 구조로 (15)와 같은 구조가 아닌 (11b)와 같은 구조를 갖는다고 할 수 있는데 이는 결과적으로 이태리 아동은 중요한 연쇄를 형성할 수 있다는 주장이 된다. 아동이 비대격 동사를 비능격으로 잘못 분석한다는 것은 분명 초기 이태리어에는 적합하지 않다. 비대격/비능격의 구분이 초기 이태리어에는 나타나지만 왜 영어에는 나타나지 않는가?

또 다른 심각한 단점은 만약 영어학습자들이 (11a)에 (15)의 구조를 배당한다면, 비대격 동사를 갖는 절의 잘못된 비능격 분석을 어떻게 바로잡을 수 있는가? 아동은 (11a)는 (15)가 아닌 (11b)와 같은 구조를 갖는다는 것을 알아 낼 수 있는 어떤 긍정적 증거(positive evidence)도 갖지 못한다.[1]

결론적으로, 성인 언어에서 보이는 비대격 동사를 갖는 문장이 아동 언어에도 존재한다는 것은 A-연쇄의 발달성숙에 기초한 아동의 수동태 분석

---

1) 긍정적 증거 – 아동이 언어환경에서 충분히 접할 수 있는 언어자료에 기초한 언어습득

에 심각한 문제를 제기한다.

6.3.3 중간 요약

발달 성숙에 기초한 수동태 분석은 이론적 그리고 실증적 문제점을 갖는다. 주어가 VP안에서 생성된다는 가설이 옳다면, 성숙이 아직 덜된 아동은 A-연쇄를 형성할 수 없다는 주장은 유지 될 수 없다. Borer와 Wexler(1992)는 아동은 연쇄들 가운데 중요한(nontrivial) A-연쇄를 형성하지 못한다는 것으로 이를 수정했다. 이 분석의 실증적 문제는 아동이 비대격 동사에 대해 아주 정교한 지식을 갖고 있으며 비대격 동사구문에서 목적어 위치의 논항은 주어위치로 상승하여 수동태 구문에서 발견되는 것과 동일한 중요한 A-연쇄를 만든다는 사실로부터 나온다. 더욱이 비대격 동사와 능격 동사가 다른 조동사를 선택하는 (이태리어와 같은) 언어에서 아동은 실수 없이 동사유형에 맞는 정확한 조동사를 선택하는데, 그렇다면 비대격 동사가 능격동사를 포함하는 것으로 볼 수 없다.

6.4 초기 수동태에 대한 새로운 발견

최근의 연구는 아동이 수동문을 만드는데 어려움이 있다는 주장을 반박한다. 아동은 수동화(passivization)와 관련한 기제의 일부를 알고 있다는 증거가 있다.

Pinker, Lebeaux와 Frost(1987)는 대략 3세경의 영어권의 아동이 (17)과 같은 수동문을 자연적으로 만든다는 것을 보여준다.

(17) a. He all tied up, Mommy. (3;7)

b. I don't want the bird to get eated. (3;7)

c. I want to be shooted. (3;8)

d. How could it go up if it's not.... if it's not flyed? (3;10)

e. His mouth is splitted. (5;1)

아동은 조동사 *be* 또는 *get*을 갖는 *be*-수동태(*be*-passives) 또는 *get*-수동태(*get*-passives) 문장을 만든다. 이러한 수동태에서 일부 틀린 분사(participle)가 사용되는데 이는 아동의 수동태 생성이 생산적이라는 것을 암시한다. 재미있는 사실은 아동이 사용하는 (17)의 수동태는 상태를 나타내는 것도 형용사 수동태도 아니라는 것이다. 다른 말로, 아동의 수동태 해석이 상태에 국한되는 것이 아니며, 적어도 일부는 동사 수동태와 관련되는 사건 해석을 갖는다. Demuth(1989)는 반투어인 세서토(Sesotho)어를 말하는 아동은 2.8세 경 *by*-구를 포함하는 수동태를 만든다는 것을 보여준다. 세서토어에 나타나는 제약은 주어위치에 *wh*-단어가 나타나는 것을 금지한다. 따라서 영어의 *Who bought this book?*과 같은 질문을 하려면 세서토어를 말하는 아동은 수동태로 *This book has been bought by who?*로 질문해야한다. 세서토어 학습자들은 주어 *wh*-단어에 대한 제약을 알고 있으며 주어 의문문을 만들 때, 이들은 수동태 구조를 사용한다. 세서토어 학습자들이 만드는 수동문은 사건적 해석을 가지므로 동사적 수동태이다.

아동의 초기 수동태 습득에 대한 증거는 임시(nonce)동사를 포함하는 아동의 수동태 형성에서 찾아볼 수 있다. Pinker, Lebeaux와 Frost(1987)는 4세 영어 학습자들을 대상으로 행동수행(act-out task)을 요하는 유도생성(elicited-production)과 이해에 관한 실험을 했다. 이해에 관한 실험에서 이들은 아동에게 먼저 임시동사를 가르친 후, 임시동사를 포함한 수동문과 능동문을 실험하였다. 예를 들면, 이들은 아동에게 'hit'의 의미를 갖는 임시동사 *pilk*를 가르친 후 (18)과 같은 문장을 아동에게 제시하고 문장의 의미대로 행동하라고 지시했다.

(18) The elephant is pilked by the kitty.

이들은 생성실험에서 먼저 수동태를 이끌어 낼 수 있는 (19)와 같은 질문을 한 후, 아동에게 '새끼 고양이'와 '코끼리' 두 동물 중 한 동물에게 일어나고 있는 일을 설명하라고 지시했다.

(19) Now something is happening to the elephant.

Pinker, Lebeaux와 Frost는 (19)의 문장을 사용함으로써 코끼리를 대화의 주제로 삼아 수동문을 이끌어내도록 하였다. 아동은 코끼리에게 무슨 일이 일어나고 있는지 말하도록 요구되었다. 실험결과 아동은 새로운 동사를 포함한 수동문을 만들고 이해할 수 있다는 것이 밝혀졌다. 실험에서 사용된 동사는 임시동사였기 때문에 아동은 이러한 문장에 예전에 노출된 적이 없다. 아동의 답변은 아동은 수동문을 형성하는 기제를 알고 있으며 아동이 만드는 수동 동사는 암기 학습된 형태가 아니라는 것을 확실하게 한다. 따라서 아동은 수동태를 풍부하게 만들 수 있으며 이러한 수동태는 주로 동사적 수동태와 관련한 사건적 해석을 갖는다.

Pinker, Lebeaux와 Frost(1987)의 실험은 Maratsos et al.(1985)의

주장과 달리, 아동은 동작 수동태뿐만 아니라 비동작 수동태도 만들고 이해할 수 있다는 것을 보여준다. 아동은 자주 *by*-구가 없는 수동문을 만들지만, 어떤 실험에서는 아동의 85%가 *by*-구가 있는 수동문을 만들기도 한다. 또 다른 실험에서는 참값(truth value)을 묻는 이해도 실험을 했는데, Fox와 Grodzinsky(1998)는 3.6-5.5세의 영어 학습자들이 *by*-구가 있든 없든 100% 수동태를 이해하며, 특히 *get*-수동태(예, *Goofy got pushed by Pippo.*)를 잘 이해한다는 것을 알아냈다. 이러한 사실은 *by*-구가 수동태 이해에 방해가 되지 않으며, 또한 아동이 수동태를 잘 만들지 않는 것은 언어 능력의 한 부분이 결여되어 있기 때문은 아니라는 것을 암시한다. 또한 *by*-구는 동사 수동태에만 나타나기 때문에, Fox와 Grodzinsky(1998)의 결과는 Borer와 Wexler(1987)의 주장과 달리, 아동이 동사 수동태에 접근이 가능하다는 것을 나타낸다.

Fox와 Grodzinsky(1998)가 실험한 아동은 동작 수동태 보다 *by*-구 없는 단문의 비동작적 수동태에서(예, *Ariel was seen.*), 약간 부족하긴 하지만 예상보다 훨씬 높은 86.5%의 정확도를 보였다. 그러나 *The boy is seen by the horse*와 같은 *by*-구를 포함한 장문의 비동작 수동문이 제시되면 아동은 예상 수치인 46% 정확도를 보인다. 반면 아동은 *by*-구가 있는 장문의 동작 수동태와 *by*-구가 없는 단문의 동작 수동태, *get*-수동태, 행위 능동문과 비동작 능동문에서는 100%의 정확도를 보인다. (표 7.1 참고) 실험결과는 수동태에 대한 아동의 어려움은 *by*-구 때문도 아니고 분리된 요소로 취급되는 비동작동사 때문도 아니다. 아동이 수동태에서 보이는 어려움은 이 두 요인의 상호작용에 의존하는데, 즉, 아동은 "*by*-구를 포함하는 비동작 수동태"에서 어려움을 갖는다.

영어 학습자들의 수동문 이해의 실험결과(Fox & Grodzinsky (1998)
를 보면, Get-수동태, 단문의 동작 수동태, 장문의 동작 수동태, 단문의 비
동작 수동태, 장문의 비동작 수동태의 순서로 습득이 일어난다.

요약하면, 이 장에서 논의된 실험자료는 다음과 같은 결론을 갖는다.

(20) a. 아동은 행위 그리고 비동작 *be*-수동태를 이해하고 만든다.
      b. 아동은 *get*-수동태를 이해하고 만든다.
      c. *by*-구는 동작 수동태의 이해를 방해하지 않으며, 비록 드물긴 하
         지만 존재한다.
      d. 아동의 수동태도 사건 해석을 가질 수 있다.

이러한 발견은 두 가지 질문을 제기한다. 첫째, 이 절에서 논의된 결과
는 6.1.2절의 결과와 상반된다. 이러한 상반되는 사실을 어떻게 이해해야
하는가? 둘째, *by*-구를 포함한 비동작 수동태에서 보이는 아동의 어려움은
어떻게 설명할 수 있는가? 다음 절에서 이러한 질문을 차례로 살펴보겠다.

6.4.1 상반되는 발견의 원인

일반적으로 수동태는 아동의 부모 언어에서 아주 드물게 나타난다. 비동
작적 수동태는 행위적 수동태보다 훨씬 드물게 나타나며 이는 동사 수동태
의 10% 정도이다. *by*-구를 포함하는 완전 수동태도 매우 드물게 나타나며,
한 실험결과를 보면 아동을 돌보는 사람들이 사용한 85,000개 문장 중 단
지 4개의 문장에서만 *by*-구가 나타났다. Crain과 Fodor(1993)는 성인언어
의 *by*-구를 포함한 수동문의 부족은 수동문을 만드는 기제의 결함 때문이

아니라고 지적한다. 오히려 이는 수동태의 유표적 특질을 반영하는 것으로, 이는 담화적 상황과 관련한다. 이러한 견해에서는 실질적 조건이 수동태 사용에 적합하면 아동은 수동문을 사용하는데 주저함을 보이지 않아야한다.

Crain과 Fodor(1993)는 이러한 예견이 맞는지 알아보기 위하여 아동이 적절한 담화조건에서는 by-구를 만들 수 있는지 실험했다. by-구를 포함하는 완전 수동태를 이끌어내기 위해 이들이 사용한 대본은 다음과 같다.

(21) *Adult*: See, the Incredible Hulk is hitting one of the soldiers. Look over there. Darth Vader goes over and hits a soldier. So Darth Vader is also hitting one of the soldiers. Ask Keiko which one.

Child to Keiko: Which soldier is getting hit by Darth Vader?

이 상황에서는 두 군인이 맞고 있는데 한 군인은 Darth Vader에 의해서 그리고 다른 군인은 Incredible Hulk에 의해 맞고 있으므로, Darth Vader에 의해 맞고 있는 군인은 누구냐는 질문에 아동은 Darth Vader에 의해 맞고 있는 사람이 누구인지 알아야 한다. 이 문맥에서 아동이 정확한 답을 하기 위해서는 by-구를 사용해야만 한다. 실제로 이 실험에서 아동의 50%가 by-구를 사용하였다. 이 실험에서 유도된 아동의 질문은 다음과 같다.

(22) a. Which giraffe gets huggen by Grover? (4;9)

b. Which girl is pushing, getting pushed by a car? (3;8)

따라서 적절한 담화상황에서는 아동은 by-구를 만들 수 있다. by-구가 생략되는 경향이 있다는 보고에서는 대화상황에서 by-구는 필요하지도 적절하지도 않은 요소로 설명된다. 초기 아동 언어에 나타나는 동작동사 수동태 선호성도 비슷하게 설명할 수 있는데, 왜냐하면 성인 언어에서도 비동작동사 수동태는 드물게 나타나기 때문이다.

아동의 수동태는 상태적 해석을 갖는다는 Horgan(1978)의 발견은 묘사된 상태를 말하도록 하는 그녀가 사용한 (사진 설명과 같은) 방법 탓이다. 마지막으로, 희랍어 학습자들이 동사 수동태보다는 형용사 수동태를 먼저 사용한다는 사실은 아동의 언어 환경에 근거하는데, 왜냐하면 아동에 대한 부모의 언어에서 동사적 수동태는 아주 드물기 때문이다.

요약하면, 아동이 비동작적 수동태를 만들고 이해하는 것을 반대하거나 또는 by-구를 만드는 것, 또한 사건적 해석을 갖는 수동태를 만드는 것을 반대하는 절대적인 제약은 없다. 아동은 동사 수동태를 만드는데 요구되는 기제를 활용할 수 있으며 동사 수동태를 만드는데 포함되는 A-연쇄도 형성할 수 있다. 이전 연구의 결과들은 실험적 상황의 가공물이며, 구체적인 화맥적 조건이 수동태의 형성을 지배하는 것 같다.

6.4.2 비동작 수동태보다 동작 수동태를 선호하는 분석의 추가적 장점

앞서의 연구는 아동은 by-구가 있든 없든 행위적 수동태를 이해할 수 있고 by-구가 나타나지 않을 경우에만 비동작적 수동태를 이해한다는 것을 보여준다. 이러한 결과에 기초해서, Fox와 Grodzinsky(1998)는 아동은 A-연쇄를 형성할 수 있지만 수동태 형태소에 배당된 외부논항 의미역을 by-구의 NP로 전달할 수 없다는 결론을 내렸다. 이제 이러한 제안을 좀더 자세히 살펴보자.

6.4.2.1 *By*-구의 NP로 의미역 배당체계

수동태의 전형적인 분석은 외부논항의 의미역이 수동 형태소에 배당되고 이것이 *by*-구의 NP로 전이된다는 것이다. 의미역이 *by*-구의 NP로 전이된다는 생각은 NP의 외부논항 의미역이 수동태 동사의 의미특질에 의존한다는 사실로부터 동기부여를 받는다. *By*-구의 NP에 배당된 의미역은 능동문의 외부논항에 배당될 의미역으로, 아래 (23a)에서, *by*-구는 *pushing* 사건의 행위자(agent)이고, (23b)에서는 *the fear*의 경험자(experiencer)이며, (23c)에서는 *the offer*의 근원(source)이다.

(23) a. Aladdin is pushed by **Jasmine**. (agent)

b. Captain Hook is feared by **Michael**. (experiencer)

c. A cake is offered to Ariel by **Pinocchio**. (source)

그러나 의미역 전이가 *by*-구의 NP에 의미역을 배당할 수 있는 유일한 체계는 아니다. 의미역은 전치사 *by*에 의해 NP에 직접 배당될 수도 있다. 그렇다면 어떻게 *get*-수동태에서 *by*-구의 NP가 의미역을 받을 수 있는지를 설명해야만 한다. 왜냐하면 *be*-수동태에서는 능동동사의 외부논항 의미역이 수동 형태소에 배당되어 통사적으로 활성화되지만 *get*-수동태에서는 통사적으로 활성화되지 못하기 때문이다. 이를 위해 (2)의 *be*-수동태와 (24)의 *get*-수동태를 비교하라. (Fox와 Grodzinsky(1988)의 예문)

(2) a. Food should never **be** served only for **oneself**. (*be -en* → [+EA])

[+Θ]

b. The ship **was sunk** [**PRO** to collect the insurance money.]

　　　　[+Θ]

(24)　a. *Food should never **get served** only for **oneself**. (*get -en* → [-EA])

　　　　[-Θ]

b. *The ship **got sunk** [**PRO** to collect insurance money.]

　　　　[-Θ]

c. The ship **got** sunk [for **John** to collect insurance money.]

　　(2a,b)의 문법성은 이 문장들이 대용사 *oneself*와 PRO의 선행사를 갖는다는 것을 의미하는데, 이때 선행사는 외부논항의 의미역이 배당되는 수동 형태소이다. 그렇다면, (24a,b)의 *oneself*와 PRO는 선행사를 가질 수 없다는 말이 된다. (24c)에서 *get*-수동태가 목적절과 양립할 수 있기 때문에, (24b)의 비문법성을 목적절이 *get*과 양립할 수 없다는 말로 설명할 수는 없다. (24b)가 비문법적인 이유는 PRO의 통제어가 없기 때문이다. 그 이유는 *Get*-수동태에서는 외부논항의 의미역이 통사부에서 배당되지 않고 형용사 수동태처럼 어휘부에 한정되기 때문이다. *Be*-수동태에서는 수동 형태소에 배당된 의미역이 *by*-구의 NP로 전이되지만, *get*-수동태에서는 이 의미역이 처음부터 수동 형태소에 배당되지 않으므로, *by*-구의 NP로 전이될 의미역이 없다. *Get*-수동태에서 NP 보충어에 특히 행위자의 의미역을 배당하는 것은 전치사 *by*이다. (Fox와 Grodzinsky는 이를 영향자 (affector)라 부른다.) *Be*-수동태가 다양한 동사와 형성되며 *by*-구의 NP가 어떤 의미역도 받을 수 있는 반면, *get*-수동태는 동작동사만 가능하고, *by*-구의 NP도 행위자(agent)와 사역자(causer)일 경우만 가능하다. ((25a,b)와 (24a-c) 참고)

(25) a. *Aladdin **got seen** by Michael.

b. *Goofy **got feared** by Captain Hook.

요약하면, *by*-구의 NP에 의미역을 배당하는 두 가지 방법이 있다.

(26) a. *Be*-수동태에서 수동 형태소로부터 전이되는 것

(아동 수동태의 어려움에 대한 이유)

b. *Get*-수동태에서 전치사 *by*로부터 직접 배당되는 것

(27) *Get*-수동태와 *Be*-수동태 요약 비교

Get-수동태	**Be-수동태**
수동 형태소에 의미역(EA) 배당불가	수동형태소 의미역 배당 가능
형용사처럼 어휘부에 의미역 한정	통사부에서 의미역 배당
동작동사 수동태만 가능	동작/비동작 수동태 가능
by NP구의 의미역:	*by* NP구의 의미역:
[agent, causer]	[agent, experiencer, source]

by   NP   [be.....en]   by   NP
    ↘ [+Θ]   [+Θ] ————→

  직접배당   의미역 전이

6.4.2.2 의미역 전이

비동작동사 수동문과 관련한 아동의 어려움은 by-구와 관련된다. 아동은 get-수동태의 by-구를 다룰 수 있는데, 이는 by-구의 NP에 행위자 의미역을 직접 배당하는 기제, 즉, (26b)의 기제만을 아동이 갖고 있다는 것을 의미한다. Fox와 Grodzinsky(1998)는 아동은 by-구를 포함하는 be-수동태에서 수동 형태소로부터 by-구의 NP로 의미역을 전이하는데 어려움을 갖는다고 추측한다. 즉, 아동은 (26a)의 기제에서 어려움을 갖는다는 것을 의미한다. 아동은 by-구를 갖는 행위적 be-수동태를 이해하고 만들 수 있는데, 이는 (26b)처럼 행위자 의미역의 직접적 배당이 의미역 전이를 불필요하게 만들기 때문이다. 전치사 by가 보충어에 배당하는 의미역인 행위자와 사역자는 동작동사의 의미역 구조와 양립할 수 있기 때문이다. 아동이 이러한 by-에 의한 직접 의미역 배당이라는 탈출구를 비동작 수동태의 by-구에서는 활용하지 못하는데 이는 전치사 by에 의한 행위자 배당이 비동작동사의 의미역 구조와는 양립할 수 없기 때문이다. 이 경우, by-구의 NP는 의미역 전이 기제에 의해서만 허가 될 수 있는데 이 기제를 아동은 갖지 못한다는 것이 Fox와 Grodzinsky의 주장이다. 마지막으로, 아동은 by-구가 없는 비동작 수동태를 다루는 것은 문제가 되지 않는데, 이는 by-구의 NP로 의미역을 전이할 필요가 없기 때문이다. 즉, 이 경우 (26a)의 기제가 사용될 필요가 없다.

아동은 어떻게 의미역 전이의 기제를 습득하는가? 한 대답은 의미역을 전이할 수 있는 능력의 발달성숙에 달려있다는 것인데, Fox와 Grodzinsky는 이를 부인한다. 이들은 아동은 의미역 전이 자체에는 문제가 없고, 처리(processing)에 문제가 있다고 제안한다. 이들은 의미역 전이의 기제가 수동태 형성에 포함된 A-연쇄와 같은 다른 처리과정에 추가되고, 그 결과 아동에게는 능력을 벗어나는 처리의 부담이 된다고 생각한다.

요약하면, 아동이 겪는 어려움의 핵심은 의미역의 전이에 있기 때문에 이 기제를 제거하면, 아동은 성인처럼 수행한다. 이러한 수행은 동작동사에 기초한 *get*-수동태와 동작동사에 기초한 *be*-수동태, 그리고 *by*-구가 제거된 비동작 동사 수동태에서 가능하다.

6.5 요약과 결론

수동태에서 아동이 겪는 어려움을 발달성숙의 관점에서 설명할 때, 이는 아동은 적어도 5-6세 까지는 A-연쇄를 형성할 수 있는 기제에 접근이 불가능하며, A-연쇄가 필요한 동사 수동태는 다룰 수 없다는 것이다. 발달성숙의 설명을 옹호하는 학자들은 아동이 만드는 수동문은 형용사 수동태가 아니면 어휘부에서 직접 생성되는 것이라 주장했다. 이러한 견해는 희랍어와 독일어와 같은 언어에서는 동사 수동태보다 형용사 수동태가 먼저 나타난다는 것과 아동은 *by*-구를 회피하며, 아동의 수동태는 상태해석을 갖고, 또한 대부분 동작동사에 기초한다는 초기 연구에 의해 지지되었다.

그러나 최근의 연구는 아동이 A-연쇄를 형성할 수 없고 따라서 동사적 수동태를 다룰 수 없다는 가정을 의심한다. 아동은 비대격 동사와 비능격 동사를 구별하고, A-연쇄 형성을 포함하는 비대격 구문에 문제를 갖지 않는다. 더욱이, 화용적 문맥이 적절하면, 아동은 *by*-구도 만들고, 전형적으로 동사적 수동태인 사건적 해석을 갖는 수동태도 만들 수 있다. 이러한 모든 사실은 아동은 수동태를 형성하는데 포함된 기제를 활용할 수 있다는 것,

특히 중요한 A-연쇄를 형성할 수 있다는 것을 의미한다. 초기 연구와 후기 연구의 차이는 초기 실험에 사용되었던 상황설정이 잘못되었던 것 같다.

그러나 *by*-구가 나타나면, 동작 수동태와 비동작 수동태의 이해에 차이가 생긴다. 아동은 동작 수동태(*Horace was scratched by Aladdin*)는 완벽하게 수행하지만, 비동작 수동태(*Aladdin was seen by Jasmine*)의 경우에는 반 정도가 수행이 가능하다. 이러한 자료는 아동이 수동 형태소에 배당된 의미역을 *by*-구의 NP에 전이하는데 어려움을 갖는다는 것을 의미한다. 이 기제는 발달의 어떤 시점에서만 발현 가능한 다른 생물학적 능력처럼 아동이 접근 불가능한 것일 수도 있고 (발달성숙의 문제), 또는 아동은 의미역 전이의 기제를 갖고 있지만 이 기제의 사용이 아동의 처리능력을 넘어서는 것일 수도 있다 (의미역 전이기제 처리의 문제).

- **언어발달 요약**

  1. 2-3세의 아동은 비대격 동사의 특질을 습득한다.

     (증거: 이태리어의 조동사 선택)

  2. 적어도 3.6-4세의 아동은 동작동사와 *by*-구를 포함한 수동태를 이해하고 사용한다.

  3. 아동은 비동작동사와 *by*-구를 포함한 수동태에서 어려움을 갖는다. 3.6세의 아동은 *by*-구 가 없는 비동작동사 수동태를 이해한다.

  4. 2-3세의 아동은 사소한 또는 중요한 A-연쇄를 형성할 수 있다.

     (증거: 비대격 구문)

- 수동태의 아동 언어발달시기 그래프

```
1(세)     2          3          4        5        6        7
                 ---------->
                 Get-수동태(동작 수동태)
                     by-구 없는 동작 수동태(be-수동태)
                        by-구 있는 동작 수동태
                            by-구 없는 비동작 수동태
             -------->
             비대격 동사구문/A-연쇄 형성
                                    ---------->
                                    by-구 있는 비동작 수동태
```

7

통제습득

이 장에서는 통제습득에 대해서 살펴볼 것이다. 통제이론(Control Theory)은 비시제절의 암시적 주어를 해석하는 방식을 결정하는 원리와 관계가 있다. 이것은 [+anaphoric, +pronominal] 공범주인 PRO로 표시되는데, PRO는 적절한 것이 있을 경우, 수절의 논항에 대용적으로 *통제된* 것으로 해석된다. PRO는 동일지표로 표시되듯이, 주어 *Wendy*(1a, 1c, 1d, 1e)와 목적어 *Lucy*(1b)에 의해 통제된다. (1f)처럼 적절한 선행사가 없으면, PRO는 어떤 특정표현에 의해 통제될 수 없어서 임의의 PRO(arbitrary PRO)라고 불린다.

(1)   a. Wendy$_i$ tried PRO$_i$ to get the cake for Lucy

       b. Ariel told Lucy$_i$ PRO$_i$ to leave early.

c. Wendy$_i$ promised Lucy PRO$_i$ to leave early.

d. Wendy$_i$ hit Captain Hook in order PRO$_i$ to run away.

e. Wendy$_i$ pushes Lucy after PRO$_i$ climbing on the ladder.

f. PRO to eat fruit is a pleasure.

Chomsky(1969) 이래로, 통제습득에 대한 많은 연구가 행해지고 있다. 확실한 것은 아동들이 PRO해석을 어려워하고 취학연령 전에 완전한 언어 능력에 도달하지 못한다는 것이다. 하지만 아동들이 허용하는 해석의 종류와, PRO를 그런 식으로 해석하는 이유에 대해 상당한 불일치가 있다.

이 장은 4절로 구성되어있다. 7.1에서는 습득문제를 논할 수 있도록 통제이론을 간단히 살펴본다. 여기서 아동의 통제습득 오류에 대해 세 가지 가설이 분석된다. 7.2는 아동들의 통제구조 해석에서의 구조-변화가설 (structure- changing hypothesis)을 분석한다. 이에 따르면 아동들은 구조계층에서 PRO절을 연결하지 못한다는 것이다. 7.3은 두 번째 가설인 성숙가설을 분석한다. 아동들은 성인의 통제구조 표시와 관련된 문법대상을 알지 못한다. 7.4는 세 번째 가설인 어휘-통사 통합가설을 분석한다. 아동 오류가 통제와 관련된 어휘요소와 통사요소 사이의 통합 부족으로 발생한다고 주장한다.

7.1 통제이론 측면

통제의 숙달은 어휘지식과 구조지식의 다른 부분들을 이용하는 것을 전제로 한다. 어휘 측면에서, 아동들은 동사와 관련된 논항구조, 즉 어떤 논항이 PRO를 통제하기 위해 선택되는지를 알아야한다 (통제동사의 어휘특성). (1a, c)처럼 *try, promise* 같은 동사는 PRO가 주절 주어에 의해 통제되고 (주어통제), (1b)처럼 *tell* 같은 동사는 PRO가 주절 목적어에 의해 통제된다 (목적어통제). 통사 측면에서, 아동들은 시제절과 비시제절을 구분해야 하는데, 이는 아동들의 초기 다중어 말하기부터 가능하고, 대략 3~4세경에 습득할 수 있는 것처럼 보이는 성분통어(c-command) 구조관계를 알아야 한다. 그들은 또한 대명사류(pronominal)의 특성, 즉 PRO 대 (외현적)대명사(재귀대명사와 비재귀대명사)의 특성을 알아야 한다.

PRO는 비시제절 주어이며 PRO의 통제자(controller)인 문장의 다른 NP와 관련되어 해석된다. NP가 PRO를 성분통어하면 NP는 PRO를 통제할 수 있다. (2)를 살펴보자.

(2)   Wendy's brother tried PRO to get a cake for Lucy.

영어 화자는 (2)에서 *Wendy's brother*가 *try*와 *get* 모두의 주어라고 해석한다. PRO를 성분통어하는 *Wendy's brother*가 PRO를 통제한다고 보아 이렇게 해석한다. 대조적으로 *Wendy*는 PRO를 성분통어하지 못해 통제할 수 없다. (1a)와 (1b)처럼, PRO가 보충절에 있을 경우, 주절 주어와 주절 목적어 모두가 PRO를 성분통어하기 때문에 PRO는 그들 중 하나에 의해 통제될 수 있다. (1d, e)에서처럼, PRO가 부가절에 있을 경우 PRO는 주절 주어에 의해 통제된다. 부가어가 수형도에서 목적어보다 더 상위에 있어서, PRO가 목적어가 아니라 주어에 의해서 통제된다. (1f)에서는 주어절에 통제자가 없어서 PRO는 임의적 해석을 지닌다.

요약하면, PRO의 해석은 PRO가 주절(subject), 보충어(complement), 또는 부가어 비시제절(adjunct nonfinite clause) 중 어디에서 발생하는지에 따라 달라진다. 이러한 절들은 구조표시에서 다른 위치에 속해있다. 이러한 계층적 배열은 어떻게 PRO가 성분통어되고, 어떤 논항이 PRO를 통제할 수 있고, 그것이 어떻게 해석되는지를 결정한다.

아동이 통제구조를 다루기 위해 숙달해야 할 다양한 언어지식은 다음과 같다.

(3) a. 어휘부(Lexicon)
        논항구조와 동사의 통제 특성
     b. 통사론(Syntax)
        PRO를 인허하는 구조적 환경
        대명사류 표현의 특성
        성분통어

이들 중 어떤 것을 숙달하지 못하면, PRO를 해석하는 데 있어 어려움이 생겨날 것이다. 대부분의 연구가 아동들이 일부 통제구조를 서투르게 처리한다는 것과 심지어 5세까지 PRO 해석을 이해하지 못한다는 것에 동의하고 있다. 하지만 그들이 범하는 오류의 유형에 대해서는 불일치가 존재한다. 문법성 판단과제 연구에서, 3~4세 아동들은 PRO로 문장내적 지시물 또는 문장외적 지시물을 선택하고, 실행과제 연구에서 문장외적 지시물을 선택하지는 않지만, PRO의 선행사로 주어나 목적어를 자유롭게 선택했다. 또 다른 연구에서는, (1c, 1d, 1e) 문장에서 아동들은 PRO의 선행사로 자주 목적어를 선택했다. 따라서 아동문법의 통제구조에 대해 세 가지 다른 분석이 다루어질 것이다. 첫 번째 분석은 아동은 점차적으로 다른 통제문법을 발전시킨다는 것이다(구조-변화가설). 두 번째 분석은 성숙가설로서 아동들이 통제를 이해하지 못하는 두 가지 요인이, 하나는 PRO가 아동문법 초기에는 없다는 것이고, 다른 하나는 부가절에서 공운용자(empty operator)가 빠져있다는 것이다. 마지막으로, 세 번째 분석은 어휘-통사 통합가설로 어휘요소와 통사요소가 아직 통합되지 않아서 통제습득이 지연된다는 것이다.

7.2 구조-변화 가설

이 절에서는 아동들이 성인 언어능력에 다다르기 전에 다른 통제문법들을 진행시킨다는 것을 보여주는 실험 결과를 살펴볼 것이다. 이런 다른 문법들이 생기는 것은 아동들이 동사와 접속사의 어휘특성 지식을 습득할 필요가 있고, 통제원리를 적용할 수 있는 적절한 통사구조를 성립할 수 없기 때문이다.

7.2.1 PRO 해석의 발달

McDaniel, Cairns, & Hsu (1991)와 Cairns 외 (1994)는 보충어 통제와 부가어 통제에 대해 연구를 수행했다. 그들은 실행과제, 문법성 판단과제, 지시물 판단과제를 사용하면서 3;10~4;11세의 아동들이 (4)의 통제구조에 대해 다른 반응 유형을 보이는 것을 발견했다.

(4) a. 보충어 목적어 통제

Ariel told Ernie PRO to buy an ice cream.

b. 보충어 주어 통제

Ariel wanted PRO to push Peter Pan.

c. 부가어 주어 통제

Ariel kissed Ernie before PRO buying an ice cream.

이 연구자들은 아동들이 (4a, c)와 같은 문장에서 PRO를 성인과 달리 해석한다는 것을 발견하고 다음 네 가지 반응유형으로 구분했다.

(5) a. PRO의 자유 해석

아동들은 PRO를 주절 주어, 주절 목적어, 또는 언어외적 인물에 의해 지시 되는 사람을 선택하여 해석했다. 초기에는 이런 PRO 의 자유 해석은 보충어와 부가절 모두에서 나타난다.

b. 부가절에서만 PRO의 자유 해석

아동들은 보충어 통제에 한해서 성인문법처럼 다루었다. 주절 동사가 주어 통제동사(*want, decide, try, like*)인지, 목적어 통제동사(*tell, pick, order, choose*)인지에 따라 올바르게 주어나 목적어를 선택한다. 하지만 부가절에서는 여전히 자유 해석을 허용한다.

c. 부가절에서 PRO의 목적어 통제 해석

아동들은 부가절 PRO를 성인문법처럼 주절주어에 의해 지시되는 사람이 아닌, 주절 목적어에 의해 지시되는 사람을 선택하여 해석한다.

d. 부가절에서 PRO의 주어 통제와 목적어 통제의 혼합해석

아동들은 부가절 PRO를 해석하는 경우 여전히 실수를 범한다. 그들은 성인처럼 PRO 통제에 대해 주절주어를 선택하고, 때로는 주절목적어를 선택한다. 이러한 혼합해석은 아동이 성인문법을 지향하고 있다는 것을 나타낸다.

이와 같이 아동은 성인문법과는 다르게 사용하고 있는데 그 이유를 밝히는 것이 문제이다.

7.2.2 통제문법의 발달

McDaniel, Cairns & Hsu (1991)와 Cairns 외 (1994)에 따르면 아동들은 PRO의 분포와 해석을 지배하는 원리에 대한 지식부족 때문이 아니라 종속절을 잘못 표시하기 때문에 PRO 해석에서 실수를 범한다. 아동들은 성인 목표어를 배우는 과정에서 동사와 (종속)접속사에 대한 어휘특성을 학습해야 하기 때문에, 통제에서 발달 변화를 나타낸다. 어휘특성에 대한 지식부족으로, 그들은 종속절의 부착위치에 대해 다른 가설을 제시한다 (구조-변화 가설). 다시 말하면, (5)에서 개괄된 다른 반응의 유형들이 다음과 같은 발달상의 문법에 해당한다.

문법 1: PRO의 자유 해석

아동들은 내포절에 대한 회귀규칙(recursive rule)을 알지 못하고, 통제구조를 등위구조로 분석해야 하기 때문에 PRO가 자유 해석되는 것을 허용한다. 예를 들면, 아동문법에서 (4a)는 (6)과 같이, (4c)는 (7)과 같이 표시된다.

(6)

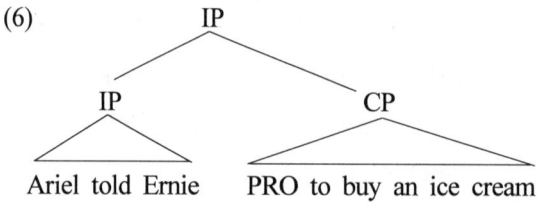

Ariel told Ernie   PRO to buy an ice cream

(7)

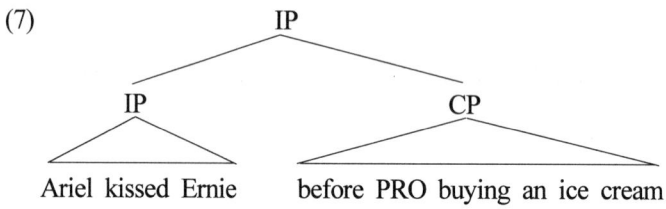

Ariel kissed Ernie   before PRO buying an ice cream

아동은 초기에 통제구조를 이런 방식으로 분석하기 때문에 PRO에 대해 문법원리를 근거로 해석할 수 없다. PRO가 통제자 ((6)의 *Ernie*, (7)의 *Ariel*)에 의해 성분통어되지 않는다. 대신에 아동은 PRO를 문맥적으로 해석하고 주어, 목적어, 언어외적 인물로 이해되는 사람을 지시한다고 해석한다. 이것은 비시제절의 초기 영 주어(early null subject)가 PRO라는 주장을 지지한다.

문법 2: 부가절에서만 PRO의 자유 해석

아동문법은 내포절에 대한 회귀규칙을 구체화하기 위해 발달한다. 이것은 보충어에서 먼저 나타나고, 후에 부가어에서 나타난다. 즉, 아동들은 (6)의 구조표시가 보충어에는 적합하지 않다고 생각하지만 부가어에서는 여전히 (7)의 구조표시를 유지한다. 그러므로 아동들은 (4a)에 (8)의 표시를 적용하는데, 여기서 보충어는 V'에 연결되어있다.

(8)

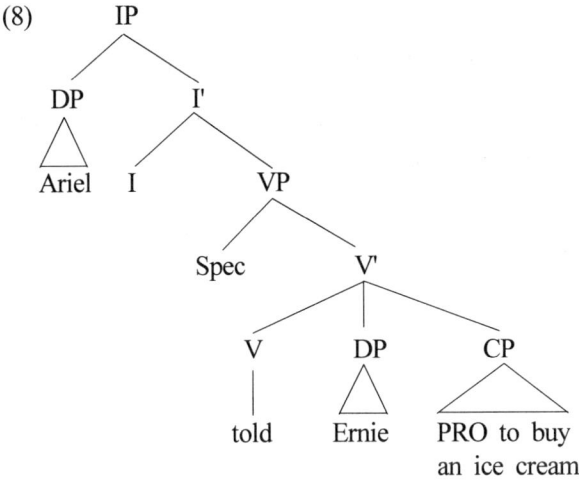

　　아동들이 통제동사의 보충어에 대해 올바른 분석을 하고 통제원리를 알기 때문에 그들은 보충어에서 PRO를 올바르게 해석한다. 그들은 부가어를 포함하는 문장을 계속 등위절로 분석하기 때문에 부가어의 PRO에 대해서는 자유 해석을 허용한다. 아동들이 보충어를 부가어보다 일찍 종속절로 여기는 것은 보충어와 부가어가 동사와 다른 관계를 맺고 있기 때문이다. 보충어는 동사에 의해 하위범주화 되기 때문에 아동들은 보충어들의 종속상태를 부가어의 종속상태보다 더 일찍 동사의 논항구조 습득의 일부로 이해한다. 그러므로 아동들이 동사의 절 보충어의 종속상태를 올바르게 인식하는 것은 어휘학습을 통해서이다.

문법 3: 부가절에서 PRO의 목적어 통제

이 단계에서는 아동들은 부가어를 이끄는 접속사의 종속상태를 알게 되어 부가어 문장을 등위구조로 분석하지 않는다. 부가어를 더 이상 등위구조의 두 번째 구로 여기지 않고 내포구처럼 다룬다. 하지만 처음에는 부가어가 보충어처럼 I'보다는 V'에 부착되어야 한다고 생각한다. 따라서 그들은 보충어에 채택한 것과 동일한 분석을 부가어에 확장시킨다. 이 단계에서 부가어를 포함하는 (4c)의 문장 구조는 (9)와 같다.

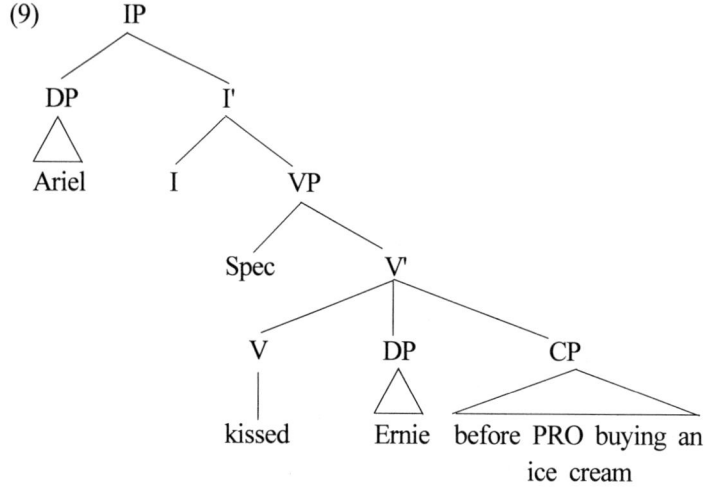

(9)

아동들이 부가어를 잘못된 층위에 부착하기 때문에 목적어를 PRO의 통제자로 선택한다.

문법 4. 부기절에서 PRO의 주어와 목적어의 혼합 해석

이 단계는 과도기적이다. 아동들은 이전 단계의 선택할 수 있는 것을 유지하고 부가어를 (9)와 같이 목적어에 의해 성분통어되는 위치에 부착한다. 하지만 그들은 (10)과 같이 PRO가 목적어가 아닌, 주어에 의해 성분통어되는 더 상위의 부착위치를 자유롭게 선택하기도 한다.

(10)

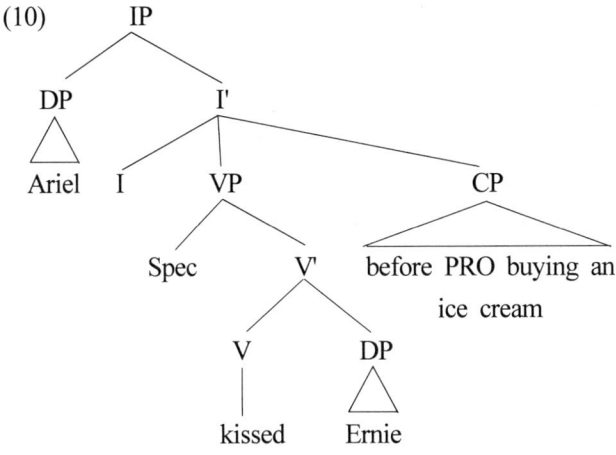

　　부착위치에 따라 아동들은 PRO가 목적어나 주어에 의해 통제되는 것
으로 이해한다.

　　아동들이 이러한 각각의 문법들을 반드시 경험하는 것은 아니다. 한 문
법을 건너뛸 수도 있다. 하지만 발달 방향은 고정되어있어서 문법 2에서 문
법1로 이동할 수는 없다.

　　위의 관점은 아동들이 PRO 분포와 해석을 지배하는 원리, 즉 PRO는
선행사에 의해 성분통어되어야 하고 비시제절에서 나타나는 것을 안다고 주
장하고 있다. 이러한 관점에서 통제에 대한 아동문법은 시작부터 성인문법
과 같다. 발달과정동안 아동이 PRO를 갖지 못하거나 PRO 해석을 지배하
는 원리를 무시하는 시점은 없다.

　　발달하는 것은 통제지식이 아니라, 동사와 접속사의 어휘특성 지식과 절
의 배열방식에 대한 지식이다. 어휘지식이 통제구조 숙달에 영향을 끼친다
는 것은 부가어 통제가 특정 어휘효과를 보인다는 사실에서 나타난다.
Cairns 외 (1994)는 아동들을 *before, after, while, in order to*로 시작되

는 네 가지 부가절 유형을 가지고 시험했다. 그들은 아동들이 다른 유형들보다 *in order to* 부가어에서 더 많은 오류를 범하는 것을 발견했다. *In order to*의 어휘특성에 대한 지식부족으로 언어수행이 잘못되는 것이다. 이러한 관점에서, 아동들은 접속사의 어휘특성을 알지 못하고, 통제원리가 적용될 수 있는 문장구조를 모르기 때문에 통제 문장을 성인과 다르게 해석하는 것이다.

7.2.3 중간 요약

이 절에서는 아동들이 통제 보충어와 부가어를 성인과 달리 해석하는 것은 통제원리에 대한 지식부족 때문이 아니라, 이러한 구조를 적절히 표시하지 못하기 때문이라는 가설에 대해 살펴보았다. 발달과정 중에, 아동들은 통제 보충어와 부가어의 구조에 대해 다른 가설을 만들어, 그에 따라 그들은 PRO를 달리 해석한다. 초기에, 아동들은 종속절을 등위절로 생각하고, 종속절을 평면구조로 본다. 따라서 아동들은 PRO를 주절의 주어나 목적어, 또는 언어외적 인물까지 지시하면서 자유롭게 해석한다. 그 다음, 아동은 부가절에 대해 등위구조를 지속하지만 그들의 문법이 회귀규칙으로 통합되어서 종속 보충어를 내포절로 취급한다. 부가어의 PRO는 여전히 자유롭게 해석되는 반면, 보충어의 PRO는 성인과 같은 방식으로 해석된다. 그 후에, 아동들은 부가어에 내포절 분석을 확장하지만 부가어를 잘못된 절점에 부착한다. 그러므로 그들은 부가어의 PRO가 주절 주어가 아닌 주절 목적어에 의해 통제되는 것으로 해석해야만 한다. 마지막으로, 아동들은 부가어를 상위 마디에 부착하기 시작하고 부가어의 PRO를 주절 주어에 의해 통제되는 것으로 해석할 수 있다.

7.3 성숙 가설

Wexler (1992)와 Broihier and Wexler (1995)는 (5)에서 설명된 아동들의 통제문법이 발달 변화를 겪는다는 견해에 이의를 제기한다. 그들은 아동들의 성인과 다른 반응의 특성인 성숙 가설이 단지 두 단계를 포함한다고 제안한다.

(11) a. 단계 1

아동들은 PRO를 몰라서, 비시제 보충어(nonfinite complement)와 부가절(adjunct clause)에서 PRO의 자유 해석을 허용한다.

b. 단계 2

아동들은 PRO를 알게 된다. 그들은 PRO가 비시제 보충절에서 나타나면 PRO를 성인처럼 해석한다. 하지만 아동들은 여전히 비시제 부가절에서 PRO의 자유 해석을 허용한다.

McDaniel, Cairns & Hsu (1991)와 Cairns 외 (1994)와 달리 Broihier and Wexler (1995)는 본질적으로 아동이 부가절에 있는 PRO의 선행사로 목적어를 선택하는 단계(문법 3)는 존재하지 않는다고 주장한다. 그들은 목적어 통제 반응은 심지어 통제자가 PRO를 성분통어하지 않는 문맥에서도 가끔 관찰된다고 지적한다. 예를 들면, 아동들은 NP가 PRO를 성분통어하지 않을지라도, PRO를 (12)의 NP *the bear*에 의해 선택된 인물을 지시하는 것으로 해석한다.

(12) The lion pushes on the bear after PRO climbing up the ladder.

이와 같이 아동들이 목적어를 PRO의 통제자로 선택하는 것은 통제 모듈에 의해 유도되는 것이 아니라, PRO를 가장 가까운 NP에 대용적으로 연결된 것으로 해석하려는 편향성에 의한 것이다. 아동들이 (12)에서 PRO 해석을 위해 의지하는 이러한 편향은 (4c)에서 PRO 해석에서도 초래될 수 있다.

(4)   c. Ariel kissed Ernie before buying an ice cream.

이러한 사실을 근거로, Broihier & Wexler는 아동이 (4c)에서 PRO를 목적어와 대용적으로 연결된 것으로 이해할 때, 아동만의 통제문법은 없다고 주장한다. 아동은 (12)와 같은 문장에서 PRO를 가장 근접한 NP와 대용적으로 연결된 것으로서 해석하게 하는 전략을 기반으로 반응할 수도 있다. Broihier & Wexler의 견해에서, PRO 해석을 정하기 위해 목적어를 선택하는 것은 강한 선호에서 생기는 것이지, 문법적 선택은 아니다. 그리하여, Broihier & Wexler는 초기 통제문법에 관한 두 발달단계를 제기한다. 하나는 아동이 보충어와 부가절에 있는 PRO의 자유 해석을 허용하는 것이고, 다른 하나는 이러한 해석은 오직 부가절에만 제한된다는 것이다. 이러한 두 단계를 좀 더 자세히 살펴보자.

7.3.1 단계 1: PRO 미성숙 단계

Wexler (1992)에 따르면, PRO는 언어발달 초기에는 아동들이 모르지만, 대략 3 4세로 성숙하면 알게 된다. 아동들은 복합구조를 만드는 방법을 알고 내포 보충어와 부가어에 대한 회귀규칙을 알고 있으며, 또한 모든 절이 주어를 필요로 한다는 것도 안다. 하지만 PRO를 모르기 때문에 (13)처럼 아동들은 종속 비시제절과 비시제 부가어를 PRO를 사용하지 않는 방식으로 재분석해야 한다.

(13) a. Ariel wants PRO to drink.

   b. Ariel left before PRO finishing the homework.

그렇게 하는 한 가지 방식은, Carlson (1990)이 제안하고, Wexler (1992)가 다듬은 생각으로, (13a)에서 *to*를 명사화 형태소로 이해하여 (13)의 종속절과 부가어를 명사적 구조로 분석하는 것이다. 아동들은 (13a)에서 *want*의 보충어를 NP (또는 DP)로 분석하기 때문에, PRO를 표시할 필요가 없다. 절과 달리 NP는 구조적 주어를 요구하지 않는다. 아동은 (13a)를 (14)와 같이 표시할 것이다.

(14)

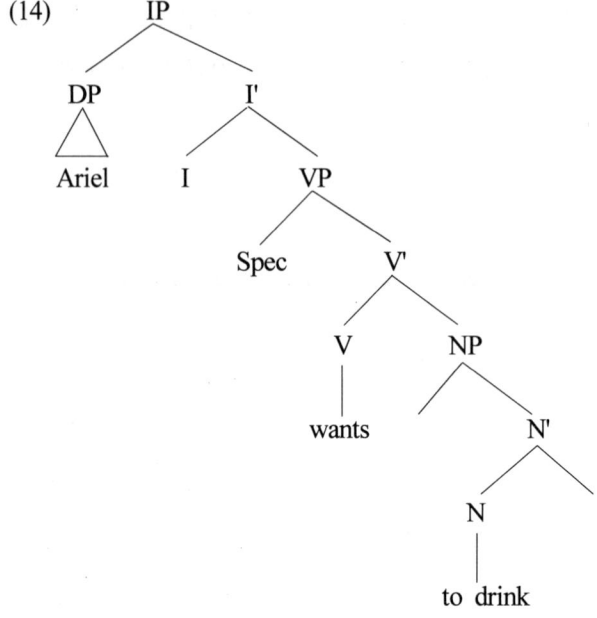

　　(13a)의 보충어에 (14)의 분석을 적용함으로써 왜 아동들이 내포절의 암시적 주어에 대해 자유 해석을 제안하는지 알아보자. 구조표시가 (16)처럼 제시되는 (15)의 최소 쌍(minimal pair)을 고려해 보자.

(15)　a. The students enjoyed singing the songs.

　　　b. The students enjoyed the singing of the songs.

(16) a.

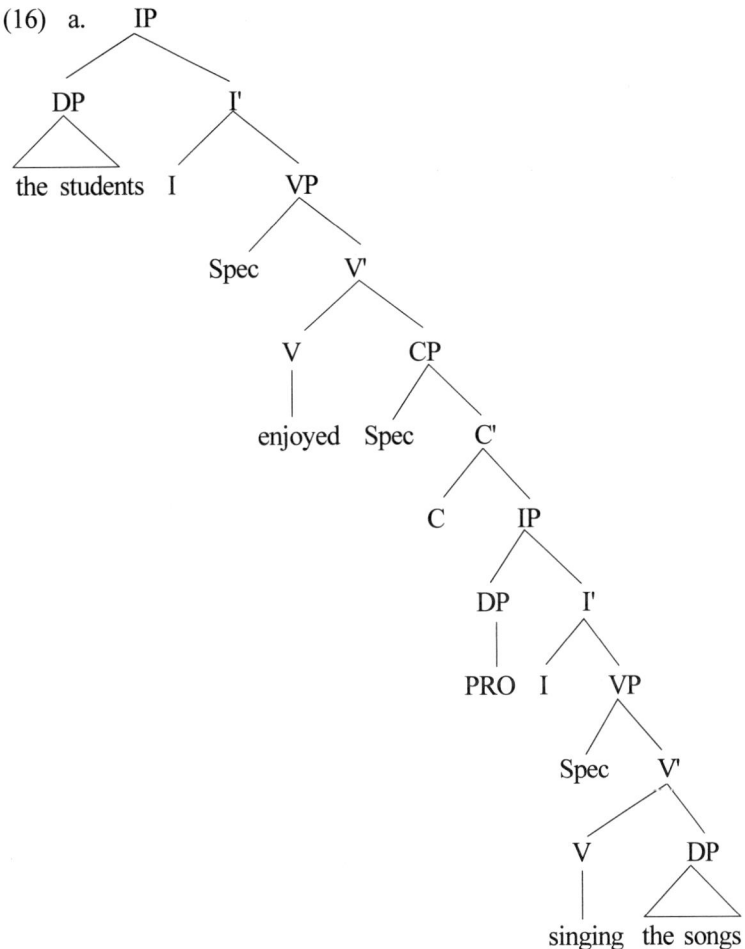

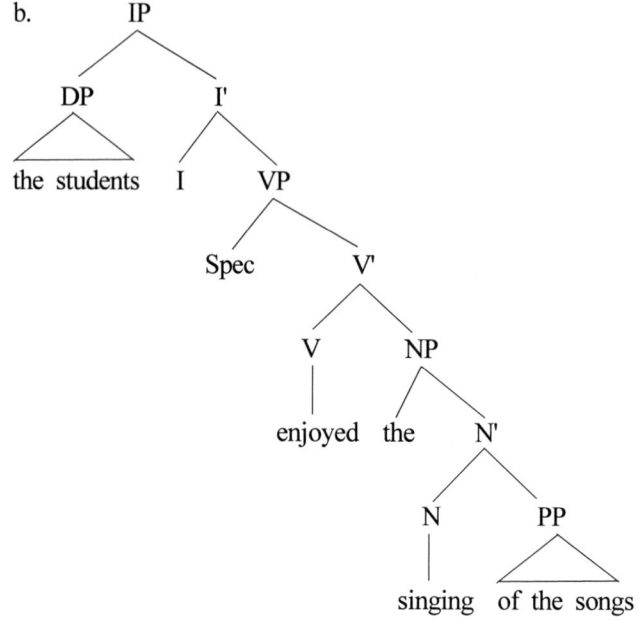

　　(15a)에서 *enjoy*의 보충어는 비시제절인 반면, (15b)에서 보충어는 NP
이다. (15a)는 학생들이 노래하는 것을 즐겼다(노래하는 사람이 학생이다)
는 의미를 지니고, 이것은 비시제 보충어가 PRO를 포함한다고 가정함으로
써 얻어진 것이다. 이때 PRO는 주절주어인 DP *the students*에 의해 통제
된다. 대조적으로, (15b)는 학생들이 노래하기를 즐겼다는 것을 나타내므로,
아무나 노래하는 사람으로 해석될 수 있다. 이것은 NP에는 PRO가 없다고
말함으로써 가능해진다. 유사하게, 아동들은 (13)의 종속절에 (14)에 제시
된 명사적 해석을 적용하기 때문에 (13)을 (15b)처럼 여긴다. (16b)에서
*enjoy*의 명사적 보충어에 PRO가 없는 것처럼, (14)에서 *want*의 보충어에
PRO가 없다. 따라서 아동들은 문맥에 있는 누구나 마시는 사람이 될 수 있

다고 이해한다. 다시 말하면, 아동은 PRO를 모르기 때문에, 비시제 보충어와 부가어를 어쩔 수 없이 NP로 분석한다. 따라서 아동들은 (16b)에 있는 실제 NP에서와 같이, 이런 재분석된 NP의 암시적 주어가 아무나 될 수 있다고 이해한다.

7.3.2 단계 2: 부가절 표시에서 시제 운용자의 성숙

단계 2동안 성숙하여 아동은 이제는 PRO를 쓸 수 있게 된다. 그러므로 아동들은 (14)에 있는 통제구조의 명사적 분석을 그만두고, *want*와 같은 동사의 보충어에 절 표시를 적용하고, 비시제절의 주어 위치를 PRO로 채우며, PRO를 올바르게 해석한다. 하지만, 부가어의 PRO에 대해서는 여전히 자유 해석을 허용한다. PRO를 이용할 수 있다면, 왜 아동들은 여전히 부가절을 처리하는데 문제가 있는가? Wexler (1992)와 Broihier & Wexler (1995)는 보충어에서 통제를 처리하는데 어려움을 겪지 않는다는 사실에 의해 증명되었듯이, 아동들은 그들의 문법에 PRO를 가지며 관련 통제원리를 알고 있다고 주장한다. 하지만 그들은 시제 부가어를 적절하게 표시할 수 없다. 그 이유를 알아보자.

시제 부가어의 구조 분석은 (17)에 나타나듯이 공 시제운용자(empty temporal operator)를 포함하며, *Op*는 공 운용자를 의미한다.

(17) Big Bird scratched Ernie [before [Op PRO going to the park]].

시제 운용자의 역할은 시제 운용자를 주절 시제에 연결시킴으로써 내포절의 시제해석을 확실히 하는 것이다. Broihier & Wexler는 성숙하여 6세가 된 아동은 공 운용자를 사용하게 된다고 제안한다. 따라서 아동은 (17) 을 공 운용자 없이 표시할 수밖에 없다. 한 가지 해결책은, 단계 1에서 일반 적으로 사용했던 명사적 분석을 단계 2에서 부가어에 채택하는 것이다. (17)의 구조는 (18)이 될 것이다.

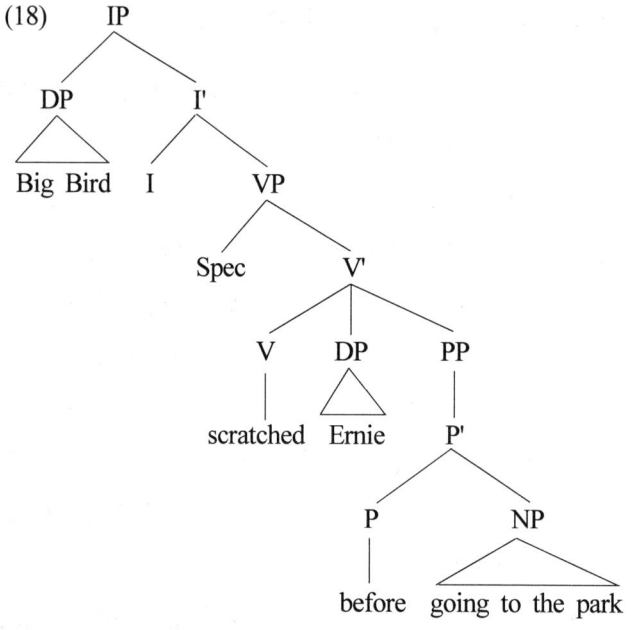

(18)

절과는 달리, NP는 주어를 요구하지 않기 때문에 PRO는 부가어 표시에 나타나지 않는다. (18)에서 부가어에 명사적 분석을 적용함으로써 아동들은 (18)을 (19)와 같이 생각한다.

(19)   Big Bird scratched Ernie [PP before [NP the walk to the park]].

(19)에서 누구라도 *walker*로 해석될 수 있다. 즉, NP의 암시적 주어는 자유롭게 해석될 수 있다. 유사하게, (17)의 부가절에 대한 (18)의 명사적 분석은 자유해석에 적합하다. 즉, *the one who goes to the park*은 아무나 될 수 있다.

이러한 관점에서, 부가어의 자유 해석은 아동이 공 운용자를 이용할 수 없어서, 어쩔 수 없이 부가어를 명사적으로 분석하기 때문에 생긴다. 이러한 제안은 아동들이 공 운용자에 접근하지 못한다는 가정에 의거한다. 다음 절에서 이 가정에 대한 별개의 증거가 있는지 살펴보자.

7.3.3. 공 운용자

Broihier & Wexler (1995)의 설명은 아동은 6세경까지는 공 운용자를 이용할 수 없다는 것을 지지한다. 이러한 추측에 대한 증거는 (20)의 *tough*-이동 구문처럼 공 운용자를 포함하는 다른 구문을 제대로 다루지 못한다는 사실에서 드러난다.

(20)   The wolf is easy to bite.

표준 분석은 *tough*-이동 구문은 내포절에서 목적어 자리에서 문두 자리로 이동된 공 운용자를 포함한다고 주장한다. 그 다음 (21)에서처럼, 공 운용자가 지시적 명사구(referential NP)인 *the wolf*와 동일지표됨으로써 확인된다.

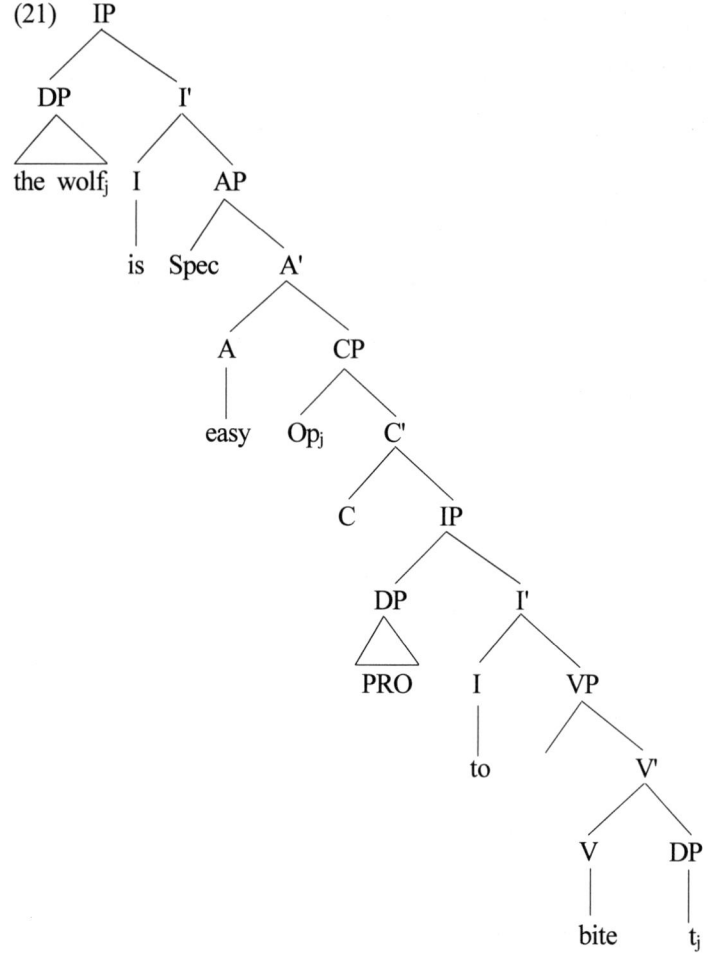

(21)

10세까지 아동들은 (20)을 *the wolf*가 원형동사 보충어(infinitive complement)의 목적어보다는 주어로 해석한다. 즉, 아동들은 (20)을 (22) 로 해석하는 것 같다.

(22) The wolf is easy for the wolf to bite.

유사하게, Goodluck & Behne (1992)는 10세 정도 아동들이 (23)과 같이 목적어 공백이 있는 목적절을 다루지 못한다고 말한다. (23)의 표시인 (24)가 보여주듯이, 목적절의 표시 또한 공 운용자를 포함한다.

(23) Big Bird chose Cookie Monster to read to.

(24) Big Bird chose Cookie Monster$_i$ [Op$_i$ PRO to read to t$_i$]

Tough-이동 구문에서와 같이, 이러한 절에서 공 운용자는 원형동사절 (infinitive clause)의 목적어 위치로부터 종속절의 적절한 위치로 이동된다. 이는 주절 목적어와 동일지표 됨으로써 확인된다.

이러한 어려움을 푸는 한 가지 방법은 (20)의 *the wolf*와 (23)의 *Cookie Monster*에서 PRO가 목적어로 해석되게 하려면 필요한 공 운용자가 아동들의 구 구조에는 없다고 주장하는 것이다.

7.3.4 중간 요약

아동의 통제구조 숙달에 관한 연구가 광범위하게 변화하고 있다. 이러한 변화는 실험 환경이나 어떤 특정한 해석으로의 편향성 때문일 것이다. 하지만 아동들이 PRO에 대해 성인보다 더 광범위한 해석을 허용하는 것처럼 보이는 것 같다. Wexler (1992)와 Broihier & Wexler (1995)에 따르면, PRO 해석은 두 발달단계를 거친다.

(25) a. 단계 1

　　　 PRO를 모른다.

　　　 보충어와 부가절의 명사적 분석

　　　 이러한 절의 암시적 주어에 대한 자유해석 (아동들에 의해 NP로
　　　 재해석됨)

　　 b. 단계 2

　　　 PRO를 알게 되지만, 공 시제운용자를 모른다.

　　　 비시제 보충어의 절 분석과 비시제 부가어의 명사적 분석

　　　 부가절의 암시적 주어에 대한 자유해석 (아동들에 의해 NP로 재
　　　 해석됨)

　　 통제구조에 대한 발달은 각기 다른 시기에 다른 문법적 대상을 이용할
수 있게 하는 생물학적 프로그램의 결과이다. 초기에 PRO는 아동에게 없어
서, 대신 비시제절(보충어와 부가어)을 명사적으로 분석하도록 한다. 성숙되
면 PRO를 알게 되어서, 보충절을 성인과 유사하게 표시하기에 충분하지만,
비시제 부가어를 적절히 표시하지는 못한다. 따라서 후자의 경우 공 시제
운용자가 필요하지만 이것을 사용할 수 없어서 부가절을 아직 명사적으로
분석한다. 이것은 아동이 비시제 보충절의 PRO는 더 이상 자유롭게 분석하
지 않을 때, 부가어의 암시적 주어를 자유롭게 해석하는 이유를 설명한다.

7.4 어휘-통사 통합 가설

　　 Cohen Sherman & Lust (1995)는 일련의 실험에서 통제 보충어의 발

화(production)와 이해(comprehension)에 전념해 왔다. 다른 연구 결과와는 대조적으로, 그들은 아동들이 보충어의 PRO에 대해 자유해석을 허용한다는 것을 따르지 않는다. 그들은 아동들이 적어도 3세경에 발화와 이해에서 통제의 다양한 요소에 대한 지식을 나타낸다는 것을 발견했다. 하지만, 다른 연구자들처럼, 그들도 통제구조의 완전한 숙달 단계에 도달하는 데는 시간이 걸린다는 것을 발견했다. 아동들은 *promise*와 같은 동사 뒤에 오는 보충어의 PRO가 주어가 아닌 목적어를 지시하는 것으로 해석하는 편향성이 있다. 즉, 그들은 (26)에서 PRO가 *Ariel*이 아닌 *Wendy*를 지시하는 것으로 이해한다.

(26) Ariel promised Wendy PRO to go to the party.

Cohen Sherman & Lust는 아동들이 통제와 관련된 다양한 요소(PRO의 분포, 동사의 어휘적 특성)를 알고 있다는 것을 제시한다. 그들은 통제구조를 숙달하기 위해서는 어휘부와 통사부를 통합할 필요가 있다고 설명한다(어휘-통사 통합가설). 하지만 이에 시간이 걸리므로 발달이 지연된다는 것이다. 이러한 점들을 좀 더 자세히 살펴보자.

7.4.1 통제 보충어의 생성

통제구조의 생성에 대한 연구는 거의 없다. Pinker (1984)는 영어를 모국어로 하는 아동들이 자연스러운 말하기에서 3, 4개의 단어를 결합할 시기인 아동들의 평균발화길이가 2.6~3세 정도일 때 통제 보충어(1a, b) 사용을 시작한다고 말한다. 아동들은 처음에는 (1a)와 같은 주어 통제구조를, 그 후에 (1b)와 같은 목적어 통제구조를 만들어낸다. 이와 같이 아동들은 자발적인 발화에서 상당히 일찍 통제구조를 사용하는 편이다. 하지만 이러한 사실이 자동적으로 아동이 통제절에 성인과 동일한 구조를 적용하는 것을 보장하지는 않는다. 아동들이 통제구조를 성인과 유사한 방식으로 다루는지 확인하기 위해, 아동들이 PRO 분포와 통제동사의 어휘특성을 알고 있는지를 입증해야만 한다.

7.4.1.1 PRO 분포

Cohen, Sherman & Lust (1995)는 유도된 모방을 사용하여 아동들의 통제구조 모방이 나이가 들수록 향상된다 할지라도, 그들은 3세경에 PRO가 원형동사절(infinitive clause)에서 발견된다는 것을 안다고 주장했다. 이 실험에서 아동들은 어휘 대명사를 포함하는 시제절과 PRO를 포함하는 원형동사절을 모방하도록 요구되었다. 목적어 통제동사(*tell*)와 주어 통제동사(*promise*)로 이루어진 예가 (27)에 제시된다.

(27) a. Wendy told Tom that he will leave.
　　　 b. Wendy told Tom PRO to leave.
　　　 c. Ariel promised Wendy that she will go to the party.
　　　 d. Ariel promised Wendy PRO to go to the party.

이러한 문장을 반복하면서, 아동들은 때때로 시제 보충어(finite complement)를 원형동사 보충어(infinitive complement)나 그 역으로 대체하면서 보충어 유형을 변화시켰다. 흥미롭게도, 그 변화는 주어의 대명사형에 상응하는 변화를 수반했다. 아동들이 원형동사 보충어를 시제 보충어로 변환시킬 때, 그들은 또한 영 주어 PRO를 어휘 대명사로 전환했고, 그 반대의 경우도 나타났다. 이 결과는 아동들이 PRO를 원형동사 보충어와 연결하고 다양한 유형의 대명사(PRO 대 어휘 대명사)들을 구분한다는 것을 보여준다.

7.4.1.2 어휘 지식

Cohen Sherman & Lust(1995)는 또한 아동들이 주어 통제동사와 목적어 통제동사를 다르게 여기는 것을 발견했다. 이 사실은 아동들이 두 유형의 동사를 구분한다는 것을 암시한다. 그들의 모방에 있어서, 아동들은 주절동사가 *promise*(주어 통제동사)일 경우보다 *tell*(목적어 통제동사)인 경우에 시제 보충어를 원형동사 보충어로 더 자주 전환했다. 반대로, 그들은 주절동사가 *tell*인 경우보다 *promise*일 때, 원형동사 보충어를 시제 보충어로 더 자주 변환했다. 아동들의 전환에 대한 예가 (28)에 제시되어있다.

(28) a. Target: Jimmy tells Tom that he will ride the bicycle.

      Response: Jimmy t⋯ tells Tom to ride the bicycle. (3;0)

  b. Target: Jimmy promises Tom to watch the baseball game.

      Response: Jimmy promises him that he will watch th'ball game. (3;9)

아동들이 이러한 방식으로 구조를 변화하는 이유가 분명하지 않지만, 다른 반응유형들이 아동들은 두 종류의 통제동사를 구분할 줄 안다는 것을 암시한다.

7.4.1.3 목적어 통제구조의 이점

아동들이 주어 통제동사와 목적어 통제동사를 구분한다고 할지라도 Cohen Sherman & Lust(1995)는 아동들이 주어 통제동사보다 목적어 통제동사를 더 쉽게 배운다는 것을 발견했다. 즉, (29a)가 (29b)보다 배우기가 더 쉽다.

(29) a. Aladdin told Wendy PRO to leave.

b. Horace promised Aladdin PRO to leave.

이와 같이 말하기 자료는 아동들이 3세경에 PRO가 발견되는 구조적 환경과 통제동사의 어휘 특성을 안다는 것을 보여준다. 하지만, 말하기에서 주어 통제구조에 비해 목적어 통제구조를 더 좋아하는 차이가 관찰된다. 다음 절에서 알 수 있듯이, 통제구조에 있어서 말하기와 이해간의 차이도 존재한다. 말하기는 비교적 3세경에 발달되고, 반면에 이해는 지연되는 것처럼 보인다.

7.4.2 보충어 통제의 이해

Cohen Sherman & Lust(1995)는 통제구조의 이해를 면밀히 조사하고, 발화에서처럼 아동들이 PRO와 어휘 대명사를 구분한다는 것을 발견했다. 아동들은 동사의 어휘특성에 민감하지만 5세가 되어서야 이를 성취하고, *promise*의 보충어에 나타나는 PRO 해석에 있어서 어려움을 겪는다.

7.4.2.1 어휘 대명사 vs PRO

아동은 PRO와 어휘 대명사를 구분할까? PRO는 (30a)처럼 주절주어나 (30b)처럼 주절목적어에 의해 통제된다.

(30) a. PRO= *Peter*

    Peter promised Ernie PRO to scratch Cookie Monster.
  b. PRO= *Ernie*

    Peter told Ernie PRO to scratch Cookie Monster.

대조적으로 (31)의 시제 보충어에 나타난 어휘 대명사 *he*는 *Ernie* 또는 *Peter*를 지시할 수 있다. 또한 *he*는 담화에서 소개되는 다른 인물을 지시할 수도 있다.

(31) *he= Peter or Ernie*

    a. Peter told Ernie that he should scratch Cookie Monster.
    b. Peter promised Ernie that he will scratch Cookie Monster.

아동들이 PRO 특성을 알고 있다면, PRO를 어휘 대명사로 여기지 않아야 한다. 이를 시험하기 위해, Cohen Sherman & Lust(1995)는 다음 문장의 주어나 목적어를 이끌어 내기 위해 (32a)나 (32b)와 같은 화용적 도입(pragmatic lead-in)을 사용했다.

(32) a. This is a story about Peter. (주어)
    b. This is a story about Ernie. (목적어)

화용적 도입은 (30)이나 (31)에 있는 문장 전에 언급되었고, 어휘 대명사나 PRO의 해석을 변조하는 것이 의도되었다. 화용적 도입을 듣고, 그 다음에 문장을 들은 후에 아동들은 문장이 묘사하는 것을 실행하도록 요구되었다. 시제 문장에서 3세 경 아동들의 어휘 대명사 해석은 화용적 도입에 의해 영향을 받는다는 것이 발견되었다. 특히, 아동들은 어휘 대명사를 화용적 도입이 주어를 이끄는지, 목적어를 이끄는지에 따라, 각각 주어나 목적어를 지사하여 이해하기를 선호했다. 대조적으로, 화용적 도입은 아동들의 PRO 해석에는 영향을 주지 않았다. 어휘 대명사와 PRO 해석상의 이러한 불균형을 통해, 어휘 대명사와 PRO는 아동들에게 두 가지 다른 문법적 대상이라고 나타낼 수 있다. 만약 그렇지 않다면, 어휘 대명사와 PRO는 동일한 방식으로 해석되어야 한다. 또한 화용적 문맥이 통제의 문법원리를 무효로 하지 않는다고 결론지을 수 있다.

7.4.2.2 어휘 지식

우리는 통제구조의 한 가지 특성은 PRO를 통제하는 논항 선택이 주절 동사에 의존한다는 것을 살펴보았다. 동사에 따라 목적어 통제나 주어 통제를 요구한다. 아동들이 통제동사의 특성에 대해 민감할까? 연구자들이 발화에서 발견한 것과는 달리, 통제동사의 어휘특성에 대한 민감성은 3세에 명확하게 나타나지 않는다.

Cohen Sherman & Lust (1995)는 3;0~3;11세 아동들이 듣기 실험에서, 동사유형을 확실히 구별하지 못한다는 것을 제시했다. (30a, b) 문장의 내용을 실행할 것을 요구받았을 때, 아동들은 주절주어(*Peter*)나 목적어(*Ernie*)로 불리는 인물을 선택하고, 그가 *Cookie Monster*를 할퀴도록 한다. 이것은 아동이 PRO 통제를 위해 동사 유형에 관계없이 주어나 목적어를 허용한다는 것을 보여주는 증거로 해석된다. 그러므로 통제동사의 어휘 특성에 대한 민감성은 듣기에서보다 말하기에서 먼저 나타나는 것이 분명하다. 통제동사의 어휘특성에 대한 아동의 민감성은 이해에서는 5세경에 분명하게 나타나지만, 5세와 7세 사이에 지속적으로 증가한다. 5세경에 영어를 모국어로 하는 아동들은 주절동사가 *promise*(30a)일 때보다 *tell*(30b)인 경우에 PRO 통제자로 목적어를 더 자주 선택한다. 반대로, 아동들은 주절동사가 *tell*일 때보다 *promise*인 경우에 PRO 통제자로 주어를 더 자주 선택한다.

7.4.2.3 주어 통제동사 *promise*의 문제

영어화자 아동들이 5세경에 통제동사의 어휘특성에 관한 지식을 나타내지만, Cohen Sherman & Lust (1995)는 *promise*를 포함하는 통제구조를 다루는 데 있어서 뚜렷한 어려움을 관찰한다. 아동들, 특히 어린 아이는 *promise*를 빈번히 목적어 통제동사로 처리한다. 흥미롭게도 이러한 경향은 보충어가 원형동사(infinitive)를 포함할 경우에만 관찰된다. (31b)처럼, 보충어가 시제동사를 포함할 경우, 아동들은 어휘대명사를 주어와 대용적으로 연결된 것으로 이해하기를 선호한다. (30a)에서 PRO를 목적어와 동일지시적으로 연결된 것으로 해석하기를 선호하는 것이 언어수행 전략의 결과라면, 우리는 이러한 전략이 시제 구문과 원형동사 구문 모두에 일반적으로 적용되기를 기대할 것이다. 하지만 결과는 그렇지 못하다. Cohen Sherman & Lust는 이러한 결과를 *promise*에 대한 목적어통제 반응이 문법적 선택으로 인해 생긴 표시로 해석했다. 아동들은 목적어통제를 원형동사 보충어

(infinitive complement)와 연결한다. 즉, 그들은 PRO 분포를 목적어통제 해석과 일치시킨다. 앞서 언급된 것처럼, Cohen Sherman & Lust는 발화에서 주어 통제구조(*promise*) 보다 목적어 통제구조(*tell*)가 유리함을 관찰했다. 이와 같이 듣기와 말하기는 *promise*에 대해 특별히 어려워하는 것과 *promise* 구조를 이해할 때 발달과정이 존재한다는 것을 인정하게 된다.

7.4.2.4 통제가 어려운 근거

Cohen Sherman & Lust (1995)는 아동들이 통제의 여러 요소를 알고 있다는 것을 확실히 했다. 그들은 PRO가 비시제 보충어에 연결되고, PRO가 의무적으로 통제되어야 하며, PRO의 해석은 어휘대명사의 해석과 달리 화용적 요인에 의해 영향 받을 수 없다는 것을 안다. 아동들은 이런 구조를 이해하는 데 어려움을 겪을지라도, 발화에서 통제동사의 일부 어휘 특성에 민감하다는 것을 보여준다. 특히, 아동들은 PRO의 통제자를 선택하는 데 어려움을 겪으며, 어휘지식을 습득하는 데는 시간이 걸린다. 이유는 무엇일까? Cohen Sherman & Lust는 아동들이 이러한 요소들이 개별적으로 고려될 때 통제의 요소를 알지만, 언어 특정적 과정인 이러한 요소를 통합하는 방법을 알지 못한다고 말함으로써 아동의 약점을 설명한다.

통제구조에 대한 성인의 언어능력에 도달하기 위해, 아동들은 PRO 분포에 대한 통사지식과 PRO가 특정동사와 함께 해석되는 방법에 대한 어휘지식을 결합해야만 한다. 우리는 아동이 PRO 분포를 목적어 통제 해석에 결합시키는 것을 보았다. *Promise*에서는, 이런 연결이 맞지 않는다. 어휘적 특성과 통사적 특성의 통합은 아동들이 PRO 해석에 대한 초기 가설을 무시하고, 그것을 주절동사의 어휘적 특성의 기능으로 전환할 것을 요구한다.

이러한 통합과정은, 언어가 통제와 관련된 구체적인 요소들에 따라 변할 수 있다는 점에서, 언어 특정적이다. 예를 들면, PRO를 인허하는 통사적 환경에 관한 교차 언어적 변이가 존재한다. 영어의 PRO는 비시제절에서 발견되는 반면에, 그리스어의 PRO는 시제 가정절(finite subjunctive clause)에서 발견되고, 그리스어에는 원형동사가 존재하지 않는다. (33a)와 (33b)에서 인도네시아어와 한국어에서 영어의 *promise*에 해당하는 동사는 시제 보충어를 취하며, 부정사형은 비문법적이다.

(33) a. John$_j$ berjanji kepada Bill$_i$ (bahwa) dia$_j$/*$_i$ akan pergi ketoko.
         John promise to   Bill that   he   FUT to go to store
         'John promised Bill that he would go to the store.'
       b. *John berjanji kepada Bill pergi ketoko.
         John promise to   Bill to go to store
         'John promised Bill to go to the store.'

다른 변이는 controllee가 표시되는 방법에 관한 것이다. 영어의 *promise*는 이중 목적어구문에서 나타나고, (30a)처럼, 목표(goal)는 대격(accusative) 명사구에 의해 표시된다.

(30a) Peter promised Ernie PRO to scratch Cookie Monster.

이탈리아어와 불어와 같이 이중목적어 구문을 갖지 않는 언어에서는, (30a)에 해당하는 이탈리아어 상응어구 (34)가 보여주듯이, 목표는 전치사 (이탈리아어 *a*, 불어 *à*)에 의한 전치사구에 의해 표시된다.

(34) Peter ha promesso a Ernie di grattare Cookie Monster.

요약하면, 아동들이 통제와 관련된 개별요소를 안다고 할지라도, 이들을 통합시켜야만 한다. 통제구조의 숙달에서 관찰되는 지연은 아동들이 다른 요소들을 통합시키기 위해 필요로 하는 시간을 반영한다.

7.5 결론

이 장에서 우리는 아동들이 통제구조를 다루는 방법에 대해 살펴보았다. 우리는 통제 지식에 숙달되기 위해서는 시간이 걸린다는 것을 확인했다. 초기에 아동들은 PRO에 대해 자유해석을 허용하는 것처럼 보였는데 이것은 일반적으로 특정상황에서만 발견되는 것이며, 다른 조건에서는 관찰되지 않는다. 아동들이 보충어 통제를 숙달한다는 증거가 있지만, 부가어 통제를 다루는 데에는 여전히 어려움을 겪는다. 3세경에 아동들은 PRO가 어휘 대명사와 다르다는 것을 알고, 또한 주어 통제동사와 목적어 통제동사를 구분한다. 이것은 아동들이 통제처리에 필요한 구조지식과 주절의 어떤 NP가 PRO를 통제하는지를 결정하는 어휘지식을 갖고 있다는 것을 나타낸다. 이러한 사실은 처음에는 아동 영어에 대한 연구에서 나타났지만, 아동 그리스어와 스페인어에서의 증거가 이 사실을 확인시켜주고 있다. 성인과 유사한 행동이 부가어보다 보충어에서 먼저 관찰되지만, 한 가지 예외가 있다. 영어 학습자는 *promise*의 보충어 통제에 있어서 상당히 어려워한다. 아동들은 통제자를 주어보다는 목적어로 취한다. Cohen Sherman & Lust에 따르면, 아동들은 *promise*를 목적어 통제동사로 해석하게 하는 그런 성향을 고쳐야만 한다. 그렇게 하기 위해서, 그들은 어휘지식과 통사지식을 통합해야만 한다.

요약하면, 다양한 요인이 아동들의 통제구조 해석에 있어 범하는 오류를 초래하며, 그 요인들은 어휘적, 형태적 차원에 따라 교차 언어적으로 변할 수 있다 (PRO를 인허하는 구조적 환경, 부정사 vs. 가정법).

8

언어와 다른 인지능력간의 분리

이 장에서는 언어가 다른 인지능력과 별개의 것인지를 두 가지 병리적 상황, 즉 특수언어장애(Specific Language Impairment: SLI)와 윌리암스 증후군(Williams Syndrome: WS)을 조사하면서 살펴볼 것이다.[1] 특수언 어장애는 언어는 손상되었으나 다른 인지기능은 정상인 경우이고, 윌리암스

---

[1] 윌리암스 증후군은 1961년 처음으로 발견되었고, 발병은 남녀, 인종에 관계없이 출생 시에 나타난다. 일반적인 특징은 코가 약간 위로 들리고, 윗입술이 길며, 입술이 두텁고 턱이 작으며, 입이 크고 눈 주위에 살집이 많다. 또한 환자의 약 80%에서 대동맥판상부의 협착이 동반된다. 윌리암스 증후군은 가족력이 없는 경우가 대부분이지만 가계의 많은 구성원에서 발생하는 경우도 있어 유전병으로 추정되었고, 그 원인 규명을 위한 지속적 시도가 수행되어왔다. 1990년대 초반에 환자의 대부분이 elastin(ELN) 유전자가 결실되어 있음을 확인하였다. 90년대 중반에 이 질병은 ELN 유전자를 포함하여 주변의 매우 큰 DNA 결실이 있으며, 환자마다 그 결실 정도는 다양한 것으로 보고되었다. 90년대 중·후반부터 윌리암스 증후군 환자들의 다양한 결실 정도에 의한 유전자형(genotype)에 따른 표현형(phenotype)의 변화를 분석함으로써, 이 질환의 각종 증상에 대한 원인유전자들을 동정하고자 하는 연구들이 진행되고 있다. (네이버)

증후군은 언어가 다른 인지기능보다 나은 경우이다. 이 논의의 목적은 두 가지이다. 첫째, 언어와 인지능력들이 다른 표시와 장치에 의해서 도움을 받는다는 증거를 찾는 것이다. 만약 기술 A가 손상되고 B가 손상되지 않으면, 그것들은 다른 정신체계와 신경체계에 의해 도움을 받을 것이다. 둘째, 특수 언어장애의 다양한 특성을 조사할 것이다. 이런 설명들은 행동 자료에 기반을 두고 있지만, 언어의 생물학적 기초에 대한 문제도 포함시킨다 (Lenneberg 1967). 언어능력이 정상적으로 발달하지 않으면, 언어처리에 관련된 두뇌 회로의 비정상적인 신경발달을 일으키게 된다.[2] 언어장애에 대한 연구는 언어능력의 본질과 언어습득과정에 새로운 면을 밝혀줄 것이다.

언어장애에 대한 언어학적 분석은 심리언어학 분야에 혁신적인 것이다. 특수언어장애에 대한 언어학적 연구는 꽤 많으며, 비슷한 연구가 윌리암스 증후군에 대해서도 나타나기 시작했다. 다른 예외상황 하에서 언어가 어떻게 나타나는가를 알아보고, 또 다른 조건에서의 언어발달(예, 다운 신드롬)을 연구하기 위해 언어학 이론을 도구로 사용하는 것이 바람직하다.[3]

---

2) Lenneberg(1967)는 『언어의 생물학적 기초(*Biological Foundations of Language*)』 책에서 언어가 완전하게 발달하기 위해서는 사춘기가 시작하기 전에 언어습득을 해야 한다고 주장한다. 그 이유는 두뇌의 유연성 상실이나 측면화 같은 신경학적인 것이다. 언어습득의 결정적 시기의 시작이 두 단어 단계인 2살이며 종점은 뇌의 측면화가 일어나는 13살이라고 생각한다. Lenneberg는 아동은 2세가 지나야 언어 발달세계에 들어오고 6세에 절정을 이루고 12세까지 언어습득이 왕성하다가 사춘기이후에는 언어기능이 대뇌 좌반구에 편재되어 뇌의 유연성이 저하된다고 주장한다. 예를 들면, 1970년도 Genie는 어렸을 때부터 부모에 의해서 감금되었다가 13살에 풀려나서 세상에 알려졌다. 수많은 전문가들이 언어를 가르쳤는데 어휘력은 상당히 빠르게 늘었지만 문법은 끝내 완전하게 습득하지 못했다.

3) 다운증후군은 사람의 46개 염색체 가운데서 21번째 염색체의 수가 1개 더 많아서 나타나는 유전성 질환으로, 신생아 700~1000명 가운데 1명 정도의 발병율을 보이고 산모의 연령이 높을수록 이 병에 걸릴 빈도가 높다. 체형이 작고 비만경향을 보이며 유아기 때 목을 자유롭게

이 장은 세 절로 구성되어있다. 8.1은 특수언어장애의 본질을 소개하고, 그 원인이 유전적인지 환경적인지를 논의한다. 8.2는 문법 모듈에서나 지각 체계 같은 인지체계에서 장애가 있는 상황에 대해 다양한 설명을 제시한다. 8.3은 윌리암스 증후군을 가진 개인들의 언어행동과 다른 인지영역에서의 그들의 수행을 정리한다.

8.1 특수언어장애

특수언어장애는 언어외적으로는 정상 발달하지만 분명한 원인이 없이 언어장애가 나타나는 상황에 대해 사용된다. 따라서 SLI는 언어능력이 인지능력보다 모자라는 경우로 언어능력과 다른 인지능력의 분리의 예이다. SLI는 아동이 언어테스트에서 연령수준 이하로 두 번 이탈을 하지만, 청력 상실, 신경기능장애, 지적, 사회적-감정적 결손 같은 지각-동작 (perceptual-motor) 장애를 나타내지 않는 경우이다.

이런 기준은 단지 정신장애와 감각장애가 있는 사람들만을 제외하기 때문에 매우 허술하다. 아주 다른 언어문제가 있는 아동들은 SLI 범주에 들어간다. 이들 사이에는 유사성도 있지만, 차이점도 있다. 이들의 공통적인 특성은 다음과 같다.

돌리거나 몸을 잘 뒤집지 못하는 등의 운동발달 지체가 나타난다. 지능은 여러 종류의 정신지체를 나타내며 지능지수 50 이하가 많고 성격은 온순하다. 입을 벌리고 혀를 내놓고 있는 경우가 많으며 손은 새끼손가락이 짧고 안쪽으로 구부러진 사지증을 나타낸다.

(1)　a. 언어가 나중에 나타난다.

　　　b. 언어가 예상치 못한 형태로 나타나고 연령 예상수준 이하로 남게
　　　　 된다.

　　　c. 병에 걸린 사람은 굴절형태론에서도 문제를 나타낸다.

차이점은 장애범위와 관계가 있다.

(2)　a. 굴절형태론의 모든 양상이 똑같이 문제가 있는 것은 아니다.

　　　b. 굴절형태론 외에도 문법지식의 다른 영역도 영향을 받는다.

　　　c. 단어습득, 특히 동사습득이 때때로 영향을 받는다.

　　　d. (가벼운) 음운장애가 관찰된다.

　　　e. 장애는 감수성이 예민해지고 표현이 풍부해질 수 있다.

　　　f. 장애가 초등학교 동안 지속될 수 있고 성인시기까지 지속될 수도
　　　　 있다.

　이런 차이점은 다양한 근거를 갖고 있다. 첫째, 아동 문법지식을 조사하는 방식이 다양하다. 둘째, 연구에 따라 시험된 아동의 나이가 다르다. 따라서 SLI는 언어장애의 모든 범주에 대한 포괄적인 용어로 사용될 것이다. 언어적으로 촉발된 기준을 사용함으로써 SLI 특징을 찾아볼 것이다. SLI에 대한 언어분석은 이런 병리학 특성을 기술하는데 도움이 될 것이다.

　SLI의 원인은 알려지지 않았다. 그러나 몇몇 연구에서 SLI가 가족들에서 나타난다는 것을 관찰했다. 같은 언어장애가 같은 가계의 다른 분가에서 관찰되는 것이다. 또한 SLI 아동의 가계에서 언어관련 발화장애가 있는 경우가 많다. Rice, Haney & Wexler (1998)는 언어장애의 발생률은 SLI

아동의 가계의 식구들의 22%이고, SLI가 없는 아동의 가계의 식구들 사이에 단지 7%라고 제시한다. 이런 가족집합체(familial aggregation)는 SLI가 특수 유전자와 언어장애 사이에 연관이 있다는 증거는 없지만, 환경적 근거보다는 유전적 근거를 지니고 있음을 나타낸다. 이 가설은 Hurst 외 (1990)의 연관 연구(linkage study)에서 증거를 찾을 수 있는데, SLI가 있는 일란성과 이란성 쌍둥이 연구에 의한 것이다. 일란성 쌍둥이들은 같은 유전자를 공유하는 반면 이란성 쌍둥이는 그렇지 못하다. SLI가 유전적이라면, 언어 손상된 아동의 다른 쌍둥이도 언어 손상될 가능성이 이란성 쌍둥이보다는 일란성쌍둥이에 더 높아야 할 것이다. 반대로, SLI가 환경적이라면, SLI 발병률에서 일란성 쌍둥이와 이란성 쌍둥이의 차이가 없어야 한다. 지금까지의 증거는 유전자가 SLI 발생에 관련된다는 가설을 지지하면서, SLI 위험이 이란성 쌍둥이보다는 일란성 쌍둥이에 더 높다는 것을 나타낸다. 또한 이 결론은 특수 유전자가 SLI 원인이라는 것을 암시하지 않는다. 유전자는 비정상적인 신경발달을 일으킬 수 있고 이것이 비정상적인 언어행위로 나타날 수 있다. 그러나 이런 과정이 어떻게 발생하는지는 복잡한 문제이다. SLI는 언어습득에서 유전적인지 환경적인지를 탐구할 수 있는 실험이다.

8.2 특수언어장애에 대한 접근법

SLI가 있는 아동과 없는 아동의 언어행위에 대한 비교가 체계적으로 수행되어 SLI 아동의 발화에서의 약점과 강점을 나타내었다. 다른 그룹의 아동들은 다른 비정상적인 언어행위를 나타내고 이것은 SLI 본질에 대한 다양한 가설을 불러일으켰다. 언어학자들은 SLI는 모듈의 장애, 즉 언어능력에만 영향을 주는 장애라고 주장한다 (Fodor 1983). 일부 학자들은 그 장애는 문법의 국부적 양상을 변경시킨다고 주장한다. 예를 들면, SLI 아동은 시제자질이 없는 문장을 만들어내고, 따라서 시제자질형태소들은 나타나지 않는다. 다른 학자들은 SLI 아동들은 주어-일치관계에서 약하거나, SLI는 구조-의존 관계 성립 장애이거나, 그들의 문법이 [±시제]와 [±복수]자질이 없기 때문에 문법을 만들지 못한다고 주장한다. 또 다른 견해는 그 장애를 음성적으로 현저하지 않은 형태소를 지각하지 못하는 지각체계 장애로 돌리기도 한다. 이것을 요약해 보면 다음과 같다.

(3)　SLI는 문법능력에 영향을 주는 장애이다.

　　　a. SLI 아동은 시제를 의무적으로 표현하지 못한다.

　　　b. SLI 아동은 일치를 표시하지 못한다.

　　　c. SLI 아동은 구조-의존 관계를 표시하지 못한다.

　　　d. SLI 아동은 [±시제], [±복수] 굴절자질이 부족하다.

(4)　SLI는 청각처리 체계의 장애이다.

8.2.1 특수언어장애의 모듈

8.2.1.1 선택적 원형동사의 확장기간

SLI 아동 발화의 현저한 특징은 굴절형태론을 선택적으로 생략하는 것이다. 일부에게 그 결손은 굴절체계 모두를 포함하지는 않는다. Rice, Wexler, 그리고 공동연구자들은 SLI는 오랜 기간 동안 선택적 원형동사들(optional infinitives: OIs)이나 모문 원형동사들(root infinitives: RIs)을 사용하는데 나타나는 언어장애라고 주장한다. 2세~3세의 정상발달 아동들은 (5)에서처럼 주절에서 원형동사나 동사의 원형동사(bare verb)를 사용한다.

(5) a. Dormir   petit bébé. (Daniel, 1;11)
       sleep-INF little baby

     b. Zähne putzen.   (Simone, 1;10)
       teeth   brush-INF

     c. Papa have it. (Eve, 1;6)

     d. Cromer wear glasses. (Eve, 2;0)

정상발달 아동들은 약 3세에 OIs 사용을 멈추지만, SLI 아동들은 5세나 6세 혹은 그 이후에도 OIs를 만들어낸다. 말하자면, SLI 아동들은 확장 기간 동안 OIs를 허용하는 문법을 갖는 것이다. 다시 말해서. 이런 아동들의 문법은 정상발달 아동들의 문법과 같다. 그것은 같은 문법과정 (예, 핵 이농)과 같은 문법범주(에, I)를 포함힌다.

Rice, Wexler와 공동연구자들은 Wexler의 선택적 원형동사(OIs) 분석을 인정한다. 그 분석에 따르면 OIs는 시제자질이 명시되지 않거나 주절 표시에서 생략된다. 따라서 시제생략모델(tense omission model)을 받아들인다. 성인과 달리 (SLI가 있든 없든) 아동들은 선택적으로 주절에서 명시되지 않은 시제자질을 남겨둔다. 그래서 아동들은 사제자질형태소를 사용하지 않고, 조동사를 생략하고, 비시제동사나 OIs를 포함하는 주절을 만들어낸다. OIs의 초기 영어변형은 원형형태이다. 이와 같이 영어 학습자들은 시제, 삼인칭 단수 현재어미 -s, 과거시제표지 -ed 조동사 be, do를 생략하고, (5c, d)같이 원형형태를 만들어낸다. SLI가 OIs의 확장기간으로 구성된 다는 주장은 다음을 예견한다.

(6) a. 시제자질만이 선택적으로 빠져서 시제형태소만이 선택적으로 생략된다.
   b. 다른 굴절형태소들(예, 명사 복수표지)과 전치사는 생략되지 않는다.
   c. 아동이 시제자질을 선택하면, 아동은 모든 형태통사적 특성들을 고려한다.

4;4세~5;8세의 SLI가 있는 영어를 모국어로 하는 아동들은 시제형태소 사용, 즉 삼인칭 단수 현재 -s, 과거시제 -ed, 조동사 *BE*와 *DO*에서 제한적으로 능숙함을 나타낸다. 시험된 모든 형태소에서 SLI 아동들이 연령-부합된(age- matched: AM) 동료들보다 훨씬 능숙하지 못하다. 그들은 또한 BE를 제외한 모든 형태소에서 언어-부합된(language-matched: LM) 아동들보다 못하다. (6a)에서처럼, 거의 모든 실수는 생략의 실수이다. SLI 아동들은 시제 형태소를 사용하지 못하고, *I am a good child, He speaks,* 또는 *He does not come* 보다는 *I good child, He speak,* 또는 *He not come*을 말한다. 그러나 (6c)에서처럼, 시제 형태소나 조동사를 사용할 때는 정확하게 사용한다. 예를 들면, 그들은 3인칭 주어와 3인칭 표지를 사용하고, 조동사를 굴절시킨다. 마찬가지로, 4;0세에서 4;8세에 속하는 SLI가 있는 독일어를 모국어로 하는 아동들도 오랜 기간동안 OIs를 사용하지만, 상당히 많은 언어지식을 나타낸다. 그들은 시제자질의 형태통사적 상관관계를 알고 있다. OI 단계에서 정상발달 아동들처럼, SLI가 있는 독일어를 모국어로 하는 아동들은, 동사이동에 의하여 시제동사와 비시제동사를 구별한

다. SLI가 있는 독일어를 모국어로 하는 아동들은 거의 항상 시제동사를 C(V2)로 인상하고 비시제동사를 맨 마지막 자리(V-final)에 남겨놓는다. SLI 아동들은 실제로 언어-부합된 통제 그룹만큼 잘 수행하게 된다.

SLI 아동이 시제표시를 제대로 못하는 것은 굴절형태소를 잘 사용하는 것과 대조를 이룬다. SLI 영어를 모국어로 하는 아동들은 *eating*에서처럼 접사 *-ing*, 전치사 *in/on*, 3인칭단수현재표지와 동음어인 복수표지 *-s*를 사용할 때 AM 동급생들과 LM 아동들만큼 정확하다. 형태소의 정확도는 약 90% 이상으로 시제형태소의 정확도보다 훨씬 좋다. 복수 형태소에 대해서도 SLI 아동들은 불규칙 복수를 규칙적으로 나타내면서 복수규칙을 통제한다. 예를 들면, *feet, men* 대신에 *foots, mans*라고 말한다. 그런 것은 기계적인 학습의 결과가 아니다. 왜냐하면 이런 형태들은 목표어에 존재하는 것이 아니라 복수를 만드는 내재화된 규칙을 과잉적용하여 나오기 때문이다.

이를 요약해 보면, SLI는 선택적 원형동사(OIs) 사용을 확장하는 기간으로 설명되는데, 주절의 시제표시와 같은 특수한 특성의 습득지연으로 나타난다. 그러므로 SLI 아동들은 시제 형태소를 제대로 사용하지 못하지만, 이런 형태소를 사용할 때마다 형태소와 관련된 통사과정에 주의한다. 게다가, SLI 아동들은 시제와 관련없는 굴절형태소와 복수규칙을 잘 구사한다.

대조적으로 Leonard 외 (1992)는 SLI가 있는 영어를 모국어로 하는 아동들은 복수표지 테스트에서 LM 통제집단보다 못하다는 것을 발견했다. 이는 (6b) 예견과는 대립되는 것이다. 그 대립은 Leonard에 의해 연구된 집단과 Rice & Wexler (1996)에 의해 연구된 집단이 다른 장애를 가지고 있기 때문이다.

정상아동들이 OIs를 만들어낼 때, 그들도 또한 주어를 생략한다. SLI

아동들이 OI 단계에서 정상아동들과 같은 문법능력을 갖고 있다면, 그들도 또한 주어 생략할 수 있고, 주어 생략과 OIs 사용은 유사한 발달성향을 나타내야 한다. 만약 SLI 아동들이 주어를 생략하지 않으면, SLI 아동들의 문법생성이 2세에서 3세 정상발달 아동의 문법생성과 겉으로만 같은 것인지 의심하게 된다.

8.2.1.2 일치관계 성립 장애

Clahsen과 공동연구자들은 SLI는 다른 점에서는 완전한 문법이지만 일치표시 능력의 장애라고 주장한다 (Clahsen 1986, 1991; Rothweiler & Clahsen 1993). 일치표지는 동사와 연관된 굴절자질을 지닌 핵 I와 I의 지정어(specifier)인 주어 사이의 관계를 암호화하는 것이다. 이와 같이 일치표시 장애는 주어일치 관계를 알지 못하는 것이다. 이 가설은 다음과 같은 것을 예견한다.

(7)　a. SLI 아동은 일치형태소에 문제가 있으며,
　　　b. SLI 아동은 다른 굴절형태소에는 문제가 없다.

실제로 Rothweiler & Clahsen (1993)에 의해 연구된 SLI가 있는 독일어를 모국어로 하는 아동들은 (5;8~7;11 연령범위) 복수와 과거분사 형태론을 잘 구사했다. 그들은 시제 형태소를 능숙하게 사용하지만, 일치형태소는 능숙하게 사용하지 못한다. Clahsen, Bartke, & Göllner(1997)은 시제는 어휘동사에서는 99% 정확하게 표현되고 동사 *SEIN(=BE)*에서는 100% 정확하게 표현된다고 보고한다. 대조적으로, 일치는 어휘동사에서는

단지 67%만 정확하게 표현되고 동사 *SEIN*에서는 93% 정확하게 표현된다. 시제형태소 사용과 일치형태소 사용의 차이는 어휘동사에서는 통계적으로 중요하지만, 동사 *SEIN*에서는 그렇지 않다. 이러한 불일치는 놀라운 것이고, 왜 일치관계 능력이 모든 동사에 분명하지 않은가 이다. 한 가지 원인은 *SEIN*이 패러다임을 암기하여 배우는 불규칙동사라는 것이다.

어휘동사에서 일부 일치형태소가 애매하기 때문에 일치형태소 사용의 실수비율이 다소 부풀려진지도 모른다. 특히 -*n*은 1인칭과 3인칭 복수와 원형부정사를 표시한다. 0 형태소는 1인칭단수와 동사 원형을 표시한다. 만약 이런 두 가지 형태소로 굴절된 동사를 버리면, 일치형태소 사용에서 전체 실수율은 감소하나 여전히 26%이다. 2인칭 단수 -*st*는 정확하게 87% 사용되고, 동음이의어인 3인칭 단수와 2인칭 복수 -*t*는 모두 정확하게 85% 사용되고, 1인칭 단수 -*e*는 정확하게 38%만 사용된다. 이와 같이 어떤 시제동사들(finite verbs)은 부정확하게 사용된다. 이것은 SLI 아동들이 시제동사를 사용할 때 시제동사를 정확하게 사용한다는 것과 차이가 있다.

같은 연구에서 Clahsen, Bartke, & Göllner (1997)은 SLI가 있는 영어를 모국어로 하는 아동들은 (현재시제와 일치를 나타내는) 3인칭 일치표지보다 과거시제 표지를 훨씬 더 정확하게 사용한다고 말한다. 어휘동사에서 일치는 영어에서 단지 3인칭에서만 표시된다. 아동들은 과거표지를 77%, 일치표지를 44% 정확하게 사용했다. 마찬가지로, 20개의 3인칭 조동사에서 단지 7개 (35%)만이 정확하게 일치 굴절되었지만, 154개의 조동사에서 137개 (89%)가 과거시제에 정확하게 굴절되어 통계적으로 중요한 차이를 나타낸다. Tsimpli & Stavrakaki (1999)는 일치표지 장애에 대해 다른 증거를 제공한다. 이 연구자들은 5;5세의 SLI가 있는 그리스어를 모국어로 하는 아동의 발화를 연구했다. 그리스어는 풍부한 일치체계와 6가지 방식의 인칭 구분이 있는 언어이다. 이 아동은 일치표지를 33% 잘못 사용했다. 이 실수율은 주로 2인칭 단수와 2인칭 복수일치표지로 각각 78%와 97% 실수율을 나타냈다. 다른 일치형태소는 약 90% 정확하게 사용되었다.

풍부한 형태적 일치체계가 있는 언어인 이탈리아어에서도 대조적인 것들이 발견된다. Cipriani, Bottari, & Chilosi (1998)은 6:2에서 13;5세의 SLI가 있는 이탈리아어를 모국어로 하는 아동의 발화를 기록했다. 이 아동은 6;2세 까지 1인칭, 2인칭, 3인칭 단수와 3인칭 복수 일치형태소를 정확하게 사용했다. 연구기간동안 일치의 실수율은 약 3%였다. Cipriani, Bottari, & Chilosi가 연구한 SLI가 있는 그 아동은 주어일치관계를 추정하는데 문제가 없는 것이 분명하다.

8.2.1.3 구조-의존 관계 표시장애

Van der Lely와 공동연구자들은 SLI가 있는 영어학습자 그룹의 문법 지식에 대한 폭넓은 연구를 수행했다. Van der Lely는 SLI 아동들의 언어 이해력에 다양하게 관심을 기울였다. SLI는 구조-의존 관계 장애에 있다고 주장한다. 한 가지 예는 주어일치 관계이고, 다른 예가 결속관계이다. 결속원리는 재귀사, 대명사와 그들의 선행사들간의 통사관계를 지배한다. 재귀사는 국부영역에서 결속되어야 하고, 반면 대명사는 같은 국부영역에서 자유로워야 한다.

Van der Lely & Stollwerck은 SLI 아동들은 결속이론 A와 B을 제대로 적용하지 못한다고 지적하고 이것을 국부영역과 (재귀) 대명사의 성분통어 선행사를 찾지 못하기 때문이라고 한다.

SLI 아동들은 (9;3~12;10 연령범위) 그들이 들은 문장이 보여진 그림과 부합하는지 (부합조건) 부합하지 않은지 (비부합 조건)를 묻는 이해력 테스트를 받았다. 이 아동들은 문장이 재귀사를 포함할 때 100% 가깝게 점수를 냈다. 그들은 (8)에 있는 문장을 *Mowgli*가 그 자신을 간질이고 있는 (부합조건) 그림의 모습을 정확한 것으로 보았고, *Mowgli*가 *Baloo Bear*를 간질이고 있는 (비부합 조건) 그림은 아니라고 판단했다.

(8)　　Mowgli is tickling himself.

그러나 (9)와 같은 복문을 테스트할 때 아동들의 대답이 덜 정확했다.

(9)　　Baloo Bear says Mowgli is tickling himself.

부합조건에서 그들은 문장 (9)를 *Mowgli*가 그 자신을 간질이고 있는 그림이라고 정확하게 판단했다. 비부합 조건에서 그들은 덜 정확했지만, 반반은 넘었다. 그들은 (9)를 *Mowgli*가 *Baloo Bear*를 간질이고 있는 그림으로 보지 않았다. 흥미로운 것은 (9)가 *Baloo Bear*가 자신을 간질이고 있는 그림과 짝을 이루는 또 다른 비부합 조건에서, SLI 아동들은 반반 정도를 수행했다. 다시 말해서, 그들은 결속원리 A를 준수하지 않는다. (8)과 (9)에 있는 두 문장에 대한 결과는 다음과 같이 요약된다.

(10) 대명사 지시(재귀 대명사) 테스트에 사용된 실험조건

    a. *Mowgli is tickling himself*

      부합조건   Mowgli tickles himself (그림)   정확 (예)

      비부합조건 Mowgli tickles Baloo Bear (그림) 정확 (아니오)

    b. *Baloo Bear says Mowgli is tickling himself.*

      부합조건   Mowgli tickles himself (그림)   정확 (예)

      비부합조건 Mowgli tickles Baloo Bear (그림) 정확 (아니오)

      비부합조건 Baloo Bear tickles himself (그림) 반반

      (van der Lely & Stollwerck 1997 자료)

두 번째 비부합 조건에서 (9)에 대한 대답의 근거는 무엇인가? Van der Lely & Stollwerck은 SLI 아동들은 결속영역을 모르고 결속지식이 아니라 재귀사의 어휘특성 지식에 의존하여 대답한다고 주장한다. 예를 들면, SLI 아동들은 *-self*에 의한 어휘단서가 자기중심의 행동을 기대하는 표시로 받아들인다. 그러면, 그들은 *-self*에 붙은 대명사의 문법적인 성을 보고 선행사를 선택할 수 있다. 이 전략은 (8)에서 *Mowgli*가 그 자신을 간질이는 그림과 짝을 이루고 *Mowgli*가 *Baloo Bear*를 간질이는 그림을 거부하게 한다. 그것은 또한 (9)가 *Mowgli*가 그 자신을 간질이는 그림과 짝을 이루고 *Mowgli*가 *Baloo Bear*를 간질이는 그림을 거부하도록 한다. 하지만, 그것은 (9)가 *Baloo Bear*가 자신을 간질이고 있는 상황에서처럼, 어휘단서가 분명하게 해석될 수 없을 때 SLI 아동들에게 도움을 주지 못한다. 이런 경우 SLI 아동들은 반반수준으로 수행한다. *himself*가 있으면, 그들은 남성의 재귀적 행동이 있을 것으로 생각한다. 하지만 두 개의 가능한 선행사들 *Baloo Bear*와 *Mowgli*가 있어서 그들은 혼란스러워한다.

어휘특성에 의지하는 것은 또한 SLI 아동들이 대명사를 포함하는 문장을 해석하는데 도움을 줄 것이다. SLI 아동들은 *Mowgli*가 *Baloo Bear*를 간질이고 있는 그림과 짝을 이룰 때(부합조건) 문장 (11)을 받아들인다.

(11) Mowgli is tickling him.

그러나 그들은 문장 (11)이 *Mowgli*가 자신을 간질이는 그림과 짝을 이룰 때 (비부합조건) 반반 정도 (64%)를 수행한다. 그러면서, 이 아동들은 대명사를 국부적 선행사(local antecedent)에 지시적으로 연결한다. 이 결과를 요약해 보면 다음과 같다.

(12) 대명사 지시(비재귀 대명사) 테스트에 사용된 실험조건
    Mowgli is tickling him.
    부합조건   Mowgli tickles Baloo Bear (그림)   정확 (예)
    비부합조건 Mowgli tickles himself (그림)   반반
    (van der Lely & Stollwerck 1997 자료)

복문에 대해서도 유사한 반응을 보인다. SLI 아동들은 문장 (13)이 *Mowgli*가 *Baloo Bear*를 간질이고 있는 그림과 짝을 이룰 때 정확하게 받아들인다. 하지만 그들은 문장 (13)이 *Mowgli*가 자신을 간질이고 있는 그림과 짝을 이룰 때 반반 정도를 수행한다. 이 결과를 요약해 보면 다음과 같다.

(13) Baloo Bear says that Mowgli is tickling him.

(14) 대명사 지시(비재귀 대명사) 테스트에 사용된 실험조건

Baloo Bear says that Mowgli is tickling him.

부합조건   Mowgli tickles Baloo Bear (그림) 정확 (예)

비부합조건 Mowgli tickles himself (그림)   반반

(van der Lely & Stollwerck 1997 자료)

흥미롭게도, SLI 아동들의 언어수행이 대명사 해석을 하기 위해서 성이나 다른 단서를 사용할 수 있을 때 향상된다. SLI 아동들은 *Mowgli*가 자신을 간질이는 그림과 소개될 때 문장 (11)을 반반 정도로 거부하는 (64% 거부) 반면, 같은 그림을 보여줄 때 문장 (15)를 94% 거부했다.

(15) Mowgli is tickling her.

이런 반응은 SLI 아동들이 소년 이름인 *Mowgli*를 여성 대명사 *her*에 부적당한 선행사로 간주한다는 것이다.

SLI 아동들이 재귀대명사와 비재귀대명사 문장을 해석하기 위해 어휘 단서와 형태 단서를 이용하기 쉽지만, 자료는 그런 아동들이 결속지식이 없다고 말하지는 못한다. 모든 부합조건에서는 SLI 아동들은 매우 높은 점수를 얻는다. 그들은 대명사 문장 (11)과 (13)이 *Mowgli*가 *Baloo Bear*를 간질이는 그림 상황에서 소개되면 아주 잘 맞춘다. 어떤 종류의 어휘 지식과 형태 지식이 이런 높은 언어수행을 보장하는지는 분명하지 않다. 아동들이 대명사에서 국부적 선행사를 갖지 않는 것은 대명사가 국부적 영역에서 자유로워야 한다는 지식인 것 같다. 이와 같이 그들의 예상은 문장 (11)과 (13)이 *Mowgli*가 *Baloo Bear*를 간질이고 있는 그림과 짝이 될 때 충족된

다. 그러면 SLI 아동들은 비부합 조건에서도 마찬가지로 정확하게 수행해야 한다. 그들은 재귀적 행동이 나타나기 때문에, (11)과 (13)을 *Mowgli*가 자신을 간질이는 그림으로는 거부해야 한다. 마찬가지로, van der Lely & Stollwerck의 자료들은 아동들이 구조-의존 관계인 성분통어 관계를 모른다는 결론을 정당화하지 않는다. 이것은 (16)과 같은 문장에 의해 표시된다.

(16) Mowgli's brother is tickling himself.

여기서 재귀대명사의 성분통어하는 선행사는 *Mowgli*가 아니라 *Mowgli's brother*이다. 만약 SLI 아동들이 (16)을 *Mowgli*가 자신을 간질이고 있는 상황으로 받아들인다면, 그들이 성분통어관계를 모른다고 말할 수 있다.

(17)에서처럼, 정상발달 아동들이 대명사의 국부적 선행사가 양화사(quantifier)일 때는 대용사적 해석을 받아들이지 않는다.

(17) Every bear washes him.

지시적 NP와 양화사 NP사이의 비대칭은 결속지식과 동일지시(coreference) 지식을 구별하고 아동의 실수가 동일지시의 실수라는 것을 확립하는데 중요하다. 양화사와 대명사는 결속을 통해서만 대용사 관계에 들어올 수 있지만, 지시적 표현과 대명사는 결속을 통해서나 동일지시를 통해 대용사 관계에 들어올 수 있다. 정상발달 아동들은 결속원리 B를 알기 때문에 (17)에서 대명사의 대용사적 해석을 거부한다. 결속원리 B가 (11)

에서 결속관계를 배제하지만, 아동들은 여전히 비결속 대명사 *him*을 *Mowgli*와 동일지시로 해석할지도 모른다.

SLI 아동들이 결속원리에 대해 알고 있다면, 그들은 (17) 문장을 판단할 때 정상발달 아동처럼 행동해야 한다. Van der Lely & Stollwerck은 이런 문장을 테스트에 포함시켰지만, 결과는 알기 힘들다. SLI 아동들은 잘 해내지는 못했다. 이것은 그들이 결속지식을 갖고 있지 않다는 것을 나타내지만, 통제구조에 대한 결과는 SLI 아동들이 양화사를 해석하는데 어려움이 있다는 것을 나타낸다. 이와 같이 대명사를 포함하는 양화문장에 대한 대답은 결속지식에 대한 믿을만한 증거를 제공하지 못한다.

이를 요약해 보면 다음과 같다. SLI 아동들은 대명사와 재귀사를 해석하기 위해서 어휘지식과 형태지식에 상당히 의존하는 것 같다. 다른 한편으로는, 그들의 실수가 결속지식의 부족, 특히 국부적 성분통어 영역을 모르는 것인지 분명하지 않다. Van der Lely & Stollwerck (1997)은 SLI 아동들은 구조-의존 표시 관계를 나타내지 못한다고 주장한다. 일부 결과는 SLI 아동이 일치를 수행하지 못하는 것이 정확하다고 하지만 이 주장은 너무 강력한 것 같다. 대부분의 언어지식은 구조-의존 용어로 표시된다. 구조-의존 표시 장애는 SLI 연구에서 관찰된 것보다 훨씬 더 광범위한 결과를 지닐지도 모른다. 예를 들면, 구조-의존 표시 장애는 SLI 개인들이 계층표시에서 동사를 이동하는 것을 방해한다. 결과적으로, 선택적 원형동사의 확장기간에서의 발견과는 반대로, 시제동사와 비시제동사가 SLI 아동들의 발화에서 같은 분포를 갖는 것으로 예상한다.

8.2.1.4 문법적 굴절자질 장애

SLI는 문법능력에 영향을 끼치는 장애이다. Gopnik와 공동연구자들 (Gopnik & Goad 1997)은 캐나다어, 영국영어, 그리스어, 일본어, 쾌백 불 어에서 굴절형태론 사용에 대해 SLI가 있는 개인들의 언어행동을 연구했다. 그들은 이해력과 발화를 시험하는 말하기형과 쓰기형으로 행해진 다양한 과 제를 제시했다. 그 결과는 SLI가 있는 개인들은 모든 과제와 언어에 걸쳐 굴절형태론을 다루지 못했다. 이전에 Gopnik와 공동연구자들은 SLI 아동 들의 언어표시는 [±과거], [±복수]굴절자질을 포함하지 않는다고 주장했다. 최근에 그들은 이 가설을 약간 수정했고 이제는 SLI 아동들은 문법에서 형 태적 과정과 음운적 과정을 지배하는 함축적인 규칙들을 만들 수 없다고 주 장한다. 정상발달 아동들은 굴절 패러다임을 만들고 구절요소들 간의 일치 관계를 성립하기 위해 언어입력에서 규칙들을 요약할 수 있다. 대조적으로 SLI 아동들은 굴절단어의 내부구조를 모르고 굴절형태론 규칙을 세울 수 없다. 그들에게는 *walks, walked, houses*가 어간과 굴절형태소를 모은 규 칙에 의해서 도출되는 것이 아니라 개별적인 어휘항목으로 외워서 학습되고 분해되지 않은 덩어리로 어휘부에 저장된다.

만약 SLI 아동이 동사나 명사의 굴절규칙을 갖고 있지 않다면, 어떻게 그들은 때때로 정확한 굴절형을 만들 수 있는가? Gopnik에 의하면, 그들은 단어 굴절규칙은 모르지만, 보통 언어기능을 가장하는 보상장치 (compensatory mechanism)에 접근할 수 있다. 그들은 어떤 단어를 배우 고 기억할 때 분해되지 않은 덩어리로 형태를 배우고 기억할 수 있다. 그들 은 복귀기간(rehabilitation)동안 명확한 규칙들을 배울 수 있거나 (복수형 은 명사에 -s를 추가함) 유추에 의존한다. 이 가설은 SLI가 있는 개인들의 발화에서 다음과 같은 것을 예측한다.

> (18) a. 규칙단어와 불규칙단어의 빈도 효과(frequency effects)
> b. 새로운 단어들의 굴절의 어려움
> c. 굴절단어들의 부정확한 분절(segmental)자질과 운율(prosodic) 자질

  단어와 규칙(word-and-rule) 이론에 의하면 (Pinker & Prince 1988; Pinker 1994b), 단어가 규칙적인지 불규칙적인지에 따라 굴절된 단어를 만들어내는 두 가지 과정이 있다. 규칙적 굴절은 통사범주(예, 동사)를 입력으로 보고 굴절된 단어를 생성하는 운용에 기초한다. 영어에서 규칙 과거시제 굴절은 동사어근에 *-ed*를 첨가하는 접사운용에 의해서 얻어진다. 규칙적 굴절은 새로운 항목으로 확대된다. 대조적으로 불규칙 동사의 굴절형태는 그 기저형에서 쉽게 예측될 수 없다. 그것들은 외워서 학습되고 다른 어휘항목들과 함께 분해되지 않은 전체로 장기기억으로 저장되어야 한다.

  SLI가 없는 개인들에서 빈번한 형태가 덜 빈번한 형태보다 더 빨리 복구되는 빈도의 효과로 불규칙단어가 복구된다. SLI가 있는 개인들이 같은 방식으로 모든 굴절된 단어를 다루기 때문에, 그들의 말은 불규칙형태뿐만 아니라 규칙형태에서도 빈도효과를 나타내야 한다. 실제로 과거시제형이 더 빈번하면 할수록, SLI가 있는 개인들이 그것을 사용하는 가능성이 더 크다. 규칙형도 SLI가 있는 개인들의 말에서 빈도효과를 나타낸다는 사실은 그들이 규칙형을 불규칙형으로 처리하고 있다는 것이다. 예를 들면, *walked*는 [+과거] 문법적 명시는 없으나 의미에 "과거(pastness)" 개념을 포함하는

분해되지 않은 단어로 저장될지도 모른다.

　SLI가 있는 개인들이 굴절자질을 도입하는 형태론 규칙을 모르면, 그들은 (18b)에서 예측하듯이, 예전에 들어보지 못한 단어들을 굴절할 수 없어야 한다. 실제로 Gopnik & Goad (1997)는 SLI가 있는 개인들이 새로운 단어에 과거시제나 복수굴절에서 규칙-지배되지 않는다는 것을 발견했다.

　SLI가 있는 사람들은 굴절어를 30%~50%사이로 정확하게 말하지만, Gopnik에 의하면 이들은 보상전략에 의해서 유도된다. 그들의 복수형을 조사해보면 단지 소수만이 복수형의 분절형태와 운율형태를 갖고 있다는 것을 알 수 있다. (18c)에서 보듯이, 대부분의 경우 복수표지의 소리는 정확하지 않다. [wʌg] 복수형을 물으면, SLI가 있는 개인들은 유성자음 /g/와 복수표지 /s/사이에 유성화를 생략하고 [wʌgz]보다는 [wʌgs]를 말한다. 다른 경우에 이런 사람들은 이 소리가 복수성을 암호화하는지에 상관없이, 목표어에 음성적으로 가깝고 마찰음으로 끝나는 어휘를 찾는다. 예를 들면, 그들은 새로운 단어 [bram]의 복수로서 [branz](*bronze*)를 제공한다. 이것은 이런 사람들이 복수는 어말 *s*에 의해 표시된다는 분명한 규칙을 배웠기 때문이다. 정상발달 아동들은 무의식적으로 복수 형태소는 세 가지 이음 변이, 즉 [s], [z], [ɨz]가 있다는 것을 알고 있다. 이것들은 어말음의 음운적 특성에 따라 명사에 부가되는데, 예를 들면, *cat*[*s*], *dog*[*z*], *glass*[*ɨz*]이다. 정상발달 아동들은 명사를 복수화할 때 정확한 이음을 선택한다. 대조적으로 SLI 아동들은 복수형성규칙을 모르기 때문에 그렇지 못하다. 대신에 그들은 암기한 규칙이나 목표형태와 그들이 생각하는 형태사이에서 유사성을 사용한다. 그러므로 종종 그들이 말하는 정확해 보이는 굴절어들이 전혀 정확하지 않은 것이다.

규칙 굴절어의 생성에서 빈도효과, 새로운 단어를 정확하게 굴절시키지 못하는 것, 그리고 분절적으로 운율적으로 부정확한 굴절어를 생성은 SLI 아동들이 언어-학습 과제에 접근하지 못한다는 것을 나타낸다. 특히 그들은 형태적 패러다임을 세우는 규칙들을 추상화하지 못하고, 대신 다른 방식을 통해 보충한다. Gopnik와 공동연구자들의 결과는 규칙굴절을 배우는 규칙 기반 체계와 불규칙굴절을 배우는 어휘기반체계 사이의 차이를 지지한다.

8.2.2 처리장애: 표층가설

SLI 아동들이 기능 형태소에 문제가 있다면, 이 형태소는 그들이 말하거나 이해하는 것을 특히 어렵게 만드는 특별한 특성을 지닐지도 모른다. 표층가설(surface hypothesis) (Leonard et al. 1992)에 의하면, 기능 형태소들 (영어에서 과거시제, 3인칭단수현재, 복수표지 등)은 음향적 특성으로 인해 음운적으로 현저하지 못해서 피해를 입기 쉽다. SLI 아동들은 인접한 형태소들보다 더 짧게 지속하는 형태소들을 처리하지 못한다. 그들은 다음과 같은 형태소를 처리하지 못한다.

(19) a. 강세없는 형태소 (*the, kisses* 어말 굴절어미)
　　　b. 비음절 형태소(*speaks* 어말 -*s*),
　　　c. 말할 때 삭제되기 쉬운 형태소
　　　d. 어말위치에 나타나지 않는 형태소

왜 지속기간이 짧거나 현저하지 않는 것이 SLI 아동들에게 문제가 되는가? Leonard (1998)에 의하면, 아동들의 문제는 기능 형태소의 지속기간이 아니라 현저하지 못한 형태소를 지각하려고 그들의 처리수단을 다 써버린다는 사실이다. 그렇게 하면서, 이런 형태소의 문법기능을 확인하고, 또 형태론적 패러다임을 만들지 못하는 것이다. 다시 말해서, SLI 아동들은 굴절기능을 처리할 수 없기 때문에 굴절을 다루지 못한다.

이 제안을 지지하면서, Leonard 외 (1987), Rom & Leonard (1990) 그리고 Leonard 외 (1992)는 SLI가 있는 영어를 모국어로 하는 아동, 이탈리아어를 모국어로 하는 아동, 히브리어를 모국어로 하는 아동들에서 증거를 수집했다. SLI 영어 학습자들은 문법형태소들인 복수표지, 과거시제, 계사, 관사가 현저하지 않으니까 이들을 생략한다. 대조적으로, SLI 이탈리아어 학습자와 히브리어 학습자들은 SLI가 없는 학습자들처럼 정확하게 동사와 명사에 대한 굴절형태소들을 사용한다. 왜냐하면 이것들은 어말이고 음절을 이루므로 돌출되기 때문이다. 그들의 현저함으로, 이탈리아어 문법형태소들을 지각하기가 쉬워서 SLI 아동들의 처리분석에서 이것을 형태적 패러다임에 통합하기가 쉽다. SLI 이탈리아어를 모국어로 하는 아동들도 관사를 생략한다. Leonard와 공동연구자들에 의하면, 이것은 이탈리아어 관사가 강세를 받을 수 없는 위치에서 발생하여 현저하지 않기 때문이다.

하지만, SLI가 있는 이탈리아어와 불어를 모국어로 하는 아동들의 발화를 조사해 보면 흥미로운 비대칭이 나타난다. 이탈리아어와 불어에서 관사와 접사대명사는 동음이의어이다. 만약 현저함이 기능형태소의 정확한 사용의 원인이라면, 우리는 SLI 아동들이 관사와 접사대명사 사용에서 똑같이 서투를 것이라고 예상한다. 그들은 접사보다는 관사에서 약간 우세한 것은 사실이다. SLI 불어 학습자의 말에서도 접사보다는 관사에서 상당히 우세한 것을 발견했다. 관사와 접사의 분리는 SLI 이탈리아어 학습자의 말에서 나타나지만, 불어 경우와는 달리 관사의 말하기가 접사의 말하기보다 더 영향을 받는다. 왜 그런 불일치가 나타나는지 분명치 않지만, 한 가지 분명한 사실은 관사와 접사는 불어와 이탈리아어에서 모두 같은 음운적 상태를 지니기 때문에 현저함이 관련 요소가 될 수 없다는 것이다. Rice와 공동연구자들도 같은 견해를 제시한다. 여기서 SLI 아동들은 동사에 3인칭을 표시할 때 -s 형태소에서 힘들었지만 명사에 복수를 표시할 때는 힘들지 않았다. 이런 형태소들은 동음이의어이기 때문에 현저함이 이런 차이에 원인이 될 수 없다. 이런 점은 SLI 아동들의 발화에서 또 다른 골칫거리로 넘겨진다. 기능형태소를 삭제하는 것 외에도, SLI가 있는 영어학습자들은 (17)에서처럼 주어로 주격대명사 대신에 대격 대명사를 사용할지도 모른다.

(20) a. Him stand on chairs.
      b. Her watching TV.

주격과 대격 대명사의 현저함이 차이가 없어서, 그들의 상대적인 현저함이 이런 실수를 설명하기 위해 거의 인용될 수 없다.

표층가설에 대한 마지막 문제점은 다음과 같다. 이 가설에 의하면, SLI 아동들은 기능형태소 사용을 못하는 지각장애가 있어 정상발달 아동들과 다르다. 하지만 Leonard 외 (1992) 연구에서, 정상발달 영어를 모국어로 하는 아동들 (LM 통제)은 관사 사용에서는 SLI 아동들과 마찬가지로 못하지만, 다른 기능형태소 사용에서는 잘한다는 것을 주목하라. 이것은 예기치 않은 것이다. 우리는 어떻게 관사사용에서 정상발달아동들의 서투른 언어수행을 설명할 수 있는가? 그것도 또한 처리 한계 때문인가 아니면 다른 이유가 있는가? 왜 통제그룹에 있는 정상발달 아동들은 기능형태소에 대한 테스트에서 SLI 아동들보다 더 잘 수행하지만, 관사에 대한 테스트에서는 SLI 아동들과 같이 수행하는가?

8.2.3 중간요약

연구자들이 SLI에 대해 서로 다른 견해를 가지고 있는 것은 분명하다. 일부 연구자들에게는 SLI는 문법능력 모듈의 장애이고, 다른 연구자들에게는 SLI는 처리한계이다. 우리는 다른 제안들을 검토해 보았다. 네 가지 제안에서 장애가 문법구성에 영향을 끼친다고 주장한다. Rice & Wexler와 공동연구자들에 의하면, SLI는 절 표시에서 시제자질과 시제자질 형태소의 선택적 생략에서 나타나는 장애이다. Clahsen과 공동연구자들은 SLI를 주어일치를 성립하지 못하는 결과로 간주한다. Gopnik 와 공동연구자들은 아동들이 입력에서 형태론적 패러다임을 구축하지 못하고 상징적 규칙을 요약하지 못하여 SLI가 발생한다고 제안했다. 이런 견해에서는 이 아동들은 정상발달 아동들과는 다르게 언어습득과제에 달려든다. Van der Lely와 공동연구자들은 SLI 피실험자들은 구조-의존 관계를 표시할 수 없다고 제안했다. 마지막으로, Leonard와 공동연구자들은 SLI 피실험자의 문법은 완전하고, 장애는 처리체계에서 생겨난다고 주장한다. 다음 절에서는 정신지체에도 불구하고 언어가 비교적 좋은 또 다른 병적 상황을 조사할 것이다.

8.3 윌리엄스 증후군

SLI는 인지능력이 문법능력보다 뛰어나고 정상적 인지발달에도 불구하고 언어에 결함이 있는 분리의 경우이다. 이와 정반대의 분리가 윌리엄스 증후군(WS)을 가진 사람들에 의해 나타난다. 그들의 언어능력은 인지능력보다 뛰어나다.

8.3.1 윌리엄스 증후군의 특징

SLI의 병인(etiology)과 달리, 소아 칼슘과잉혈증(infantile hypercalcemia)이라고 불리는 WS의 병인은 잘 알려져 있다. 이는 칼슘과 칼시토닌 신진대사에 영향을 주는 보기 드문 신진대사 장애이다. 이것의 특징은 정신지체, 꼬마얼굴모습, 대동맥 판상부 협착증과 신장 이형을 포함하는 여러 의학적 변칙을 포함한다. WS 사람들은 친절하고 수다스러운 것으로 묘사된다. 그들은 신발 끈 묶기 같은 일상적 일에 어려움을 느끼는 지능적 제한을 갖고 있다. 게다가, 그들은 정상발달 아동이 7세나 8세경에 숙달하는 Piaget의 여러 인지과제를 해내지 못한다. 예를 들어, 그들은 사물을 큰 것부터 작은 것, 높은 것에서부터 낮은 것 순으로 배열할 수 없다. 그들은 어떤 특성이 지각적 변화의 결과로 변하지 않는다는 것을 인식하지 못하고 또한 문제 해결에 약하다. 그들은 또한 그림을 제대로 그리지 못한다. WS 사람들의 그림에서의 뚜렷한 특징은 사물의 부분들을 통합시키지 못하는 것이다. 그들의 그리기 장애는 부분들을 분류하고 역할을 설명할 수 있으므로 인지문제도 아니고 또한 동작 장애 때문도 아니다. Bellugi와 공동연구자들은 그것을 공간-시각적 장애의 결과라고 제안한다.

그들이 비언어적 과제를 제대로 하지 못하지만, WS 사람들의 언어는 다운증후군 같은 정신지체가 있는 다른 집단의 언어보다 비교적 원활하다. 말하기를 늦게 시작하지만 사춘기 경에 언어가 일반적인 생활나이 수준은 못되어도 다른 인지 능력수준을 능가하는 수준에 다다른다.

WS의 가장 두드러진 특징인 이러한 불일치는 활발히 논의되고 있다. 일부 학자들은 그들의 언어가 다른 정신지체 집단의 언어보다 훨씬 뛰어나다 할지라도, 완전하지는 않다고 강조한다. 다른 학자들은 이 불일치를 언어가 다른 인지능력과는 독립적이라는 증거로 생각한다. 그들은 WS 사람의 언어가 완전하지 않고, 단지 다른 인지기능보다 앞선다고 주장한다. 만약 언어가 그 자체의 체계원리를 지닌 독립적인 모듈이 아니라면, 이러한 불일치는 예측되지 않을 것이다. WS 사람의 언어적 표상의 종류가 무엇인지 좀더 이해하기 위해서 명확한 언어양상을 알아보는 것이 바람직하다.

8.3.2 WS 사람들의 언어

이 절에서는, WS 사람들의 일부 언어양상에 대해 조사할 것이다. 하지만, SLI 아동 연구와 같이 언어적으로 동기 부여된 연구가 드물기 때문에, WS에 대한 논의는 SLI에 대한 논의보다 덜 구체적이다.

8.3.2.1 어휘습득

WS 아동들의 어휘부는 그들의 정신연령에 있는 아동에 비해 상당히 특이하다. Clahsen & Almazan (1998)연구에서, 11세, 12세, 13세, 15세의 WS 아동들은 그림 어휘 테스트에서 그들의 정신연령보다 높은 점수를 얻었다. 하지만, WS 아동들은 낮은 빈도의 어휘를 사용하기를 좋아하고, 그 어휘들의 의미를 매우 잘 알고 있다. 예를 들어, Bellugi et al. (1993)에 의해 시험된 11세, 13세, 16세 아동들은 어휘 *canine*, *archaeologist*, *cornea*를 4개의 그림에서 선택하여 정확한 그림과 짝을 맞추었다. 그들은 어휘의 의미를 길게 여러 예를 사용하여 설명할 수 있었다. 그들이 적절한 문맥을 제시한 것으로 보아 그 어휘를 사용할 줄 알고 있었다. 하지만, 그들의 정의가 그 어휘의 가장 두드러진 특징을 사용하지 않는다는 점에서 이상했다. Bellugi et al. (1993)의 예가 (21)과 (22)에서 나타난다.

(21) a. "*Sad* is when someone dies; sometimes is hurt, like when you cry."

b. "[*Sad* is] when you lost somebody that you love and care about. It means something happens to you like your grandmother died…"

(22) a. "I wish I could *surrender*. That means I give up."

b. "I would like to *commentate* it. It means that … like all the sportscasters do… they tell who's doing what."

8.3.2.2 굴절형태론

SLI 아동들과 달리, WS 아동들은 여러 굴절형태소를 정확하게 사용한다. 그들이 말하기를 늦게 시작할지라도, Clahsen & Almazan (1998)에서 제시되듯이, WS 아동들은 SLI 아동보다 굴절형태론을 더 정확하게 사용한다. SLI가 있는 영어를 모국어로 하는 아동은 시제표시를 제대로 하지 못한다. 그들은 종종 3인칭 단수표지 *-s*, 과거시제 표지 *-ed*, 계사를 생략한다.

대조적으로, WS 아동들은 그러한 선택적 어려움을 겪지 않는다. SLI 아동, WS 아동, 두 그룹의 정상발달 아동의 언어수행을 비교해 보면, SLI아동, WS 아동, 언어부합 아동은 동일한 평균발화길이 수준에 있다. 지능 테스트는 SLI 아동들과 두 통제그룹은 인지수행능력의 정상범위 내에 있고, WS 아동들은 지적 결함을 나타낸다. WS 아동들은 다른 세 그룹의 아동들보다 나이가 더 많다. 하지만 그들의 시제표시 형태소에 대한 수행능력은 다른 SLI 아동과 LM 아동의 수행능력보다 더 정확하다. 실제로 그들의 낮은 인지능력에도 불구하고, 그들은 성인과 같은 정확성에 도달한다. 결론은 WS 아동들은 그들의 언어발달이 시제표시가 필수라는 것을 알지 못하는 SLI 아동의 언어와 비교해 볼 때 시제표시가 필수라는 것을 안다는 것이다. Clahsen & Almazan (1998)도 유사한 결과를 보고한다. 그들은 WS 사람들에게서 규칙/불규칙 동사의 과거시제 형태를 도출했다. SLI가 있는 사람들이 낮은 점수를 얻는 반면, WS 사람들이 규칙동사를 굴절시키는 데 어려움이 없다는 것을 보여주었다. 하지만 WS 사람들이 불규칙 과거시제 형태를 말하는 것은 상당히 서툴렀다. 게다가 그들은 불규칙 동사에 -ed를 과잉일반화시키는 뚜렷한 경향을 보였다. 흥미롭게도, SLI 사람들의 시제 접사 첨가의 실수는 모든 동사의 시제접사를 생략하여, 원형동사를 만들어내는데 있고, 반면 WS 아동들의 실수는 규칙 굴절의 과잉일반화에 있다.

그러므로 단어-규칙 이론에 의하면, WS 사람에 의해 나타난 분리는 SLI 사람들에 의해 나타난 것과 정반대이다. 다시 말해서 규칙굴절은 과잉으로 남는 것이고, 불규칙굴절은 장애이다.

8.3.2.3 통사구조

Bellugi et al. (1993)은 WS 아동은 가역 수동태(reversible passive), 조건문, 관계절, 비교급과 같은 복합구조에 대해 잘 이해하고 말하는 것을 확인했다. 세 명의 WS 아동이 발화한 몇 가지 자연스러운 문장이 (23)에서 제시된다.

(23) a. The dog was chased by the bees. (Crystal)
      b. Maybe you could ask your son if I could have one of your posters. (Van)
      c. After I stopped hurting, I was told I could go to school again and do whatever I feel like doing. (Ben)

Clahsen & Almazan (1998)은 WS 사람들이 모든 종류의 수동태에 대해 최고 수준으로 수행한다는 것을 보여준다.

(24) a. The teddy is mended by the girl.
      b. The teddy is being mended.
      c. The teddy is mended.

대조적으로, 생활나이가 WS 아동의 정신연령과 유사한 SLI 아동들은 가역동사수동태 (by-phrase가 있는 것과 없는 것)에서 잘 수행하지 못했고, 형용사적 수동태는 최고 수준으로 수행했다.

WS 아동들은 결속원리 A와 결속원리 B를 평가하기 위한 과제에서도 최고 수준으로 수행했다. 그들은 (25a)가 *Mowgli*가 그 자신을 간질이고 있는 그림과 짝을 이룰 때, 그 문장을 수용했고, *Mowgli*가 *Baloo Bear*인 다른 누군가를 간질이는 그림과 짝을 이룰 때 그 문장을 거부했다. 그들은 (25b)를 *Mowgli*가 *Baloo Bear*를 간질이는 그림에 대한 설명으로 받아들였지만, *Mowgli*가 그 자신을 간질이는 그림에 대한 설명으로는 거부했다. 그들은 가능한 선행사가 지시적 표시라기보다 양화사인 경우 똑같이 잘 수행했다.

(25) a. Mowgli is tickling himself.

　　　b. Mowgli is tickling him.

　　　c. Every boy is tickling himself.

　　　d. Every boy is tickling him.

대조적으로, 우리는 SLI 아동이 *Mowgli*가 그 자신을 간질이는 그림이 제시되었을 때 문장 (25b)를 거부하는 것에 서투른 것을 보았다. 또한 (25c, d)와 같은 문장에서 낮은 점수를 얻었다. 이와 같이 WS 아동들은 결속지식을 조사하는 문장에 있어서 SLI 아동보다 더 나은 수행능력을 보인다. 게다가, 그들은 정신연령에서 맞는 WS가 없는 아동들보다 더 높은 점수를 얻었다.

적어도 WS 아동들의 통사적 양상은 꽤 원활하고, 그들의 언어는 언어장애 집단의 언어보다 통사적 관점에서 우수하다. 수동태에 대한 우수한 언어수행은 WS 아동들이 이동운용을 다룰 수 있다는 것을 보여준다. 재귀대명사와 비재귀대명사를 포함하는 문장에서의 높은 점수는 이 아동들이 결속원리에 대한 지식을 갖고 있다는 것을 나타낸다. 정확하게 어떠한 지식이 유효하고, 어떠한 것이 유효하지 않은 것인지를 입증하기 위해서는 더 많은 증거가 필요하다.

8.4 결론

우리는 특수언어장애와 윌리엄스 증후군의 두 가지 병리적 상황에 대해 논의했다. SLI는 언어에 영향을 주지만 다른 인지능력은 완전한 상태로 남아있는 장애이다. 연구자들은 SLI 특성에 대해 폭넓은 가설을 제시해오고 있다. 이렇게 다양한 견해들은 SLI 집단의 비동질성에 근거를 두고 있다. SLI 사람들은 다른 언어테스트를 치루고 그들의 연령도 상당히 다양하다. SLI가 없는 아동의 언어가 발달하듯이, SLI 아동들의 언어가 발달하고 장애가 변한다는 것은 놀랄 일이 아니다. 이 모든 차이점에도 불구하고, SLI 아동들이 정상적인 지적발달을 겪는다는 것에는 동의하고 있다. 이러한 사실은 언어 모듈의 자율성에 대한 증거이다. 언어모듈의 장애는 다른 인지능력의 기능과 별개의 것이다.

WS 아동들은 언어가 다른 인지능력보다 우월한 정반대의 분리를 나타낸다. 그들은 정신적으로 지체되지만 그들의 언어는 다른 인지기능과 비교하여 비교적 잘 보존되어있다. 그러므로 WS 집단은 언어의 일부 양상이 다른 인지영역의 결점에도 불구하고 발달한다는 것을 보여준다. 모든 언어양상이 똑같이 보존되는 것은 아니다. 규칙 굴절접사첨가는 과잉의 여분이고, 불규칙 접사첨가는 그렇지 못하다. 이것은 WS 아동들이 규칙 만들기에 능숙하다는 것을 나타낸다. 그들의 문제는 불규칙동사에 있는데, 이는 기계적 암기에 의해 학습되어 기억에 저장된 것이다. WS와 SLI가 있는 아동들에서 규칙/불규칙 동사의 이중 분리는 그들의 처리 체계가 개별적이어야 한다는 관점을 지지한다. Clahsen & Almazan는 통사처리를 지지하는 연산체계가 잘 보존되어 있고, 반면에 불규칙 굴절을 지지하는 연상기억 체계는 그렇지 못하다는 것을 제시한다.

WS와 SLI가 있는 아동들은 언어와 다른 인지기능 간의 분리에 대한 증거를 제시한다. 언어는 일반 인지능력의 발현이 아니라, 다른 인지기능에 의해 공유되지 않는 체계 원리를 가진 별개의 모듈임을 나타낸다. 이 주장은 논쟁의 여지가 있지만, WS 사람의 언어가 그들의 다른 인지능력만큼 손상되지 않았다는 것을 부정할 수 없으며 설명될 가치가 있다.

■참고문헌

Aslin, R. N., J. Z. Woodward, N. P. LaMendola, and T. G. Bever. 1996. Models of word segmentation in fluent maternal speech to infants. In J. L. Morgan and K. Demuth, eds., *Signal to syntax*. Mahwah, N.J.: Lawrence Erlbaum.

Babyonyshev, M., J. Ganger, D. Pesetsky, and K. Wexler. 2001. The maturation of grammatical principles: Evidence from Russian unaccusatives. *Linguistic Inquiry* 32, 1-44.

Baldwin, D. A. 1991. Infant contributions to the achievement of joint reference. *Child Development* 62, 875-890. [Reprinted in P. Bloom, ed., *Language acquisition*. Cambridge, Mass.: MIT Press, 1994.]

Bates, F., P. S. Dale, and D. Thal. 1995. Individual differences and their implications for theories of language development. In P. Fletcher and B. MacWhinney, eds., *Handbook of child language*. Oxford: Blackwell.

Bellugi, U. 1971. Simplification in children's language. In R. Huxley and D. Ingram, eds., *Language acquisition: Models and methods*. New York: Academic Press.

Bellugi, U., S. Marks, A. Bihrle, and H. Sabo. 1993. Dissociation between language and cognitive functions in Williams syndrome. In D. Bishop and K. Mogford, eds., *Language development in exceptional circumstances*. Hillsdale, N.J.: Lawrence Erlbaum.

Berman, R., and I. Sagi. 1981. On word formation and word innovations in early age. *Balshanut Ivrit Xofshit* 18.

Bloom, P. 1990. Subjectless sentences in child language. *Linguistic Inquiry* 21, 491-504.

Bloom, P. 1994a. Language development. In M. A. Gernsbacher, ed., *Handbook of psycholinguistics*. San Diego, Calif.: Academic Press. [Reprinted in P. Bloom, ed., *Language acquisition*. Cambridge, Mass.: MIT Press, 1994.]

Borer, H., and K. Wexler. 1987. The maturation of syntax. In T. Roeper and E. Williams, eds., *Parameter setting*. Dordrecht: Reidel.

Borer, H., and K. Wexler. 1992. Bi-unique relations and the maturation of grammatical principles. *Natural Language & Linguistic Theory* 10, 147-189.

Broihier, K., and K. Wexler. 1995. Children's acquisition of control in temporal adjuncts. In C. T. Schütze, J. B. Ganger, and K. Broihier, eds., *Papers on language processing and acquisition*. MIT Working Papers in Linguistic 26. Cambridge, Mass.: MIT, MITWPL.

Bromberg, H. S., and K. Wexler. 1995. Null subjects in *wh*-questions. In C. T. Schütze, J. B. Ganger, and K. Broihier, eds., *Papers on language processing and acquisition*. MIT Working Papers in Linguistic 26. Cambridge, Mass.: MIT, MITWPL.

Cairns, H. S., D. McDaniel, J. R. Hsu, and M. Rapp. 1994. A longitudinal study of principles of control and pronominal reference in child English. *Language* 70, 260-288.

Cardinaletti, A., and M. T. Guasti. 1995. Small clause: Some controversies and issues of acquisition. In A. Cardinaletti and M. T. Guasti, eds., *Small clauses*. Syntax and Semantics 28. San Diego, Calif.: Academic Press.

Carlson, G. N. 1990. Intuitions, category and structure: Comment on

McDaniel and Cairns. In L. Frazier and J. de Villiers, eds., *Language processing and language acquisition*. Dordrecht: Kluwer.

Chomsky, N. 1969. *The acquisition of syntax in children from 5 to 10*. Cambridge, Mass.: MIT Press.

Chomsky, N. 1975. *The logical structure of linguistic theory*. New York: Plenum.

Chomsky, N. 1995. *The Minimalist Program*. Cambridge, Mass.: MIT Press.

Cristophe, A., and E. Dupoux. 1996. Bootstapping lexical acquisition: The role of prosodic structure. *The Linguistic Review* 13, 383-412.

Cristophe, A., and E. Dupoux, J. Bertoncini, and J. Mehler. 1994. Do infants perceive word boundaries? An empirical approach to the bootstapping problem for lexical acquisition. *Journal of the Acoustical Society of America* 95, 1570-1580.

Cristophe, A., and J. Morton. 1998. Is Dutch native English? Linguistic analysis by 2-month-olds. *Developmental Science* 1, 215-219.

Cristophe, A., M. Nespor, M. T. Guasti, and B. van Ooyen. 1997. Reflections on phonological bootstrapping: Its role in lexical and syntactic acquisition. In G. T. M. Altmann, ed., *Cognitive models of speech processing: A special issue of Language and Cignitive Processes*. Mahwah, N.J.: Lawesnce Erlbaum.

Cipriani, P., P. Bottari, and A. M. Chilosi. 1998. The longitudinal perspective in the study of specific language impairment: The case of a long-term follow-up of an Italian child. *International Journal of Language and Communication Disorders* 33, 245-280.

Cipriani, P., P. Pfanner, A. M. Chilosi, L. Cittadoni, A. Ciuti, A. Maccari, N. Pantano, L. Pfanner, P. Poli, S. Sarno, P. Bottari,

G. Cappelli, C. Colombo, and E. Veneziano. 1989. *Protocolli diagnostici e terapeutici nello sviluppo e nella patologia del linguaggio* (Therapeutic and diagnostic protocols in language development and language pathology). (1/84 Italian Ministry of Health): Stella Maris Foundation.

Clahsen, H. 1986. Verb inflections in German child language: Acquisition of agreement markings and the function they encode. *Linguistics* 26, 79-121.

Clahsen, H. 1991. *Child language and developmental dysphasia.* Amsterdam: John Benjamins.

Clahsen, H., and M. Almazan. 1998. Syntax and morphology in Williams syndrome. *Cognition* 68, 167-198.

Clahsen, H., S. Bartke, and S. Göllner. 1997. Formal features in impaired grammars: A comparison of English and German SLI children. *Journal of Neuro-linguistics* 10, 151-171.

Clahsen, H., C. Kursawe, and M. Penke. 1995. Introducing CP: *Wh*-questions and subordinate clauses in German child language. In *Essex Research Reports in Linguistics* 7, 1-28. Essex, England: University of Essex, Department of Linguistics.

Clahsen, H., and M. Penke, and T. Parodi. 1993/1994. Functional categories in early child German. *Language Acquisition* 3, 395-429.

Clahsen, H., and M. Rothweiler, A. Woest, and G. F. Marcus. 1992. Regular and irregular inflections in the acquisition of German noun plurals. *Cognition* 45, 225-255.

Cohen Sherman, J., and B. Lust. 1995. Children are in control. *Cognition* 46, 1-51.

Crain, S., and J. D. Fodor. 1993. Competence and performance. In E.

Dromi, ed., *Language and cognition: A developmental perspective.* Norwood, N.J.: Ablex.

Crain, S., and R. Thornton. 1998. *Investigations in Universal Grammar.* Cambridge, Mass.: MIT Press.

Crain, S., R. Thornton, C. Boster, L. Conway, D. Lillo-martin, and E. Woodams. 1996. Quantification without qualification. *Language Acquisition* 5, 83-153.

Dahaene-Lambertz, G. 1998. Syllable discrimination by premature neonates with or without subcortical lesion. *Developmental Neuropsychology* 14, 579-597.

Demuth, K. 1989. Maturation and the acquisition of the Sesotho passive. *Language* 65, 56-80.

de Villiers, J., T. Roeper, and A. Vainikka. 1990. The acquisition of long-distance rules. In L. Frazier and J. de Villiers, eds., *Language processing and language acquisition.* Dordrecht: Kluwer.

Eimas, P., E. R. Siqueland, P. W. Jusczyk, and J. Vigorito. 1971. Speech perception in infants. *Science* 17, 303-306.

Fisher, C., D. G. Hall, S. Rakowitz, and L. R. Gleitman. 1994. When it is better to receive than to give: Syntactic and conceptual constraints on vocabulary growth. *Lingua* 92, 333-375. [Reprinted in L. R. Gleitman and B. Landau, eds., *The acquisition of the lexicon.* Cambridge, Mass.: MIT Press, 1994.]

Fodor, J. A. 1983. *The modularity of mind.* Cambridge, Mass.: MIT Press.

Gerken, L. A. 1991. The metrical basis of children's subjectless sentences. *Journal of Memory and Language* 30, 431-451.

Gleitman, L. R., and E. Wanner. 1982. Language acquisition: The State of the art. In E. Wanner and L. R. Gleitman, eds., *Language asquisition: The state of the art*. Cambridge: Cambridge University Press.

Goodluck, H. 1981. Children's grammar of complement subject interpretation. In S. Tavakolian, ed., *Language acquisition and linguistic theory*. Cambridge, Mass.: MIT Press.

Goodluck, H., and D. Behne. 1992. Development in control and extraction. In J. Weissenborn, H. Goodluck, and T. Roeper, eds., *Theoretical studies in language acquisition*. Hillsdale, N.J.: Lawrence Erlbaum.

Goodluck, H., and S. Tavakolian. 1982. Competence and processing in children's grammar of relative clauses. *Cognition* 11, 1-27.

Gopnik, M., and H. Goad. 1997. What underlies inflectional error patterns in genetic dysphasia? *Journal of Neurolinguistics* 10, 109-137.

Grice, H. P. 1989. *Studies in the way of words*. Cambridge, Mass.: Harvard University Press.

Guasti, M. T. 1993. *Causative and perception verbs*. Turin: Rosenberg and Sellier.

Guasti, M. T. 1993/1994. Verb syntax in Italian child grammar: Finite and non-finite verbs. *Language Acquisition* 3, 1-40.

Guasti, M. T. 2000. An excursion into interrogatives in early English and Italina. In M.-A. Friedemann and L. Rizzi, eds., *The acquisition of syntax*. Harlow, England: Longman.

Guasti, M. T., and L. Rizzi. 1996. Null Aux and the acquisition of residual V2. In A. Stringfellow, D. Cahana-Amitay, E. Hughes, and A. Zukowski, eds., *BUCLD 20: Proceedings of the 20th annual Boston University Conference on Language Development*. Somerville, Mass.: Cascadilla Press.

Guasti, M. T., and L. Rizzi. 2000. Agr and Tense as distinctive syntactic projections: Evidence from acquisition. In G. Cinque, ed., *The cartography of syntactic structures*. New York: Oxford University Press.

Guasti, M. T., R. Thornton, and K. Wexler. 1995. Negation in children's questions: The case of English. In D. MacLaughlin and S. McEwen, eds., *BUCLD 19: Proceedings of the 19th annual Boston University Conference on Language Development*. Somerville, Mass.: Cascadilla Press.

Haegeman, L. 1994. *Introduction to government and binding*. Oxford: Blackwell.

Haegeman, L. 1995a. Root infinitives and initial root null subjects in early Dutch. In C. Koster and F. Wijnen, eds., *Proceedings of Groningen Assembly on Language Acquisition*. Groningen University.

Haegeman, L. 1995b. Root infinitives, tense and truncated structures in Dutch. *Language Acquisition* 4, 205-255.

Haegeman, L. 2000. Adult null subjects in non pro-drop languages. In M.-A. Friedemann and L. Rizzi, eds., *The acquisition of syntax*. Harlow, England: Longman.

Hamann, C. 2000. The acquisition of constituent questions and the requirement of interpretation. In M.-A. Friedemann and L. Rizzi, eds., *The acquisition of syntax*. Harlow, England: Longman.

Hamburger, H., and S. Crain. 1982. Relative acquisition. In S. Kuczaj, ed., *Language development: Syntax and semantics*. Hillsdale, N.J.: Lawrence Erlbaum.

Harris, T., and K. Wexler. 1996. The optional infinitive stage in child English: Evidence from negation. In H. Clahsen, ed., *Generative perspectives on language acquisition*. Amsterdam: John Benjamins.

Harris, Z. 1954. Distributional structure. *Word* 10, 146-162.

Heim, I. 1982. The semantics of definite and indefinite NPs. Doctoral dissertation, University of Massachusetts, Amherst. [Published, New York: Garland, 1989.]

Heim, I., and A. Kratzer. 1998. *Semantics in generative grammar*. Oxford: Blackwell.

Hirsh-Pasek, K., and R. M. Golinkoff. 1996. *The origins of grammar*. Cambridge, Mass.: MIT Press.

Hirsh-Pasek, K., D. G. Kemler Nelson, P. W. Jusczyk, K. Wright Cassidy, B. Druss, and L. Kennedy. 1987. Clauses are perceptual units for young infants. *Cognition* 26, 269-286.

Hoekstra, T., and N. Hyams. 1995. The syntax and interpretation of dropped categories in child language: A unified account. In *Proceedings of the 14th West Coast Conference on Formal Linguistics*. Stanford, Calif: CSLI Publications.

Hoekstra, T., and N. Hyams. 1999. Aspects of root infinitives. In A. Sorace, C. Heycock, and R. Shilock, eds., *Language acquisition: Knowledge representation and processing*. Amsterdam: North-Holland.

Horgan, D. M. 1978. The development of the full passive. *Journal of Child Language* 5, 65-80.

Huang, C.-T. J. 1984. On the distribution and reference of empty pronouns. *Linguistic Inquiry* 15, 531-574.

Hurst, J. A., M. Baraitser, E. Auger, F. Graham, and S. Norell. 1990. An extended family with a dominantly inherited speech disorder. *Developmental Medicine and Child Neurology* 32, 352-355.

Hyams, N. 1986. *Language acquisition and the theory of parameters*. Dordrecht: Reidel.

Hyams, N. 1992. A reanalysis of null subjects in child language. In J. Weissenborn, H. Goodluck, and T. Roeper, eds., *Theoretical issues in language acquisition*. Hillsdale, N.J.: Lawrence Erlbaum.

Jusczyk, P. W., and E. A. Hohne. 1997. Infants' memory for spoken words. *Science* 227, 1984-1986.

Labelle, M. 1990. Predication, *wh*-movement and the development of relative clauses. *Language Acquisition* 1, 95-119.

Landau, B., and L. R. Gleitman. 1985. *Language and experience: Evidence from the blind child.* Cambridge, Mass.: Harvard University Press.

Lasnik, H., and T. Stowell. 1991. Weakest Crossover. *Linguistic Inquiry* 22, 687-720.

Lenneberg, E. H. 1967. *Biological foundations of language.* New York: Wiley.

Leonard, L. B. 1998. *Children with specific language impairment.* Cambridge, Mass.: MIT Press.

Leonard, L. B., U. Bortolini, M. C. Caselli, K. K. McGregor, and L. Sabbadini. 1992. Morphological deficits in children with specific language impairment: The status of features in the underlying grammar. *Language Acquisition* 2, 151-179.

Leonard, L. B., L. Sabbadini, J. Leonard, and V. Volterra. 1987. Specific language impairment in children: A crosslinguistic study. *Brain and Language* 32, 233-252.

Lillo-Martin, D. 1986. Two kinds of null arguments in American Sign Language. *Natural Language & Linguistic Theory* 86, 415-444.

Lillo-Martin, D. 1991. *Universal Grammar and American Sign Language: Setting the null argument parameters.* Dordrecht: Kluwer.

Maratsos, M., D. Fox, J. Becker, and M. A. Chalkley. 1985. Semantic restrictions on children's passives. *Cognition* 19, 167-191.

May, R. 1985. *Logical Form: Its structure and derivation.* Cambridge, Mass.: MIT Press.

McDaniel, D., H. S. Cairns, and J. R. Hsu. 1990. Binding principles in the grammars of young children. *Language Acquisition* 1, 121-138.

McDaniel, D., H. S. Cairns, and J. R. Hsu. 1991. Control principles in the grammars of young children. *Language Acquisition* 1, 297-335.

McDaniel, D., C. McKee, and J. Berstein. 1998. How children's relatives solve a problem for minimalism. *Language* 74, 308-364.

McKee, C., D. McDaniel, and J. Snedeker. 1998. Relatives children say. *Journal of Psycholinguistic Research* 27, 573-596.

Mehler, J., E. Dupoux, T. Nazzi, and G. Dehaene-Lambertz. 1996. Coping with linguistic diversity: The infant's viewpoint. In J. L. Morgan and K. Demuth, eds., *Signal to syntax*. Mahwah, N.J.: Lawrence Erlbaum.

Mehler, J., P. Jusczyk, G. Lambertz, N. Halsted, J. Bertoncini, and C. Amiel-Tison. 1988. A precursor of language acquisition in young infants. *Cognition* 29, 144-178.

Mills, A. E. 1985. The acquisition of German. In D. I. Slobin, ed., *The cross-linguistic study of language acquisition*. Vol. 1, *The data*. Hillsdale, N.J.: Lawrence Erlbaum.

Moro, A. 1995. Small clauses with predicative nominals. In A. Cardinaletti and M. T. Guasti, eds., *Small clauses*. Syntax and Semantics 28. San Diego, Calif.: Academic Press.

Naigles, L. 1990. Children use syntax to learn verb meaning. *Journal of Child Language* 17, 357-374.

Naigles, L. 1996. The use of multiple frames in verb learning via syntactic boot-strapping. *Cognition* 58, 221-251.

Pierce, A. 1992b. *Language acquisition and syntactic theory: A comparative analysis of French and English child grammar*. Dordrecht: Kluwer.

Pinker, S. 1984. *Language learnability and language development*. Cambridge, Mass.: Harvard University Press.

Pinker, S. 1994a. How could a child use verb syntax to learn verb semantics? *Lingua* 92, 377-410. [Reprinted in L. R. Gleitman and B. Landau, eds., *The acquisition of the lexicon*. Cambridge, Mass.: MIT Press, 1994.]

Pinker, S. 1994b. Rules of language. In P. Bloom, ed., *Language acquisition*. Cambridge, Mass.: MIT Press. [Reprinted from *Science* 253, 530-535, 1991.]

Pinker, S., D. S. Lebeaux, and L. A. Frost. 1987. Productivity and constraints in the acquisition of the passive. *Cognition* 26, 195-267.

Pinker, S., and A. Prince. 1988. On language and connectionism: Analysis of a parallel distributed processing model of language acquisition. *Cognition* 28, 73-193. [Reprinted in S. Pinker and J. Mehler, eds., *Connections and symbols*. Cambridge, Mass.: MIT Press, 1988.]

Radford, A. 1990. *Syntactic theory and the acquisition of English syntax: The nature of early child grammar of English*. Oxford: Blackwell.

Radford, A. 1996. Toward a structure-building model of language acquisition. In H. Clahsen, ed., *Generative perspectives on language acquisition*. Amsterdam: John Benjamins.

Rice, M. L., K. R. Haney, and K. Wexler. 1998. Family histories of children with SLI who show extended optional infinitives. *Journal of Speech and Hearing Research* 41, 419-432.

Rizzi, L. 1986. Null objects in Italian and the theory of pro. *Linguistic Inquiry* 17, 501-557.

Rizzi, L. 1990. *Relativized Minimality*. Cambridge, Mass.: MIT Press.

Rizzi, L. 1993/1994. Some notes on linguistic theory and language development: The case of root infinitives. *Language Acquisition* 3, 371-393.

Rizzi, L. 1994. Early null subjects and root null subjects. In T. Hoekstra and B. D. Schwartz, eds., *Language acquisition studies in generative grammar*. Amsterdam: John Benjamins.

Rizzi, L. 1996. Residual verb second and the *Wh* Criterion. In A. Belletti and L. Rizzi, eds., *Parameters and functional heads*. Oxford: Oxford University

Press.

Rizzi, L. 1997. The fine structure of the left periphery. In L. Haegeman, ed., *Elements of grammar*. Dordrecht: Kluwer.

Rizzi, L. 2000. Remarks on early null subjects. In M.-A. Friedemann and L. Rizzi, eds., *The acquisition of syntax*. Harlow, England: Longman.

Roeper, T., and J. de Villiers. 1992. Ordered decision in the acquisition of *wh*-questions. In J. Weissenborn, H. Goodluck, and T. Roeper, eds., *Theoretical issues in language acquisition*. Hillsdale, N.J.: Lawrence Erlbaum.

Roeper, T., and B. Rohrbaher. 2000. True pro-drop in child English and the principle of economy of projection. In C. Hamann and S. Powers, eds., *The acquisition of scrambling and cliticization*. Dordrecht: Kluwer.

Rom, A., and L. Leonard. 1990. Interpreting deficits in grammatical morphology in specifically language-impaired children: Preliminary evidence from Hebrew. *Clinical Linguistics and Phonetics* 4, 93-105.

Rothweiler, M., and H. Clahsen. 1993. Dissociation in SLI children's inflectional systems: A study of participle inflection and subject-verb agreement. *Journal of Logopedics and Phoniatrics* 18, 169-179.

Saffran, J. R., R. N. Aslin, and E. L. Newport. 1996. Statistical learning by 8-month-old infants. *Science* 274, 1926-1928.

Santelmann, L. 1998. The acquisition of verb movement and spec-head relationships in child Swedish. In D. Adger, S. Pintzuk, B. Plunkett, and G. Tsoulas, eds., *Specifiers: Minimalist approaches*. Oxford: Oxford University Press.

Sheldon, A. 1974. The role of parallel functions in the acquisition of relative clauses in English. *Journal of Verbal Learning and Verbal Behavior* 13, 272-281.

Stowell, T. 1983. Subjects across categories. *The Linguistic Review* 2, 285-312.

Tavakolian, S. 1981. The conjoined-clause analysis of relative clauses and other structures. In S. Tavakolian, ed., *Language acquisition and linguistic theory*. Cambridge, Mass.: MIT Press.

Thornton, R. 1990. Adventures in long-distance moving: The acquisition of complex *wh*-questions. Doctoral dissertation, University of Connecticut, Storrs.

Thornton, R., and S. Crain. 1994. Successful cyclic movement. In T. Hoekstra and B. Schwartz, eds., *Language acquisition studies in generative grammar*. Amsterdam: John Benjamins.

Tsimpli, I. M., and S. Stavrakaki. 1999. The effect of a morphosyntactic deficit in the determiner system: The case of a Greek SLI child. *Lingua* 108, 31-85.

Valian, V. 1990. Syntactic subjects in the early speech of American and Italian children. *Cognition* 40, 21-81.

van der Lely, H. K. J. 1997. Language and cognitive development in a grammatical SLI boy: Modularity and innateness. *Journal of Neurolinguistics* 10, 75-107.

van der Lely, H. K. J., and L. Stollwerck. 1997. Binding theory and grammatical specific language impairment in children. *Cognition* 62, 245-290.

van der Lely, H. K. J., and M. Ullman. 1996. The computation and representation of past-tense morphology in specifically language impaired and normally developing children. In A. Stringfellow, D. Cahana-Amitay, E. Hughes, and A. Zukówski, eds., *BUCLD 20: Proceedings of the 20th annual Boston University Conference on Language Development*. Somerville, Mass.: Cascadilla Press.

Wang, Q., D. Lillo-Martin, C. T. Best, and A. Levitt. 1992. Null subject versus null object: Some evidence from the acquisition of Chinese and English. *Language Acquisition* 2, 221-254.

Werker, J. F. 1995. Exploring developmental changes in cross-language speech perception. In L. R. Gleitman and M. Liberman, eds., *An invitation to cognitive science*. Vol. 1, *Language*. 2nd ed. Cambridge, Mass.: MIT Press.

Werker, J. F., and J. E. Pegg. 1992. Infant perception and phonological acquisition. In C. A. Ferguson, L. Menn, and C. Stoel-Gammon, eds., *Phonological development: Models, research, implications*. New York: Timonium.

Werker, J. F., and R. C. Tees. 1984. Cross-language speech perception: Evidence for perceptual reorganization during the first year of life. *Infant Behavior and Development* 7, 49-63.

Wexler, K. 1992. Some issues in the growth of control. In R. K. Larson, S. Iatridou, U. Lahiri, and J. Higginbotham, eds., *Control and grammar*. Dordrecht: Kluwer.

Wexler, K. 1994. Optional infinitives, head movement and economy of derivation. In N. Hornstein and D. Lightfoot, eds., *Verb movement*. Cambridge: Cambridge University Press.

Wexler, K. 1999. Very early parameter setting and the unique checking constraint: A new explanation of the optional infinitive stage. In A. Sorace, C. Heycock, and R. Shillock, eds., *Language acquisition: Knowledge representation and processing*. Amsterdam: North-Holland.

Wexler, K., C. T. Schütze, and M. Rice. 1998. Subject case in children with SLI and unaffected controls: Evidence for the Agr/Tns model. *Language Acquisition* 7, 317-344.

통사구조의 습득

박연미 · 서수현 · 최숙희 · 홍성심 · 김양순 · 김연승

발행일	2008. 8. 1
펴낸곳	도서출판 동인
펴낸이	이성모
주 소	서울시 종로구 명륜동 아남주상복합빌딩 118호
전 화	(02)765-7145, 55
팩 스	(02)765-7165
HomePage	www.donginbook.co.kr
E-mail	dongin60@chol.com

등록번호	제 1-1599호
ISBN	978-89-5506-366-0
정 가	12,000원

필자소개 ●●○

박연미
이화여자대학교 영어영문학과 졸업
University of Michigan-Ann Arbor 언어학 석사
University of Wisconsin-Madison 언어학 박사
현재 한경대학교 인문사회과학대학 영어학과 교수
ympark@hkun.ac.kr

서수현
서울대학교 영어교육과 졸업
서울대학교 대학원 영어영문학과 문학 석사
서울대학교 대학원 영어영문학과 문학 박사
현재 공주교육대학교 영어교육과 교수
ssh@gjue.ac.kr

최숙희
한국외국어대학교 영어과 졸업
한국외국어대학교 대학원 영어학 석사
한국외국어대학교 대학원 영어학 박사
현재 한국과학기술원 인문사회과학부 교수
shchoe03@kaist.ac.kr

홍성심
충남대학교 영어영문학과 졸업
University of Connecticut 언어학 석사
University of Connecticut 언어학 박사
현재 충남대학교 영어영문학과 교수
vshong@cnu.ac.kr

김양순
한국외국어대학교 영어과 졸업
University of Wisconsin-Madison 언어학 석사
University of Wisconsin-Madison 언어학 박사
현재 한밭대학교 인문과학대학 영어과 교수
yskim@hanbat.ac.kr

김연승
서울대학교 영어교육과 졸업
서울대학교 대학원 영어영문학과 문학 석사
서울대학교 대학원 영어영문학과 문학 박사
현재 공주대학교 인문사회과학대학 영어영문학과 교수
yskim@kongju.ac.kr